カナダ

（オタワ）

アメリカ

（ワシントン）

モン諸島

フィジー諸島

（スバ）

トンガ
（ヌクアロファ）

ジーランド

（ウェリントン）

ASIAN SECURITY 2017-2018
Research Institute for Peace and Security

高まる北朝鮮の脅威

透明欠く米中関係

年報［アジアの安全保障2017-2018］

西原正 監修

平和・安全保障研究所 編

朝雲新聞社

PHOTO TOPICS

防衛省初のXバンド通信衛星「きらめき2号」を搭載し、打ち上げられるH2Aロケット
32号機（2017年1月24日、種子島宇宙センター）＝三菱重工業、ＪＡＸＡ提供

先進７カ国（Ｇ７）による主要国首脳会議（伊勢志摩サミット）。（左から）トゥスク欧州理事会
常任議長（ＥＵ大統領）、レンツィ伊首相、メルケル独首相、オバマ米大統領、安倍首相、オラン
ド仏大統領、キャメロン英首相、トルドー加首相、ユンカー欧州委員長（2016年5月26日）

オバマ米大統領（左）とともに真珠湾を訪問し、演説する安倍首相（2016年12月28日）（官
邸ＨＰから）

初の首脳会談を終え、共同記者会見に臨む安倍首相（左）とトランプ米大統領（2017年2月10日、米ワシントンのホワイトハウス）＝官邸ＨＰから

日露「2プラス2」協議後、共同記者会見に臨む（右から）稲田防衛相、岸田外相、ラブロフ露外相、ショイグ露国防相（2017年3月20日、外務省飯倉公館）＝防衛省提供

目　次

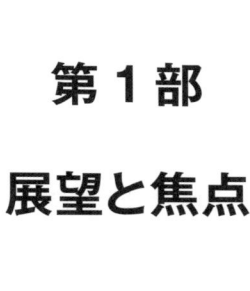

第 1 部

展望と焦点

展望：
トランプ外交に揺れる東アジア

西原　正

（一般財団法人　平和・安全保障研究所　理事長）

　2016 年 4 月から約 1 年間のアジア太平洋地域の安全保障環境に変化をもたらした特記すべき出来事としては、①ハーグの常設仲裁裁判所が南シナ海における中国の領有権主張を違法と裁定したにも拘らず、中国が巧みにそのハーグの仲裁裁定を無力化させたこと、②北朝鮮の核・弾道ミサイル能力の著しい向上が朝鮮半島をめぐる国際関係を複雑にしていること、および③中国主導のアジアインフラ投資銀行（AIIB）の拡充により中国の経済覇権の兆候が大きくなったこと、が挙げられる。そのいずれの出来事も、2017 年 1 月のトランプ政権の誕生で大きく変化した。そして地域の勢力均衡に影響を与える要因となった。

ハーグ裁定を無力化させた中国外交と日米同盟

　2013 年 1 月にフィリピンは南シナ海の領土・領海紛争に関して常設仲裁裁判所に提訴し、自国に有利な裁定が出ることを期待した。しかし裁定の日が近いとされた 2016 年 5 - 6 月には、中国はハーグ裁定を無効とするキャンペーンを精力的に繰り広げ、「ハーグ裁定は紙屑にすぎない」と主張していた。

　その間、中国と ASEAN 内の対中批判国との間の緊張が弱まり始めていた。6 月 30 日にフィリピン大統領に就任したドゥテルテ氏は中国に対して融和的姿勢を表明していたこともあり、その後の ASEAN の対中批判国は中国への強い批判を控えるようになっていた。

　実際、7 月 12 日にハーグの裁定が出され、「中国が主張する九段線には歴史的根拠がない」として、中国の主張を根底から否定した。それでも中国は裁定を無視し、ASEAN の切り崩しを続けた。7 月 25 日の ASEAN 外相会議、9 月 7 日

のASEAN首脳会議、同日のASEAN中国首脳会議、9月8日の東アジア首脳会議などの共同声明では、いずれもハーグ裁定への言及はなく、中国の外交的勝利となった。9月7日のASEAN中国首脳会議の共同声明は、「当事国間の協議と交渉で解決する」と言及するに留まった。親中派のラオスやカンボジアの態度も中国に有利になり、ASEAN諸国はハーグ裁定をむしろ禁句のように扱うようになった。

こうした動きの中で、米国と日本の反中姿勢が目立つようになった。日本や米国は中国にハーグ裁定を遵守するよう要求し、法の支配の重要性を強調したが、中国はハーグ裁定の背後には米国の主導があり、日本がそれに加担したと非難した。そして中国は、米国には「航行の自由作戦」の中止を要求し、日本には南シナ海問題に「干渉」することを非難しだした。2016年8月中旬に突然200－300隻の中国漁船が公船とともに尖閣諸島近海に集結し、その多くが接続水域及び領海に侵入するという事態が起きたが、これは中国政府による日本の南シナ海問題「干渉」への報復と見てよい。

安倍首相は、2017年1月にフィリピン、インドネシア、ベトナム、オーストラリアを訪問し、南シナ海などでの法の支配を強調し、中国を牽制し続けた。南シナ海問題を通して、アジア安全保障における日本の発言権は強くなった。王毅外相などが日本の干渉に強い不快感を表したのは、日本の発言を無視できないからであった。ドゥテルテ大統領は中国との融和を図りながらも、日本にも外交的に接近するアプローチをとった。ドゥテルテ大統領が日比関係を重視する姿勢をとった背景には、安倍首相の強い説得が影響したようだ。

2016年秋には、南シナ海での中国の活動は控えめになった。フィリピンが領有権を主張するスカボロー礁に対して、中国は人工島化工事を減速させ、岩礁近海におけるフィリピン漁船の活動を可能にした。しかし実際には既成の人工島の軍事拠点化は進んだ。

こうした状況に対して、2017年1月に登場したトランプ政権は当初は中国に対して厳しい姿勢で臨んでいた。ティラーソン国務長官は当初は人工島の海上封鎖を主張し、空母2隻、攻撃型潜水艦の配備やミサイル防衛システムの電源拡

充の必要を説いていた。しかし米国は 2016 年 10 月を最後に「航行の自由作戦」
を 2017 年 5 月に入っても実施していない状態で、米議会には不満があった。ト
ランプ大統領は 4 月 6 日の習近平国家主席との会談後は、北朝鮮の核・ミサイル
の開発を阻止するため、対中姿勢を大きく修正して中国の協力を求めたため、「航
行の自由作戦」は延期するかと思えたが、中国の協力が不十分と見て、5 月 24 日、
米政権は駆逐艦を南シナ海のスプラトリー諸島海域に航行させて中国に協力を促
して圧力をかけた。

　中国が南シナ海で控えめな行動を続けたのには北朝鮮に関する対米協調を重
視する姿勢を示したかったからであろう。4 月 23 日にフィリピンのロレンザーナ
国防相は同国実効支配下のパグアサ島に上陸した際、中国は同国防相の乗った
飛行機を妨害して反対の意を表したが大きな問題としなかった。2017 年 4 月末
にマニラで開かれた ASEAN 首脳会議の共同声明には、ドゥテルテ大統領のイ
ニシアティブで中国非難はなかった。こうして南シナ海の緊張は緩和している。
ASEAN 諸国は中国との南シナ海行動規範（COC）の枠組み作成を 2017 年 6 月
までに終えるという楽観的な見通しを持っており、両者の関係は改善されつつあ
る。しかし南シナ海が今後どう展開するかは米中関係の将来とともに不透明となっ
ている。

頓挫したTPP体制とAIIB構想

　トランプ大統領が公約の一つに挙げたのが環太平洋経済連携協定（TPP）か
らの離脱であった。オバマ政権が国際経済のグローバリゼーションの中で強調し、
交渉成立に精力を注いだ協定を、トランプは政権就任のその日に大統領令で破
棄したのである。このことは、トランプが掲げる「米国第一主義」に基づく二国
間貿易協定（FTA）の推進を意味し、多国間貿易協定を否定するものであった。
皮肉にも、共産主義国の指導者習近平は 2017 年 1 月のダボス会議でグローバル
経済の重要性を強調し、中国はそれ推進するとした。現在の中国にとっては、自
由貿易は自国に有利であり、市場の拡大が自国の立場を強める。

　中国は「一帯一路」（陸路と海路によるシルクロード経済圏）構想の構築を目

指している。これらの構想は諸国間の投資を促すことになっているが、実際は国内の生産過剰となっている鉄鋼などの産品のはけ口になっていると言われている。中国の製品は安価で輸出されることになり、中国経済にはプラスとなるが、他の国々にはむしろ輸出競争では不利になる。鉄道や道路のインフラ建設も、中国の安価な労働力によるといわれる。「一帯一路」構想は、約65カ国のインフラ整備を進め、関係国間の貿易を拡大することが期待されている。とくにマレーシアのマラッカおよびギリシャのピレウス港は中国の投資で大型貿易港に生まれ変わる。すでに2017年1月には、上海南東の都市義烏とロンドンの間に鉄道がつながり、貨物の輸送が始まった。習近平はこのシルクロード経済圏を支えるためのAIIBの推進を目指している。2016年1月にAIIBが発足した時の創設メンバーは57カ国であったが、2017年4月には77カ国に膨れ上がった。

　こうした投資は地政学的に大きな見返りを中国にもたらす。2017年5月14日からシルクロード経済圏構想に関する首脳会議（29カ国参加）が北京で開催された。この構想は中国主導の経済覇権につながる懸念を招いている。もっともAIIBは政治的には一大勢力に見えるが、実態はまだ弱体で、アジア開発銀行（ADB）や世界銀行との「協調融資」が大半である。日本はこれまで米国とともにAIIBの融資の不透明性などを理由に加盟せずに来たが、6月のAIIB総会（韓国済州島）には両国とも「関与」する。日本は5月6日のADB総会（横浜）ではインフラ技術支援のための45億円を拠出して「質の高いインフラ支援」で中国に対抗した。今後AIIBがどう発展するのか注目する必要がある。

　トランプ政権のTPP離脱は他の11カ国との経済連携を破棄したことで太平洋地域の自由貿易圏の政治的連携の基盤を弱めることになった。これを懸念する日本などが11カ国だけのTPPを構築し、将来の米国の加入を促そうとしている。これと並行して、ASEAN10カ国と周辺6カ国で構成される東アジア地域包括的経済連携（RCEP）構想が進んでおり、アジアにおける地域経済協力が複雑になっている。

　ただこの動きに米国が関わっていないことが、米国の政治的、安全保障上の立場を弱めることになりそうだ。近い将来に日米がAIIBとのなんらかのつながり

を持つならば、中国の経済覇権を抑えながら、自由貿易圏を拡大することができるかもしれない。

北朝鮮の核・弾道ミサイルに苦慮する日米韓中

　2013年に金正恩が北朝鮮の指導者になって以来、同国は国連安保理の非難決議をよそに核・弾道ミサイルの開発に取り組んできた。2016年には開発のテンポを速めて、弾道ミサイルを13回、計21発を発射した。2017年に入って3月と4月に4回発射しているが、3月の発射は大陸間弾道ミサイルを発射可能にするものであると判断されたため、安倍首相も「北朝鮮の脅威は新しい段階に入った」と言明した。

　オバマ政権時代は北朝鮮の核実験や弾道ミサイル発射に対して経済制裁を中心とした対抗策を講じたが制裁の効果はほとんどなかったこともあり、トランプ政権はオバマ政権の「戦略的忍耐」は失敗したと断言した。アサド政権の化学兵器使用を受けて米軍が2017年4月6日夜にシリア政府軍下の空軍基地に対して巡航ミサイルによる空爆をしたことで、朝鮮半島の緊張は一挙に高まった。トランプ政権は外交上の目的を達成するためには軍事力を行使する政権であるとの認識をアジア諸国に与える効果があったためである。

　さらにトランプ大統領は訪米中の習近平国家主席に対しても、北朝鮮の核実験阻止のための圧力を加えるよう要請し、もし中国がそうしないのなら米国独力で目的を達成するとの強い姿勢を取ると断言した。韓国海域における大規模の米韓合同訓練や空母や原子力潜水艦の西太平洋派遣に対して、北朝鮮も攻撃的言辞で反駁したため、朝鮮半島危機は一層高まった。トランプ政権は砲艦外交を始めた感があった。

　米朝間の武力衝突の可能性が4月末には強くなり、韓国と日本は北朝鮮の核やミサイルによる攻撃の的となることを懸念した。しかし5月9日の大統領選挙で当選した文在寅大統領は、盧武鉉政権（2003‐2008年）の親北政策に戻って5月10日の就任演説で韓米同盟の重視を述べながらも、北との対話を強調した。この新しい動きによって、朝鮮半島の危機は一時的に遠ざかったが、北朝鮮

が核や弾道ミサイルを放棄したわけではない。

　朝鮮半島をめぐる力関係は大きく変化しそうである。まず親北反日とされる文在寅政権が北朝鮮との融和路線を選ぶ場合、すでに配備し始めた米国のターミナル段階高高度防衛ミサイル（THAAD）をどうするのか。中国の圧力のもと、THAADを停止すれば、対米関係は悪化しそうである。日米韓の連携も弱まるかもしれない。

　文在寅大統領は、朴前政権が2016年11月に署名した日韓秘密軍事情報保護協定（GSOMIA）を、選挙戦での公約どおり破棄するかもしれない。同政権はまた朴前政権の下で2015年12月に成立した慰安婦問題解決の日韓合意も見直すことを表明している。対北朝鮮に関する日韓協力や日米韓連携の先行きは明るくない。

　他方、北朝鮮の核実験に強く反対する中国は、米国の要請もあり対北経済制裁を一層強化する姿勢を見せている。しかし中国が北からの石炭の輸入停止に加えて北への石油供給を止めると、ロシアが北朝鮮の不足分を埋め始めた。このことが中露関係を一層悪化させているようだ。また中国も対北制裁を厳しくして北の体制が崩壊して大量の難民が中国側に流出するのは避けたいと考えるであろう。

　ロシアは米朝対話による解決および6カ国協議を主張するが、米国がこの考えに同調することは現在のところ考えられない。米露が北朝鮮問題で協調する余地は今のところ見られない。むしろ、米露両大統領と良好な関係にある安倍首相の調停的役割が重要になるかもしれない。

　中朝関係も実際のところきわめて複雑である。2017年2月にクアラルンプール空港で北朝鮮の工作員により金正男（金正恩の異母兄）が暗殺されたことで、中国は将来の中朝関係に貴重な人物と見ていた親中派金正男を失った。このことで中国と金正恩との関係は一層悪くなっていると見るべきである。中国国内では、北朝鮮への制裁を強化すべきだという政府系新聞の論調が出され、米国としてはその制裁強化を促すため、中国が反対する対朝THAADシステムの韓国配備を遅らせることを検討しているといわれる。

とはいえ、中国が対米協力を重視しても、北朝鮮への物資提供を全面的に停止することはないであろう。その意味で、米中協力には限界がある。米国も日米同盟を犠牲にして対中協力をするとは考えられない。

一貫性に欠けるトランプ外交と日本の発言権の向上

トランプ米大統領の登場はアジア太平洋地域の米国の影響力を高めつつある。オバマ政権下で国際政治における米国の相対的地位が低下したことがしばしば指摘されたが、トランプ政権は、シリア空爆や北朝鮮牽制のための軍事的威嚇によって力による外交の道を選んだ。最初は政権内では、「米国第一主義」から地域紛争に不介入の姿勢をとるべきだとの意見が強かったようであるが、これが今後どうなるだろうか。北朝鮮の核開発に関しては米中協力が機能したものの、この協力関係が長期にわたって続くとは思えない。南シナ海、台湾の問題などでは両国の国益は対立しているからだ。

オバマ政権最後の年の日米関係はきわめて良好であった。オバマ大統領は2016年5月27日、安倍首相とともに広島に足を運び、原爆死没者を追悼した。これに対して、同年12月27日、安倍首相はオバマ大統領とともに、真珠湾の「アリゾナ記念館」を訪れ、真珠湾攻撃の犠牲者を追悼した。第二次世界大戦終了後71年目にして両国の指導者が和解の雅量を示したことで両国の同盟をさらに強化した。

安倍首相とトランプ大統領は大統領就任以前にすでに接触し、また就任後いち早く2月10日にワシントンで首脳会談を行い、その後フロリダで「ゴルフ外交」をするなど緊密な関係を作った。その後も北朝鮮危機に関して両者は頻繁に電話会談をして緊密な協議を続けている。アジアの安全保障問題における日本の発言権は確実に大きくなっている。トランプ政権はアジア戦略がまだ決まっていないため、一貫性に欠ける外交展開となっているが、日米が戦略的視点を共有し、日米同盟がさらに進み、豪印やASEAN諸国との連携が進めば、中国の覇権的伸長を抑制し、両国が西太平洋のバランスを有利に展開できるかもしれない。

ポストTPPとアジア太平洋の地域貿易圏の展望

菊池　努

（青山学院大学教授）

はじめに

　経済的な相互依存関係が進むアジア太平洋地域において、「ヌードル・ボウル」現象と呼ばれるほどに多様で入り組んだ自由貿易協定が締結されてきた。近年はこれに加え、アジア太平洋や東アジアという広域的な地域の通商のルールを定めようという、「メガ地域主義」の動きが活発化している。米国や日本などを中心に、関税の撤廃などの市場アクセスだけでなく、知的財産権や競争政策、国有企業の改革など国内の規制制度の調和と標準化を目指す太平洋経済パートナーシップ（TPP）や、ASEANを中心にした、比較的緩やかな経済統合を目指す、「東アジア」を基盤とする東アジア地域包括的経済連携（RCEP）などの交渉が進められてきた。

　この「メガ地域主義」の行方は、この地域の国家間の経済連携や各国の経済実績に大きな影響を及ぼすと考えられ、各国は自国にとって望ましい地域通商制度を求めて激しい競争を繰り広げてきた。12カ国によるTPP交渉の妥結は、その内容の先進性において、今後のアジア太平洋の自由で開かれた通商体制の有力な基盤となりうると期待されていた。TPPは「深い統合」を促す地域制度として、究極的にはアジア太平洋全域を包摂するアジア太平洋自由貿易圏（FTAAP）の基盤となることが期待されていた。

　しかし、TPPの今後は、米国のトランプ政権による離脱決定で不透明になった。米国の離脱は、自由で開かれた、ルールに基づく通商体制を維持強化するうえで指導力を発揮してきた米国の通商政策への疑念と不安を生んだだけでなく、同国のアジアの国際関係への関与の継続性への懸念を地域諸国の間に生んでいる。「米国はアジアに引き続き関与し続ける」という米政権の述べ方はアジア

諸国に米国の継続的関与の確信を与えるものではない。

　米国を含む TPP-12 が頓挫する中で、いくつかの動きが同時並行的に進展している。一つは ASEAN を中心にした「東アジア」を軸とする RCEP 交渉が年内の妥結を目指して進行中である。もう一つは、米国抜きの TPP の発効を目指す動きが日本やオーストラリアなどを中心に進められている。第三は、TPP をめぐる混乱と米トランプ政権の政策転換に横目に中国が新たな壮大な地域構想の実現に向けて一歩を踏み出した。かつての中国と欧州を結ぶシルク・ロードを復活させ、さらに東南アジア、インド洋、中東を経て欧州に至る「海のシルク・ロード」を建設しようという「一帯一路」構想を中国は推進する意向であるとする。

　米国抜きの TPP 発効の動きが結実し、規模は縮小しつつも、TPP の高度な内容を盛った通商協定が生まれ、それが新たなメンバーを加えて拡大し、自由で開かれた通商秩序の基盤になりうるのか。あるいは、TPP と異なり、高度な経済統合に向けてのルールを内包しない「弱い統合」の枠組みである RCEP が合意され、それがアジア太平洋の通商のルールの標準になるのか。中国の「一帯一路」構想はこの地域の経済関係にどのような変化をもたらすのであろうか。中国主導の巨大経済圏が形成されるのであろうか。これらの問題の帰趨は、単にアジア太平洋の経済のみならず、政治安全保障の行方にも重大な影響を及ぼそう。

　本稿は TPP を中心に、アジア太平洋地域の広域的な通商秩序のあり方を巡る近年の動きを検討する。はじめにリベラルな経済秩序とアジアとの関係とその中での TPP の意義を論じる。ついで、アジアが直面する課題として「二つのアジア」、つまり、緩やかなリベラル秩序の中に異なるルールと規範に依拠した異なるアジアが生まれる可能性を指摘する。二つのアジアが生まれるのを防ぎ、アジア太平洋を統合した経済圏に発展させる上で TPP の役割は大きいが、米国の離脱により、この地域の通商秩序のあり方は不透明になった。ここでは、独自の地域制度形成を進める中国の動き、米国を除く諸国による TPP 発効に向けての交渉、RCEP 合意の可能性とその意味を検討する。最後に、アジア太平洋の通商秩序の今後を展望し、自由で開かれた通商秩序を維持強化する上での米国の重要性を指摘する。

リベラルな経済秩序の中のアジア太平洋とTPP

　アジアの諸国は、GATT ／ WTO などのリベラルな国際秩序のもとで、自国の市場を開放し、外資を積極的に導入し、自国で生産した製品を海外市場に輸出することで大きな成長を達成してきた。この過程で、かつて自由貿易体制に不信感を抱いてきたアジア諸国も、自由貿易の原理を含むリベラルな経済規範を受け入れてきた。中国も例外ではない。中国は共産党の一党支配体制という政治体制を維持しつつも、自由貿易などのリベラルな経済原理を徐々に受け入れてきた。

　このリベラルな国際秩序は、市場化、環境、労働、人権、法の支配など強い規範的側面を有する[1]。ただし、このリベラルな国際経済秩序は柔軟性も有しており、そうした規範の順守（特に国内制度面での）をこれまで強く求めてはこなかった。自由主義の規範を掲げつつも、各国の格差に配慮し、とりわけ国内規制制度に関しては各国の独自性を重んじるという柔軟なものであった。

　このため、アジア諸国も伝統的な国内制度を温存しつつリベラルな秩序に参加することが可能であった。国内体制（国内制度）と国際規範との離齬は深刻な問題にはならず、アジア諸国は大きな国内調整コストを負担することなくリベラルな経済体制に参加し、経済的利益を享受することができた。この結果、アジア諸国にはリベラルな経済規範に合致しない既存の国内制度や規範が温存されることになった。権威主義な体制のもとでの、国家の規制と補助に守られた国有企業の存在など、リベラルな規範に背馳する国内制度の温存が許容されてきた。

　TPP はこうした柔軟性を内包したリベラルな経済秩序のより厳格な適用を求めるものである。

　TPP は「21 世紀型」「プラチナ・スタンダードの採用」といわれるように、関税などの国境措置だけでなく、環境、労働、知的財産権、投資、政府調達、国有企業など、多様な分野での国内制度の調整（共通化、標準化）とリベラルな経済規範への強い同調を求めるものである。従来のような、各国個別の国内事情に配慮した柔軟な地域制度ではない。各国の国内規制制度の共通化を求める、強い地域制度形成の動きである。参加国にとって、大幅な国内調整コストの負担が求められる。アジア太平洋におけるより厳格なリベラルな地域貿易秩序構築の動

きである。

　これに対するアジア諸国の対応にはいくつかのパターンがある。ひとつは、これに積極的に対応しようという動きである。アジアの先進諸国を中心にした動きである。これに対し、リベラルな経済規範への同調よりも多様性を考慮した経済地域制度を支持する立場がある。RCEP を推進する ASEAN 諸国などの諸国の立場である。もう一つは、TPP のようなリベラルな秩序への強い同調を求める動きに公然と異を唱えることはせず、しかしその一方で、これとは異なる地域制度を構築する動きである。「挑戦」ではなく、「迂回」の動きである。異なる組織原理と規範に基づく地域制度形成の動きである。

「二つのアジア」とTPP

　この点で興味深いのは中国の対応である。中国は、リベラルな秩序への強い同調を求める動きに全面的に挑戦することも同調することもなく、むしろそうした動きを「迂回」して、独自の地域制度を構築しようとしているかに見える。中国は、アジアの経済発展に不可欠な経済インフラ整備のための「アジアインフラ投資銀行」(AIIB) の設立を主導し、BRICS（ブラジル、ロシア、インド、中国、南アフリカ）諸国による「新開発銀行」設立にこぎつけ、中国から東南アジア、中央アジア、中東諸国を経てヨーロッパと結ぶ「一帯一路」構想を推進している。これらはいずれも IMF や世界銀行、アジア開発銀行などの既存の国際制度や地域制度に公然と異を唱えるものではなく、これを「迂回」して、独自のルールと規範に基づく新たな制度の構築を目指す構想と言えよう[2]。

　外資導入と輸出主導の成長政策を進めてきた中国にとって、国際的な自由貿易体制や国際金融体制の安定は不可欠である。それらの存在は中国の成長と国内政治の安定にとって重要である。従って、中国はこれらを支えてきた GATT ／WTO や IMF 体制に抵抗し、その変革を志向しているわけではない。拒否権を提供する国連システムは中国の特権的地位を擁護してくれる。むしろ、中国は既存の戦後秩序の破壊者ではなく、受益者である。

　しかし、そうした秩序の中に「緩やかな形」で同調しつつも、TPP のようなリ

ベラル秩序への強い同調を求める動きや、環境や労働、市民の権利への強い配慮を求める世界銀行やアジア開発銀行の援助政策は中国にとって受け入れがたい。それらは中国の共産党体制の依拠する組織原理と中国が唱導する国際政治経済の規範と対立するからである。国家は依然として中国経済の中心にある。既存の発展モデルの修正が求められている習近平政権でも国営企業の意義は不変である。

　中国はリベラルな国際秩序規範の中で、自国に有利な部分は同調し、その恩恵を享受しつつ、全面的な同調は拒否し、これを迂回して独自の制度を構築しようとする。近年中国が唱える「（米国との）新型大国関係論」とは要するに、自国に有利なリベラルな秩序を一部受け入れて米国と共存しつつ、中国にとって望ましくないルールや規範は拒否し、代替の制度を構築しようとする動きへの米国の抵抗と妨害を抑え込もうという狙いを有した構想ともいえよう。

　アジアの諸国の多くは、TPPに参加しつつ、同時に中国の主導するAIIBにも参加し、中国も含む東アジアを基盤とするRCEP交渉にも関与している。RCEPはTPPとは異なる弱い地域統合の仕組みであり、AIIBはその統治構造や援助の基準が世界銀行やアジア開発銀行のそれと異なるものになることへの懸念も表明されている。東アジアには、地域全体を覆う緩やかなリベラルな秩序のもとに、リベラルな秩序の恩恵を享受しつつ、同時にそれを「迂回した」異なる組織原理と規範に支えられた地域制度が生まれる可能性がある。中国の「勢力圏」が生まれるとすれば、そうした地域制度の「束」から成るものであろう。

アジア太平洋の通商秩序と米国

　TPPは米国のアジア政策と深く結びついていた。TPPはオバマ前政権のアジアへの「リバランシング」の政策の有力な一部を構成していると考えられ、その帰趨は、アジアへの米国の関与や米国のアジア政策の継続性への信頼を図る指標であるとみなされてきた。この意味でTPPは経済のみならず、政治、戦略的な意義を担うものであると認識されてきた[3]。

　TPP支持国は、一方で貿易や投資の自由化、国内経済制度の調和によって、

拡大するアジア市場で経済的利益を確保しようという経済的動機を強く持つ。同時にTPPは、アジアで起こっている大きな力関係の変動に対する対応という側面を有する。米国が主導する形でこの地域の国際経済の枠組みを作ろうという構想である。

　日本がTPPに参加した背景にも、中国との競争に対応するために米国との関係を強化しようという日本の戦略的動機が反映されている。ベトナムのような国も同様である。領土主権や海洋権益を巡る中国との軋轢を抱えるベトナムにとって、TPP交渉への参加は対中経済依存の緩和と同時に、米国との戦略的関係を強化するという思惑を秘めたものである。

　TPPはまた、アジア太平洋全域への拡大を念頭においた地域構想である。TPPは12カ国によって交渉が行われきたが、将来これをアジア太平洋地域全域へと拡大することが念頭に置かれていた。実際、アジア太平洋経済協力枠組（APEC）においてTPPは、アジア太平洋全体を包含するFTAAP形成へ有力な手段であると了解されている。つまりTPPは、将来の中国やインドといった諸国をも参加メンバーに加えることを念頭に置いた構想であり、そのための「ひな形」作りという側面を持つ。TPP交渉の「影の参加者」は中国やインドなのである。TPPがリベラルな経済規範に基づく国内制度の共通性や標準化を求めるのは、将来中国やインドなどの参加を見越しての、地域共通の「ひな形」を先行して作ろうという思惑を秘めている[4]。

　2015年末にTPP交渉が決着した際、アジア諸国は仮に米国政府がこの協定の批准に失敗した場合は、アジアへの米国の関心の低下や米国の指導力の弱まりを象徴するものであると警告してきた。実際、TPPからの米国の離脱は、アジアへの米国の関与の不透明性、米国の指導力の陰りを示すものとみなされ、それがアジアの対外姿勢に影響するとみなされている。

中国による地域制度形成の動き

　今後注目すべきは、習近平政権が推進している「一帯一路」構想の行方であろう。「一帯一路」構想の中味は必ずしも明確になっていないが、中国から欧州に

連なる広大な陸地と海洋に巨大な経済圏を構築しようという構想である。鉄道や道路などのインフラ建設を軸に、投資や貿易、開発、金融、通貨、技術、文化交流など多様な分野での協力を提唱している[5]。

「一帯一路」構想にはさまざまな要因が作用している。米国のリバランス政策への対抗という意味もあるし、力をつけた中国による国際公共財提供という側面もあろう。ただ、論者が等しく指摘するのは、中国の国内政治上の意義、つまり、国内の経済成長をいかに達成するかという差し迫った事情である。

固定資本投資と貿易に依存した中国の成長モデルの限界が指摘されて久しい。中国の指導部自身、開発戦略の転換を重要な政策課題であると強調してきた。国内消費主導の成長戦略に移行することが中国の基本方針だが、GDP に占める個人消費は 2010 年以来 2.5％の上昇にとどまる。国内消費に依存した成長路線の実現は容易ではない。

「一帯一路」は、期待通りには上昇しない個人消費を補い、過剰生産能力に苦しむ鉄やセメントなどの国内産業（その多くが国有企業）に新たな海外市場を創出しようという試みであろう。旧来の発展モデルと国有企業に依存した発展モデルが「一帯一路」構想の背後にあるといえよう。

「一帯一路」構想は、インフラ、投資、貿易、金融など多様な分野で中国と関係諸国の経済と政治、安全保障の新しい関係を構築する可能性を秘めている。

結び

TPP は、米国という大国が主導し、参加国に対し国内経済規制制度の共通化と標準化など、リベラルな経済規範への強い同調を求める構想である。関係諸国経済をより深く結びつけることで、政治・安全保障上の意義も有する。

米国の動きに対応して中国も「一帯一路」構想や AIIB の設立など、独自の地域制度形成のイニシアティブをとり始めている。その帰趨はまだ判然としないが、アジア全体に緩やかにリベラルな秩序規範が浸透しつつも、そうした緩やかな秩序の中で、それとは別の原理に基づく地域制度形成が進み、組織原理の異なる二つの地域制度（「二つのアジア」）が生まれる可能性も否定できない。

「二つのアジア」が生まれるのを回避し、この地域をリベラルな経済ルールと規範で統合するうえで TPP の今後は重要である。この点で、米国を除くＴＰＰ参加11 カ国の中の「有志国」による TPP 発効が実現するかが、注目点である。米国という巨大市場が離脱した TPP に合意するのは容易ではないが、少数であれ、TPP の高度な内容を反映した「核」が残れば、将来の米国の再考（参加）を促す基盤になろう。

　TPP 発効の動きが止まり、RCEP 合意が先行して発効した場合、TPP が目指した知的財産権の保護や国有企業の改革（国有企業優遇の廃止など）などの高度なルールは立ち消えになり、RCEP の緩い規定が東アジアの標準になる懸念もある。

　アジア太平洋諸国が大きな国内調整コストを負担してまでも TPP 参加を選択するのか、あるいは中国などの唱導する、緩やかなリベラル経済秩序のもとで独自の経済原理に基づく地域経済を選択するのか、アジアの今後の国家間の連携にも影響を及ぼし、経済のみならず政治が安全保障秩序のあり方を左右するであろう。その際、アジア太平洋諸国の選択に影響を及ぼすのは米国の政策であろう。自由で開かれた通商秩序にとって米国の役割は引き続き決定的に重要である。アジアの国際関係の安定に果たす米国の役割は引き続き大きい。アジアの強い地域制度への米国の参加がそうした米国の役割を支え、米国に対する地域諸国の信頼を高めるであろう。

(1) 納家政嗣「新興国の台頭と国際システムの変容」『国際問題』第 618 号（2013 年）、7 頁。

(2) Naazneen Barma, Ely Ratner and Steven Weber, "A World without the West," *The National Interest*, Jul/Aug 2007, pp. 23-30.

(3) 菊池努「アジア太平洋の通商秩序と TPP」『アメリカ太平洋研究』Vol. 15、東京大学アメリカ太平洋センター発行、March 2015.

(4) TPP が「中国排除」や「中国封じ込め」の地域制度であるとの批判は当たらない。TPP 交渉の議題と交渉の進め方は将来の中国やインドなどの参加を念頭に置いて決められてきた。中国は TPP 参加国のほとんどにとって最大の貿易相手国である。最大の貿易相手国を意図的に排除する通商協定など歴史的に存在しない。

(5) 上海社会科学院・日本貿易振興機構アジア経済研究所『「一帯一路」構想と中国経済』アジア経済研究所、2017 年 3 月。

カナダ外交・安保政策の継続と変化 – ハーパーからトルドーへ

櫻田　大造

（関西学院大学教授）

はじめに - オーストラリアと比較したカナダ

　カナダは 1976 年以来 G7 サミットの加盟国であり、3,520 万人の人口と名目 GDP1 兆 5,320 億米ドルを誇り、人口では世界第 37 位だが、経済では第 10 位前後にランキングされている。カナダの経済力はロシアを超え、人口 2,430 万人で名目 GDP1 兆 2,560 億米ドルのオーストラリアよりも「大国」となっている。この事実は、カナダのアジア太平洋地域における軍事プレゼンスの欠如もあり、意外かもしれない。

　実際、国防費面でも装備面でも、カナダはオーストラリアの後塵を拝している。ストックホルム国際平和研究所（SIPRI）によると、比較可能な 2013 - 2016 年の米ドル換算（2015 年次）国防費で、カナダはオーストラリアを超えたことは一度もない。その上、オーストラリアの国防費増とは対照的に、2013 年の 154 億米ドルから 2016 年には 155 億米ドルとカナダの国防費はほとんど変わっていない。その結果、244 億米ドルのオーストラリア国防費と 89 億米ドルもの差がついている（グラフ 1）[1]。

　この差異は装備面でも表れている。例えば、カナダ海軍はオーストラリア海軍に比べて、現在の能力面でも装備計画でも劣化が激しい。潜水艦数はオーストラリアの 6 隻に対して、カナダは 4 隻である。そのうちの 1 隻は故障のために、事故を起こし、海兵の死者 1 名すら出している。対照的に、オーストラリアはフランスとの共同開発で、今後 12 隻の次期最新型潜水艦の導入を決めている。

　これは政権交代を超えたカナダの外交・安全保障政策の共通課題でもあり、国防関係専門家や米国のオバマ＝トランプ政権の批判の対象ともなってきた。2006 年からのスティーブン・ハーパー保守党政権は、リーマンショック前に、大

胆な国防整備計画を発表した。ところが、減税と予算均衡を目指す経済路線を優先させたことで、かえって失望する結果を生み出した。2015年に政権奪取したジャスティン・トルドー自由党内閣では、首相の思考や地盤問題（ハト派的ケベック州）もあり、国防費面での増強をしていない。このように、カナダが南シナ海や極東地域を含むアジア太平洋地域で、防衛的プレゼンスを強化する見込みはほとんどないのが現状となっている。一方で、リベラルでハト派のトルドー政権だからこそ、国内政局面で可能な対米・NATO政策面での転換を敢えて本論では指摘していきたい。

グラフ1　カナダとオーストラリアの国防費比較
（単位:百万ドル）

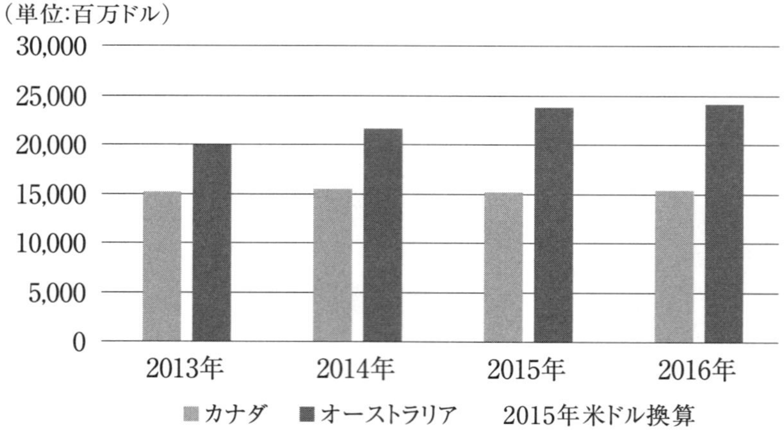

出所：SIPRI[1] をもとに著者作成

ハーパー政権の「カナダ第一防衛戦略」とその失敗

　2006年1月の下院総選挙に勝利し、少数与党政権を組閣したハーパーは前任の自由党政権よりも、反共主義者かつ親米で国防に熱心だと捉えられていた[2]。2003年3月のイラク戦争に対して、公式には対米支持も参戦もしなかったクレティエン首相を野党第一党ハーパー党首は批判し、米・英・豪有志軍を支持すべきだと主張したからだ。実際、政権獲得後、ハーパー保守党は、北大西洋条約機構（NATO）によるアフガニスタン治安支援活動（ISAF）への参加を延長し、

リビアのムアンマル・カダフィー政権やシリアとイラクの「イスラム国」(IS) との戦いにおいて、カナダ軍を派兵している。対米外交においても、反米系野党の反対を押し切って、2006 年 4 月に、北米航空宇宙防衛司令部（NORAD）協定を無期延長方式に変え、沿海警戒任務を追加している。2008 年春には「カナダ第一防衛戦略」という当時 6 万人規模のカナダ軍を 7 万人規模まで増やし、20 年間で 4,900 億加ドルの国防費を増額していく野心的な方針を発表した。当該戦略が実行されると、2008 年度には 180 億加ドルレベルの国防費が、2027 年度には 300 億加ドルレベルまで上昇することになっていた[3]。

　ところが結果的には行動が伴わなかった。2008 年秋のリーマンショックで、カナダ経済も不況に陥り、連邦消費税を減税し、増税なき均衡予算を目指していた保守派のハーパーにとり、安全保障強化のための資源は減っていく。2010 - 2011 年度にかけて、名目上のカナダ国防予算は最高潮に達したが、その後は財政赤字削減行動プラン等により、2015 年度には、194 億加ドル程度に留まり、もしも次期総選挙に勝ち、保守党政権が続けば、ようやく 2017 年度になって 3% ずつ増加する計画となる[4]。

　ハーパーへの失望は国防費のみだけではなかった。カナダでは、少数与党政権時には野党の実質的協力が必要となり、首相の権限は限定される。反対に、一端過半数議席をとってしまえば、外交・安保政策の決定権は次期選挙まで確実になる。7 年間にわたる少数与党時代を終わらせ、2011 年 5 月の下院総選挙で過半数議席を確保することができたのが、ハーパーだった。

　外交・安保政策での進展がありえた。特に、前任のマーティンが決定した米主導のミサイル防衛への不参加は NORAD と NATO の弱体化に繋がり、カナダおよび米国の両国防省等も問題視し、参加への変更が期待されていた。しかし、首相指名の上院議員によるスキャンダル等により国内状況で逆風が吹き、ハーパー個人の政治課題では、優先事項でなかったために、保守党はとうとう最後までミサイル防衛参加に踏み切れなかった。主要 NATO 加盟国で、カナダのみが 2005 年 2 月以来ずっと参加を見送るという歪な形が続いた[5]。

トルドー政権による外交・安保政策見直し

　言説面では、ハーパーは親米で NORAD や NATO を通じての集団的自衛権や自国の防衛政策増強に前向きだったが、具体的な政策実行面では、期待外れの面もあった。その点での逆説的状況が、2015 年 10 月の総選挙に過半数議席を得たトルドーを待っていたのである。

　ジャスティン・トルドーはカナダでは珍しい二世政治家であり、計 15 年以上の長期政権を率い、憲法移管（改正）に成功した父ピエールの長男として首相官邸で生まれ、13 歳まで暮らした。実家が裕福なため 37 歳での政界進出まで、教職を含む色々な職に就いていたが、フランス語に堪能で、カリスマ性もあった。野党第二党で 36 議席まで落ち込んでいた自由党を 184 議席まで回復させた立役者となる。社会政策面では自由を重んじるリベラルであり、中間層の経済復活を重んじ、そのためには均衡予算に拘らない姿勢も見せていた。外交・安保政策は彼の主要な関心事でもなかったが、カナダ伝統の多国間外交重視や国連の平和維持活動（PKO）へのより積極的な参加、4 万人規模のシリア難民の積極的受け入れ等を訴えていた [6]。

　そのトルドーの外交政策には父の影響も色濃く残っている。ピエールは容共的政治家で、1970 年代に米国に先駆け、中国を承認（台湾と国交断交）し、ソ連を訪問した上で、フィデル・カストロ・キューバ国家評議会議長とも友好関係を樹立した [7]。ジャスティンも、2016 年 8 月には北京を訪問し、前任のハーパーによるアジアインフラ投資銀行（AIIB）への不参加をとりやめ、参加に転じた。（李克強首相もカナダを同年 9 月に訪問）。かつて野党時代に、尊敬する国として中国を挙げたのみならず、中国の環境政策を過大評価する失言で、批判されたことからも、ジャスティンの親中的姿勢が窺える。また、キューバに関してもカストロ氏の死去の際には、手放しで哀悼の意を述べ、国内の人権団体等からの抗議も惹起した。

　ただし、カナダの駐欧 NATO 軍を半減したピエールと異なり、ジャスティンの NATO や NORAD へのコミットメントは揺るがなかった。選挙公約として IS へのカナダ空軍派兵を止めることはしたが、その代わりに 800 名の軍人を対 IS 作

戦のためにイラクに送っている。また、ロシアによるクリミア併合に反対し、ハーパー時代からのラトビアへの空軍駐屯を継続し、ポーランドにも 220 名規模の軍隊を派遣した。対中政策でも南シナ海問題では国際法に則り、中国の管轄権を認めず、国内の人権抑圧に対しても抗議する。2007 年 4 月 6 日に、トランプ米大統領がシリアに対して巡航ミサイル 59 発を発射した時にも、トルドーは支持を表明した。

　より大きな課題は防衛装備面にあった[8]。NATO 加盟国が、2006 年に公約した年間 GDP 比 2%の国防費充当目標を、カナダは過去 10 年間一度も達成せず、1%程度に留めている。オバマ政権末期でも米国は、3.6%を国防費に充てているために、カナダのコミットメント・ギャップは明らかだ。その結果、カナダ軍の装備は老朽化が目立つ。例えば、1980 年代から現役の CF - 18「ホーネット」がメインの空軍師団では、対 IS 戦闘でもあまり役立たず、合計 76 機の当該戦闘機は 12 隻のフリゲート艦とともに、「ビンテージ物」と揶揄する声もある。そのために、均衡予算に縛られないトルドー政権では、むしろ装備強化してくれる可能性もあった。

　しかし、その期待も実ることがなかった。カナダ国防費は 2016 会計年度には、前年度に比べて 4 億加ドル減額され、約 190 億加ドルまで減少。その上、この自由党予算では今後実施予定の 37 億加ドル分の装備品調達予算削減も含んでいた。2017 年 3 月 22 日発表の 2017 年度予算で状況はさらに悪化する。2017 年度のカナダ国防費は約 187 億加ドルまで減らされた上に、トルドーは 2015 - 2020 年度に計画されていた 84 億 8,000 万加ドルの装備用予備費の使用を 2035 年度まで延期した。このように、3,302 億加ドルの国家予算中 285 億加ドルの財政赤字を出しながら、増税なしで 2019 年頃までには財政再建を目指すことの困難さゆえに、格好の削減対象となるのが国防費のようだ。

　装備調達面での混乱もある。近未来に退役予定の CF - 18「ホーネット」の後継戦闘機選択に際して、当初ハーパーが予定していた F - 35「ライトニング」を高価格のために諦め、18 機の F/A - 18E「スーパーホーネット」を「暫定的に採用」するとトルドーは言明した。ところが、国防関係者による問題指摘が相次ぎ、そ

の後、最終決定を延ばした。今回の措置はあくまでも一時的なもので、2020年代か2030年代には再度主力戦闘機を調達する必要があるとの予測があるためだ。

日加・加米関係とアジア太平洋地域

　以上で見たように、カナダ側の安保資源が限定されていることもあり、アジア太平洋地域での日米とカナダの協力態勢は、進展しておらず、今後も厳しいだろう。ただし、これまでに「テロとの戦い」等で、日加が協力し合ったこともある。ハーパー保守党政権は、テロ特措法に基づいて海自が実施したカナダ駆逐艦へのインド洋上給油活動に対して、2006年には謝辞を示した。トルドー政権も、市場としての重要性としては、環太平洋経済連携協定（TPP）を促進し、中国、インドと並んで、日本との経済連携も模索している。

　さらに、アジア太平洋地域への安保面での関与は現状のままでも、北米大陸の防衛体制を増強することで、カナダは日本の同盟国米国を補佐できる。例えば、保守党政権下で不可能だったミサイル防衛への参加が、自由党ならやりやすくなっている。フランス語系が8割を占め、世論面では最もハト派的傾向を示すケベック州を地盤とするトルドーなら、ケベック州の反発を抑えつつも、ミサイル防衛に参加する方向転換を打ち出すことができるからだ。

　以上の政治レベルとは別に軍レベルでの加米協力や統合は粛々と進んでいる。NORADにおいては、カナダ全土防空を管轄とするカナダ空軍第一航空団の副司令官は米空軍将校であり、反対にNORADアラスカ地域の副司令官はカナダ空軍将校が務めている。これは9.11のような北米へのテロや攻撃があったならば、即座に両国軍が共同で対処することを意味する。そのNORADは2011年3月11日の東日本大震災時に、「便乗有事」（大災害による自衛隊等の警戒網弱体化を利用した日本への不測な事態）への懸念から、日本に数十名の要員を被災地に送り、在日米軍「トモダチ作戦」の通信支援を実施した。さらに、カナダは米英軍との兵士交換プログラムも結び、相互防衛協力や一体化を進展させている。例えば、2003年のイラク戦争時には、時のクレティエン自由党政権は公式には、対米支持を出さなかったが、すでに中近東に派兵されていた31名のカナダ軍兵

士を召喚することは差し控えた（その内、6 名はイラク領土内で戦闘にあたる後方支援業務を継続した）[9]。

　軍レベルでは、2016 年 11 月までカナダ海軍フリゲート艦が相互運用性向上のため、リムパック等の軍事演習に参加した [10]。その上で、日本、シンガポール、オーストラリアおよびニュージーランドを訪問し、ニュージーランドでは地震救出援助も実施している。また、米国もよりいっそうのカナダ国防費増強を求めており、今後発表される国防政策見直し等で、トルドーがもっと対米補完的な国防政策に転換する可能性も残っている。

(1) グラフ 1 のデータは、SIPRI Website, retrieved from: https://www.sipri.org/sites/default/files/Milex-constant-2015-USD.pdf(accessed April 30,2017).

(2) 以下のハーパー時の外交・安保政策は、Canada, Ministry of National Defence, Canada First Defence Strategy, retrieved from: http://www.forces.gc.ca/en/about/canada-first-defence-strategy.page; Murray Brewster, "The Strange Voyage: Stephen Harper on Defence," in Jennifer Ditchburn and Graham Fox, eds., *The Harper Factor: Assessing a Prime Minister's Policy Legacy* (Montreal: McGill-Queen's UP, 2016) esp. pp.119-127; Greg Anderson, "Canada and the United States in the Harper Years: Still 'Special,' but Not Especially Important," in Adam Chapnick and Christopher J. Kukucha, ed., The Harper Era in Canadian Foreign Policy: Parliament, Politics, and Canada's Global Posture (Vancouver: UBC P, 2016) esp. pp. 135-150による。

(3) 前脚注文献に加えて、以上は、拙著『NORAD- 北米航空宇宙防衛司令部』、中央公論新社、2015 年、159 ～ 161 頁を参照。

(4) http://www.budget.gc.ca/2015/docs/plan/ch1-eng.html#_Toc417204092 (2017年3月27日アクセス)

(5) 2005 年 2 月の米国主導ミサイル防衛不参加決定について、「宇宙の兵器化」への危惧と費用分担の不透明さを理由としてマーティンは挙げたが、ケベック州の自由党内にミサイル防衛に消極的な意見が強かったこともある。ハーパー政権においても、首相は乗り気だったようだが、2011 年の総選挙でハト派が多いケベック州で自党の議席を増やすことができず（75 議席中 5 議席のみ）、ケベックへの配慮も参加を促進できなかった要因として指摘できる。以上の点は、拙著、『NORAD』、166 - 171、202 - 204 頁参照。

(6) 以下のジャスティン・トルドーとその外交・安保政策については、Paul Tuns, *The Dauphin: The Truth about Justin Trudeau* (St. Catharines: Freedom P Canada, 2015) esp. chaps.14, 15, Conclusion; Mike Blanchfield, Swingback: Getting Along in the World with Harper and Trudeau (Montreal: McGill-Queen's UP, 2017) chaps.10-12; Ezra Levant, Trumping *Trudeau: How Donald Trump Will Change Canada Even If Justin Trudeau Doesn't Know It Yet* (Toronto: Rebel News Network, 2017) esp. chaps.1, 2, 6. を参照。

(7) ピエールの外交政策については、拙著『カナダ外交政策論の研究 - トルドー期を中心に』彩流社、1999 年、特に 5 - 7 章を参照。

(8) トルドー 2017 年度予算等については、Kim Richard Nossal, *Fixing Defence Procurement in*

Canada (Toronto: Dundurn P, 2016) esp. Introduction; National Post, March 22, 23, April 24, May 5, 2017; Toronto Star, March 31, 2017; David Perry, "Bad News for Defence: Budget 2017," *Policy Updates* (Canadian Global Affairs Institute) pp.1-8; CBC News, March 22, 2017, retrieved from: http://www.cbc.ca/news/politics/federal-budget-highlights-2017-1.4032898 (2017 年 3 月 27 日アクセス) を参照。なお、カナダの会計年度は日本と同じ 4 - 3 月である。

(9) 以上は、拙著『カナダ・アメリカ関係史 - 加米首脳会談、1948 ～ 2005』明石書店、2006 年、504 - 525 頁、拙著、『NORAD』、201 - 202 頁による。なお、NORAD 司令官は米人将校が、副司令官はカナダ人将校が務め、司令官は米本土のみならず、カナダ・メキシコ地域を管轄する米北方軍司令官を兼ねるが、北米の弾道ミサイル防衛は米戦略軍の任務である。

(10) 以下は、Eric Lerhe, "China and the Indo-Pacific: Defending Canadian Strategy in the Region," in David McDonough and Charles Davies, eds., *Vimy Paper* (CDA Institute) 34: 2017: The Strategic Outlook for Canada, esp. p. 42 による。

習近平による反腐敗運動の実態とその影響

渡辺　紫乃

（上智大学教授）

はじめに

　習近平は 2012 年 11 月の中国共産党第 18 回全国代表大会（以下、第 18 回党大会）で中国共産党中央委員会総書記（以下、総書記）に就任した。習近平は、総書記就任直後に行われた記者会見で、汚職や腐敗、官僚主義の課題を解決すると宣言し、反腐敗運動が政権発足当初から優先課題であることを明らかにした。

　早速 12 月に新華社通信が四川省党委員会副書記（以下、省党委副書記）の李春城が党中央規律検査委員会の取り調べを受けていることを明らかにした。李春城は中国共産主義青年団（以下、共青団）出身であるが、かつて四川省の党委員会書記（以下、党委書記）であった周永康によって同省瀘州市の党委書記に引き上げられて出世した。成都市長や市党委書記を経て 2011 年 9 月に省党委副書記に就任し、2012 年 11 月の第 18 回党大会で中央委員候補に選出されたばかりであったが、習近平体制発足後最初に摘発された最高位の幹部となった。

　習近平は 2013 年 1 月に開催された党中央規律検査委員会全体会議で「虎（大物）もハエ（小物）も一緒にたたけ」と反腐敗運動を宣言した。以後、習近平は自らの腹心であり第 18 回党大会で党中央規律検査委員会書記に就任した王岐山とともに、前代未聞の規模で反腐敗運動を行ってきた。

　習近平にとって反腐敗運動はどのような意味を持っているのだろうか。習近平の権力基盤の強化に役立っているのだろうか、あるいは逆効果なのだろうか。本稿では、まず習近平による反腐敗運動のこれまでの実績を概観したうえで、その特徴を明らかにする。そして、反腐敗運動は「反腐敗」を材料とした権力闘争であり、徹底的な反腐敗運動はかえって敵を作ることになりかねず、習近平にとって諸刃の剣であることを示す。

反腐敗運動の実績

　まず、摘発された公務員の数から反腐敗運動はすでに大きな成果を残したことがわかる。中国では毎年3月に開催される全国人民代表大会（以下、全人代）において、最高人民検察院（日本の最高検察庁に相当）の検察長による活動報告で、過去1年間の取り締まり実績が明らかにされる。過去4年間の最高人民検察院の活動報告によると、習近平体制になってから収賄や横領などの汚職で摘発された公務員数が増加した。

　2013年に汚職で摘発された公務員は3万7,551件（前年比9.4％増）で5万1,306人（前年比8.4％増）だった。うち金額にして100万元以上の案件が2,581件に達した。摘発者のうち、局長級以上は253人、省部級（以下、閣僚級）以上が8人であった[1]。

　2014年に汚職で摘発された公務員は4万1,487件（前年比10.5％）で5万5,101人（前年比7.4％増）だった。うち金額にして100万元以上の案件が3,664件で、前年比42％増加した。特に、高官の摘発が目立ち、局長級以上は589人で前年の約2.3倍、閣僚級以上は28人で前年の3.5倍であった。

　なお、2015年3月の全人代での最高人民検察院の活動報告から摘発された大物の氏名が列挙されるようになった。具体的には、2014年に摘発された大物として、周永康（元政治局常務委員）、徐才厚（元中央軍事委員会副主席）、蒋潔敏（国有資産監督管理委員会主任）、李東生（公安省次官）、李崇禧（四川省政治協商会議主席）、金道銘（山西省人大常務委員会党組副書記）、姚木根（江西省副省長）の名前が発表された[2]。

　2015年に汚職で摘発された公務員は4万834件（前年比1.6％減）で5万4,249人（前年比1.5％減）だった。うち金額にして100万元以上の案件が4,490件で前年比22.5％増加した。局長級以上で摘発された幹部は769人で前年比30.6％増であった。閣僚級以上は41名で前年の1.5倍だった。具体的には、令計画、蘇栄（全国人民政治協商会議副主席）、白恩培（全国人民代表大会環境資源保護委員会副主任委員）、朱明国（広東省人民政治協商会議主席）、周本順（河北省党委書記）、楊棟梁（国家安全生産監督管理総局長）、何家成（国家行政管理

学院常務副院長）の名前が挙げられた。さらに、周永康、蒋潔敏、李崇禧、李東生、申維辰（中国科学技術協会常務副主席、元山西省党委常務委員、太原市党委書記）ら 22 名の元閣僚級幹部が公訴されたと報告された [3]。

　2017 年 3 月の全人代での活動報告では、従来の「虎」と「ハエ」に加えて、「猟狐（キツネ狩り）」についての報告が加わった。「キツネ狩り」は国外に逃亡した腐敗幹部の捜査のことである。2016 年の場合、汚職で摘発された公務員は 4 万 7,650 人（前年比 12.2％減）だった（件数についての報告はなし）。そのうち局長級以上の幹部は 446 人であり前年比 42％減、閣僚級以上では王珉（全人代教育科学文化衛生委員会副委員長）等 21 人で前年の半分であったが、「令計画、蘇栄、白恩培」等 48 人の元閣僚級幹部が公訴された。

　「キツネ狩り」では、37 の国家・地域から 164 名が送還された。そのなかには楊秀珠（元浙江省温州市副市長）等「百名紅通人員（100 人の国際指名手配者）」[4] が 27 人おり、引き渡された李華波（江西省鄱陽県財政局経済建設係係長）、王国強（遼寧省鳳城市長）、黄玉栄（河南省高速道路管理局党委書記）等を公訴したことが明らかにされた [5]。

　以上、2013 年から 2016 年までの 4 年間で摘発された公務員数は 20 万 8,306 人であり、なかでも局長級以上が 2,057 人、省部級以上が 98 人であった。2013 年 3 月に開催された全国人民代表大会での最高人民検察院長の活動報告によると、2008 年から 2012 年までの 5 年間に汚職で摘発された公務員は 16 万 5,787 件で 21 万 8,639 人であり、そのうち局長級以上が 950 人、省部級以上が 30 人であった [6]。習近平政権になってからの 4 年間の公務員の摘発者数は、すでに 2008 年から 2012 年までの 5 年間の実績の 95.3％の規模にまで達した。特にこの 4 年間で高官の摘発は大幅に増え、局長級では 2008 年から 2012 年の 5 年間の 2.2 倍、閣僚級では 3.3 倍であった。習近平は 2017 年も反腐敗運動を続けているため、2013 年から 2017 年の 5 年間の取り締まり実績はさらに伸びると予想される。

反腐敗運動の特徴

　習近平による反腐敗運動は、前代未聞の規模で行われてきた。しかも、単に摘発者数が増加しただけでなく、高官の摘発が急増した。以下では、習近平の政権運営に直結する閣僚級の高官の摘発事例から、習近平の反腐敗運動の特徴を探る。

　まず、習近平の反腐敗運動は、最高指導者や人民解放軍も取り締まりの対象としている。従来、中央政治局常務委員（以下、政治局常務委員）経験者は追及されないという不文律があり、一度政治局常務委員に就任した人物を腐敗で摘発することはタブーとされていた。しかし、習近平は胡錦濤政権の2期目（2007年から2012年までの第17期）に政治局常務委員（党内序列第9位）であった周永康を摘発した。また、政治局常務委員経験者のほかに、党中央の現役の高官も摘発の対象とした。令計画は胡錦濤の側近であり、2007年から2012年まで党中央弁公庁主任（日本の内閣官房長官に近い）を務め、同年8月から統一戦線工作部長であったが、2014年に摘発された。これらのケースは、相手が最高指導者層や現職の党中央の高官であろうと、過去の前例にとらわれずに腐敗を徹底的に追求する習近平の強い意思を示している。

　第二に、摘発された閣僚級幹部はかなり広範にわたるが、彼らの経歴や人脈を分析すると、特定の指導者や部門、地方に関係する者が比較的多く摘発されていることがわかる。

　まず、周永康とその周辺の人々の摘発が圧倒的に多い。習近平による反腐敗運動で最初に摘発された高官は、四川省党委書記であった周永康が当時抜擢した李春城であった。以後、周永康の四川省時代の腹心であった郭永祥、「石油閥」の一角を占める中国石油天然ガス集団(CNPC)の副社長の王永春や李華林、CNPCの会長から国務院国有資産監督管理委員会主任に転じた蒋潔敏など、「四川省人脈」や「石油閥」から続々と摘発者が出た。そして、2013年12月には周永康や弟の周元青、息子の周賓に対する調査が始まった。周永康は2014年12月には党籍剥奪、2015年6月には無期懲役処分が下った。

汚職で摘発された代表的な高級幹部

調査開始時期	氏名	役職	関係が近い指導者	部門	地方	共青団	紅二代
2012年2月*	谷俊山	元軍総後勤部副部長　＊解任時期	徐才厚	軍			
2012年4月	薄熙来	重慶市党員会書記	周永康、江沢民				○
2012年12月	李春城	四川省党委副書記	周永康		四川省		
2013年6月	郭永祥	元四川省副省長	周永康	石油	四川省		
2013年5月	劉鉄男	元国家発展改革委員会副主任		資源			
2013年8月	王永春	中国石油天然ガス集団（CNPC）副社長	周永康	石油			
2013年8月	李華林	中国石油天然ガス集団（CNPC）副社長	周永康	石油			
2013年9月	蒋潔敏	国有資産監督管理委員会主任	周永康	石油			
2013年12月	李東生	公安省次官	周永康	公安			
2013年12月	李崇禧	四川省政治協商会議主席	周永康		四川省		
2013年12月	周永康	前党中央政法委員会書記	江沢民、曽慶紅	石油			
2014年2月	金道銘	山西省人民代表大会常務委員会党副書記、元山西省党員会副書記			山西省	○	
2014年3月	徐才厚	前党中央軍事委員会副書記	江沢民、薄熙来	軍			
2014年3月	姚木根	江西省副省長			江西省		
2014年6月	万慶良	広東省広州市党員会書記			広東省	○	
2014年6月	蘇栄	全国人民政治協商会議副主席	曽慶紅				
2014年7月	張田欣	雲南省昆明市党委員会書記			雲南省		
2014年8月	白恩培	全国人民代表大会環境与資源保護委員会副主任			雲南省		
2014年6月	令政策	山西省政協副主席	令計画		山西省		
2014年11月	何家成	国家行政管理学院常務副院長					
2014年11月	朱明国	広東省人民政治協商会議主席	汪洋		広東省		
2014年11月	劉錚	軍総後勤部副部長		軍			
2014年12月	令完成	元新華社通信記者	令計画		山西省		
2014年12月	令計画	統一戦線工作部長	胡錦濤	党中央		○	
2015年1月	張昆生	外交部次官補		外交部			
2015年1月	毛暁峰	中国民生銀行頭取	令計画	金融		○	
2015年3月	徐建一	中国第一汽車集団グループ会長		自動車			
2015年3月	徐鋼	福建省副省長	習近平		福建省		
2015年3月	郭正鋼	浙江省軍区副政治委員	郭伯雄	軍			
2015年4月	郭伯雄	元党中央軍事委員会副主席	江沢民	軍			
2015年4月	王天普	中国石油化工集団（Sinopec）社長	周永康	石油			
2015年7月	奚暁明	最高人民法院		司法			
2015年7月	周本順	河北省党委書記	周永康	公安	河北省		
2015年8月	楊棟梁	国家安全生産監督管理総局長	周永康	石油	天津市		
2015年10月	蘇樹林	福建省省長	周永康	石油	福建省		
2015年11月	艾宝俊	上海市副市長		鉄鋼	上海市		
2015年11月	呂錫文	北京市党委副書記			北京市		
2016年3月	王珉	全人代教育科学文化衛生委員会副委員長、元遼寧省党委書記	李克強		遼寧省		
2016年9月	黄興国	天津市党委代理書記	習近平		天津市	○	
2017年4月	項俊波	中国保険監督管理委員会主席		金融			
2017年4月	楊家才	中国銀行業監督管理委員会主席補佐		金融			

出所：新聞報道などをもとに筆者作成

2015 年には中国石油化工集団（Sinopec）社長の王天普、元党中央政法委員
会の秘書長であり河北省党委書記であった周本順、長年石油業界で働いた後に
天津市副市長を 11 年間務め国家安全生産監督管理総局長になった楊棟梁、元
Sinopec 社長で福建省長に転じた蘇樹林といった周永康に近い「石油閥」や「公
安人脈」が相次いで摘発された。習近平による反腐敗運動の目的の一つは、周
永康に連なる人脈を「連座」させることであった。

　次に、周永康の背後にいる江沢民に連なる人脈の摘発も目立つ。江沢民は、
1999 年 9 月にまだ 50 代であった郭伯雄と徐才厚の二人を上将 12 人を飛び越し
て中央軍事委員会委員に抜擢したうえ、「上将は 60 歳以上」という慣例があっ
たにもかかわらず中将から上将に昇進させた [7]。その後、江沢民は 2002 年 11
月の第 16 回党大会で党総書記を引退したが、党中央軍事委員会主席に留任した。
そして、郭伯雄と徐才厚を党中央政治局委員に抜擢するとともに、郭伯雄を党中
央軍事委副主席に昇格させ、徐才厚も再任させた。江沢民が党中央軍事委主席
を引退した後も胡錦濤を牽制する布石であった。結局、江沢民は 2004 年 9 月ま
で党中央軍事委員会主席であり続けた。

　人民解放軍で腐敗が蔓延していたことは周知の事実であったが、胡錦濤政権
期には適切な対応をとれなかった。しかし、習近平は軍にメスを入れ、胡錦濤
政権期に軍の最高司令部にいた二人を摘発した。徐才厚は 2015 年 3 月に膀胱
癌で死去したため不起訴処分となったが、郭伯雄は軍事検察当局（軍事裁判所）
で無期懲役の判決を受けた。制服組で最高位にあった軍人を処分したことは、
もはや人民解放軍を「聖域」とせずに、腐敗を徹底的に取り締まるという習近平
の強い意志の表れであった。

　さらに、反腐敗運動が進むにつれ、従来は摘発されなかったグループからも
摘発が行われるようになった。例えば、2013 年までは閣僚級の摘発者のなかに
共青団出身者はほとんどいなかったが、2014 年から 2015 年になると共青団出身
者の摘発が目立つようになった。特に胡錦濤の側近で党中央弁公庁主任であっ
た令計画の摘発は、胡錦濤だけでなく「共青団派」に衝撃を与えた。

　2015 年以降は習近平に連なる人脈からも摘発者も出てきた。例えば、2015 年

3 月に摘発された福建省副省長の徐鋼は、同省初の高官の摘発事例となった。徐鋼は習近平の福建省長時代に同省政府の副秘書長であった。さらに、2016 年9 月には天津市党委代理書記兼市長の黄興国に対する調査が始まった。黄興国は習近平の浙江省勤務時代の部下だった。順当にいけば中央政治局員のポストである天津市書記に昇格する道もあったが、天津市で 2015 年 8 月に化学物質の保管施設が爆発して 160 人以上が死亡する大事故が起こった。黄興国は当時更迭を免れたが、今回の摘発となった。習近平自身が彼らを見切ったのか、あるいは自らに近い人物を敢えて取り締まることで反腐敗運動の徹底ぶりをアピールするためなのか判断は難しいが、興味深い摘発事例である。

　閣僚級の摘発者の事例を見ると、習近平による反腐敗運動は、周永康や令計画のケースのように、大物の摘発を念頭におきながら、その人物の家族やかつての秘書や部下など過去に繋がりがあった別の人物を先に摘発することで徐々に本丸の大物に迫っていくというパターンが見られる。これまでの摘発者の属性をみると、山西省や周永康以外の政治局常務委員経験者などの大物の名前が散見される。また、2017 年に入ってからは金融関係者が摘発されるケースも出てきた。今後、金融機関関係者を本格的に取り締まるための狼煙なのかどうか、また周永康に匹敵するかそれ以上の大物の摘発に繋がるのかどうか、現時点で判断することは早急であるが、注目に値する。

反腐敗運動の死角？

　習近平による反腐敗運動は前例のない規模で展開されているが、現時点までに「紅二代」という中国共産党の高級幹部（特に革命元老）の子弟たちに対する摘発はほとんどない。なお、習近平は元国務院副総理の習仲勲の長男であり、王岐山も元国務院常務副総理であった姚依林の娘の姚明珊の婿であり、反腐敗運動の総元締め二人はともに「紅二代」である。

　2012 年 4 月に摘発された重慶市党委書記の薄熙来は国務院副総理の薄一波の次男であり「紅二代」であったが、習近平が党総書記に就任する以前の摘発であった。2012 年 2 月に薄熙来の部下で重慶市副市長だった王立軍が四川省成

都市の米国総領事館に亡命を求めたうえ、薄の妻である谷開来が英国人実業家を殺害したことを告発する事件を起こしていた。薄熙来は 2012 年 3 月に重慶市党委書記を解任され、2013 年 9 月に無期懲役が確定した。

　他方で、習近平や王岐山をはじめとする最高指導者層については様々な報道があることも事実である。例えば、2016 年 4 月に公開された「パナマ文書」（パナマの法律事務所で作成された租税回避に関する文書）で、タックス・ヘイブン（租税回避）にある法人への各国首脳や著名人の関与が暴露された。そこでは、習近平の姉の夫がバージン諸島に複数の休眠会社を所有しているとされたほか、政治局常務委員である劉雲山の義理の娘が同島の会社の役員をつとめており、張高麗の義理の息子が 3 社の会社の株主になっていたことが明らかにされた [(8)]。中国外務省の洪磊副報道局長は 4 月 5 日の会見で、文書にあった指導者の親族らを調べる意向について問われると、「我々は不確かなもの（情報）についてコメントしない」と述べるに留まった [(9)]。

　また、4 月 15 日未明には広東省の人権派弁護士である葛永喜が公安当局に拘束された（同日夜に釈放済み）。葛永喜は、微信（中国で LINE に相当するアプリ）で「パナマ文書の後、どうやって反腐敗を進めるのか」と発信し、習近平氏らが裸でパナマ運河を渡っている写真に「水（不正の闇）は深い」とコメントした [(10)]。

　中国政府は、習近平ら最高指導者層の反腐敗の実態を究明することよりも、パナマ文書が検索できないよう国内で報道規制をすることを選択した。徹底的な反腐敗の推進者である習近平の親族が腐敗しているとすれば、大スキャンダルであり、反腐敗運動だけでなく習近平自身の最高指導者としての立場も問われることになる。

　また、米国在住の中国人実業家郭文貴が 2017 年 4 月 19 日に米国のボイス・オブ・アメリカ（VOA）の中国語チャネルのネット番組の生放送で、「習国家主席の意向を受けた公安部の現役幹部から、王岐山中央規律検査委書記ら高級幹部とその家族について調べるよう求められた」と語ったところ、番組が途中で打ち切りになった。中国外務省は、郭氏の国際手配を求めたことを明らかにし、4 月 21 日陸慷報道局長は会見で「容疑者として手配されている人物の話を信じない」と語った [(11)]。

　現時点では郭文貴の発言が何を意味しているのかはわからないが、今後も似たような情報が出てきた場合、習近平政権がどのように対応するのだろうか。反腐敗運動は大衆の支持を得やすい反面、摘発が恣意的に進められているという印象を大衆が持つようになると、反腐敗運動や政権に対する信頼が低下し、最高指導者層の権力闘争を活性化させる可能性がある。

反腐敗運動の結果

　2017 年秋の第 19 回党大会を控え、地方政府の指導者層の入れ替えが進んでいるなかで、興味深い動きがある。一つは、習近平の地方勤務時代の部下たちが登用されており、地方政府の指導者層に習近平に近い地方指導者が増えてきたことである。特に、習近平が最初に党委書記を務めた浙江省で部下だった人々は「之江新軍」あるいは「之江派」とも呼ばれる。「之江」は浙江省の銭搪江のことである。習近平は浙江省勤務時代に地元紙「浙江日報」に「哲欣」というペンネームで書いていたコラムが「之江新語」であったことに由来する名前である⁽¹²⁾。習近平は 2003 年から 2007 年まで「之江新語」を担当し、232 本のコラムを執筆した。

　近年、地方指導者に抜擢された「之江新軍」としては、2015 年 7 月貴州省党委書記になった陳敏爾、2016 年 6 月に江蘇省党委書記になった李強、2017 年 1 月に上海市長に市長から昇格した応勇と北京市長になった蔡奇らがいる。陳敏爾は浙江省宣伝部長であったときに同省党委書記の習近平が「浙江日報」でコラムを執筆するように取り計らった。李強は習近平が浙江省党委書記であったときの秘書長であり、応勇は同省高級人民法院長であった。浙江省台州市書記や組織部長をつとめた蔡奇は、北京副市長から市長になった。

　二つ目の興味深い動きは、反腐敗運動の主体である中央規律検査委員会のメンバーや王岐山に近い人物の登用も進んでいることである⁽¹³⁾。例えば、黄暁薇は中央規律検査委員会の常務委員であったが、2016 年 9 月から山西省党委員会副書記を務めている。山西省は令計画の出身地である。2016 年 10 月に湖北省の党委書記になった蒋超良は、中国人民銀行、中国農業銀行、交通銀行や国家

開発銀行といった金融機関でのキャリアが長い金融の専門家であり、王岐山と働いた経験がある。2017 年 3 月に甘粛省党委書記になった林鐸は、王岐山が北京市長だった時の部下である。中央政府レベルでは、2016 年 11 月に公安部長に就任した陳文清、民生部長になった黄樹賢も王岐山に近いとされる。

　さらに、今後は中央規律検査委員会の勢力がいっそう拡大しそうである。2017 年 1 月に開催された中央規律検査委員会の全体会議において、王岐山は 2018 年 3 月の全人代で国務院と同格の権限を持つ「国家監察委員会」を新設する計画を発表した。現在、公務員を取り締まる組織は複数の部門にまたがっていたうえ、中央官庁や地方政府の一部門にすぎないため、上層部を摘発することは困難である。そこで、反腐敗運動は、中央規律検査委員会や党中央が中央巡視組を地方政府や国有企業に派遣する形で党員の取り締まりを行ってきた。

　新設される「国家監察委員会」は関係部門を集約した組織となるため、強い権限を持ち、あらゆる公職者を対象に腐敗を取り締まる。新組織は党の指揮を受けるとされる。さらに、中央の国家監察委のほかに、全国の省（直轄市・自治区）、市、県などの各行政レベルに下部組織が設置される。なお、地方政府レベルでは、すでに 2016 年 12 月から北京市、山西省、浙江省に地方政府と同格の監察委員会が試験的に設置された。「監察委員会」は地方政府の観察部門や会計検査部門、検察の反腐敗部門などの関連部門を統合した組織であり、ここでの経験が 2018 年 3 月に新組織を設置するにあたって参考にされることになる。

おわりに

　2015 年 9 月に習近平が訪米した際、最初に訪れたシアトルで、反腐敗運動について「権力闘争はない」と説明した[14]。しかし、閣僚級の摘発者を見る限り、反腐敗運動は周永康、郭伯雄や徐才厚、令計画などの大物を追い落とした権力闘争であって、反腐敗「闘争」と呼ぶ方が適切であろう。

　ただし、反腐敗「闘争」が習近平の政権基盤を強固にするうえで役に立っているのかどうかは判断が難しい。確かに、周永康や令計画の摘発は「江沢民派」や「共青団派」には打撃であった。政治局常務委員経験者や現職の党中央の高

官の摘発は大衆の支持を集める一方で、指導者層には脅威である。反腐敗を厳しく追及すればするほど、それに不満を覚え反発する指導者層が出てきても不思議ではない。

他方、習近平や王岐山につらなる人脈への追及は現時点ではまだ甘いように見える。「パナマ文書」で最高指導者層の親族による巨額の蓄財が暴露されたり、郭文貴が王岐山についての調査について言及したように、今後もどのような情報が出てくるかはわからない。都合の悪い情報が増えてくると、中国国内で情報を封じ込めるだけでは、大衆や他の最高指導者層を納得させることは難しくなる。

さらに、反腐敗運動の結果、習近平の側近「之江新軍」や王岐山の側近が地方政府の指導者や中央政府の部長に抜擢されている。「之江新軍」や「王岐山派」の勢いが増せば、他の勢力が巻き返しを図り、新たな権力闘争の火種になるかもしれない。2017年秋の第19回党大会を控え、習近平は難しいかじ取りを迫られている。

最後に、習近平と王岐山の今後の関係にも注目していく必要がある。彼らは必ずしも一枚岩ではない。そのうえ、2018年3月に国家監察委員会が設立されると、中央規律検査委員会や王岐山の力がますます強まる可能性がある。仮に「王岐山派」の影響力が高まるとすれば、習近平と王岐山の関係はどうなるのだろうか。そもそも習近平は第19回党大会後も王岐山を留任させるのだろうか。2017年に入ってから閣僚級の金融関係者の摘発が行われている。金融は王岐山の得意分野でもあるだけに、今後も反腐敗運動から目が離せない。

(1) 「最高人民検察院工作報告—2014年3月10日在第十二届全国人民代表大会第二次会議上　最高人民検察院検察長　曹建明」2014年3月18日、中華人民共和国（以下、中国）最高人民検察院サイト、http://www.spp.gov.cn/tt/201403/t20140318_69216.shtml（2017年5月3日アクセス）。

(2) 「最高人民検察院工作報告—2015年3月12日在第十二届全国人民代表大会第三次会議上　最高人民検察院検察長　曹建明」2015年3月23日、中国最高人民検察院サイト、http://www.spp.gov.cn/gzbg/201503/t20150324_93812.shtml（2017年5月3日アクセス）。

(3) 「最高人民検察院工作報告—2016年3月13日在第十二届全国人民代表大会第四次会議上」最高人民検察院検察長　曹建明」2016年3月21日、中国最高人民検察院サイト、http://www.spp.gov.cn/gzbg/201603/t20160321_114723.shtml（2017年5月3日アクセス）。

(4) 2015年4月に中国が国際指名手配した100人の容疑者のリストのこと。2014年から習近平指導部が「猟狐（キツネ狩り）」と名付けて、海外に逃亡した官僚や起業家の摘発と流失した資産の回収、逃亡者の身柄の引き渡しを求めてきた。

(5)「最高人民検察院工作報告—2017年3月12日在第十二届全国人民代表大会第五次会議上」最高人民検察院検察長　曹建明」2017年3月20日、中国最高人民検察院サイト、http://www.spp.gov.cn/gzbg/201703/t20170320_185861.shtml（2017年5月3日アクセス）。

(6)「最高人民検察院工作報告—2013年3月10日在第十二届全国人民代表大会第一次会議上　最高人民検察院検察長　曹建明」2013年3月22日、中国最高人民検察院サイト、http://www.spp.gov.cn/gzbg/201303/t20130316_57131.shtml（2017年5月3日アクセス）。

(7)「世代交代進む中国人民解放軍（NEWSフォロー・スルー）」『朝日新聞』、1999年10月31日、朝刊、7頁。

(8)「中国最高指導部3人の親族、租税回避地の会社株主に　パナマ文書」『朝日新聞』、2016年4月7日、朝刊、1頁。

(9)「パナマ文書、各国衝撃　アイスランド、首相辞意で混乱　英メディア追求　中国、沈黙」『朝日新聞』、2016年4月7日、朝刊、3頁。

(10)「中国の弁護士、一時拘束　「パナマ文書」をネット上で紹介」『朝日新聞』、2016年4月16日、夕刊、4頁。

(11)「習氏側近の疑惑、番組が突然中止　中国、米放送局に圧力か」『朝日新聞』、2017年4月22日、朝刊、11頁。

(12)「（核心の中国）側近：13　習氏の連載コラム、生みの親」『朝日新聞』、2017年4月26日、朝刊、11頁。同記事によれば「哲（zhe）」と「浙」、「欣（xin）」と「新」は同じ音であり、「浙江省を新たにする」の意がある。

(13) Willy Lam, "The Emergence of the Wang Qishan Faction," *China Brief*, December 21, 2016, pp.3-4.

(14)「周主席、元切り下げ否定　シアトルで演説　株式市場は回復」『朝日新聞』、2015年9月24日、朝刊、2頁。

防衛装備品に必要な新たな方向性とは

吉富　望

（日本大学教授）

はじめに

　近年、日本を取り巻く戦略環境は著しく変化している。中国は軍の近代化を進め、その活動範囲を拡大し、北朝鮮は、核・ミサイル開発を加速し、対外強硬姿勢を先鋭化させている。さらに、今日の安全保障や防衛には、従来の陸・海・空のみならず、宇宙やサイバーといった新たな空間が大きく関わっている。このような状況の下、2014年4月、日本政府はこれまでの武器輸出三原則に代わる新たな原則として防衛装備移転三原則を策定し、日本の防衛装備品の海外移転（輸出）を可能にした。また、日本社会における少子化の加速によって、今後、自衛隊や防衛産業が適質の人材を確保することが一層困難になる。加えて、防衛省・自衛隊内では統合運用が進展し、防衛装備庁が創設されるという環境の変化が生じている。

　このように、日本を取り巻く戦略環境、日本国内の政治・社会環境、防衛装備品の調達に関わる環境などが急速に変化する中で、今後、日本の防衛装備品にはどのようなニーズがあり、どのような特性が求められるのだろうか。それらに対して、どのような課題があるのだろうか。本稿ではそのニーズや特性を「方向性」と捉えて考察を進める。

戦略環境の変化

日本およびその周辺地域での軍事バランスの変化

　中国は軍の近代化および海空戦力の活動範囲を拡大させつつ、東シナ海および南シナ海での勢力圏拡大を目指した動きを続けている。2015年、米国のランド研究所は、『米中軍事スコアカード』（The U.S.‐China Military Scorecard）

を発表し、1996年から2017年の間の東アジアおよび東南アジアにおける米中両軍の作戦能力の優劣に関する分析を「台湾紛争シナリオ」と「南沙諸島紛争シナリオ」の二つのシナリオで行っている。それによると、中国本土に近い「台湾紛争シナリオ」では2017年の時点で米中両軍の戦力が拮抗し、中国本土から遠い「南沙諸島紛争シナリオ」では米軍が優位を維持すると予測されている[1]。また、この分析では、二つのシナリオにおいて米軍の優位性は1996年から2017年にかけて徐々に低下しているとも指摘されている。仮に、2017年以降もこの傾向が続き、一方で中国が2049年までに「現代化建設をほぼ実現する」との目標を達成した場合[2]、日本およびその周辺地域での米中の軍事バランスは中国側が優位となる可能性を否定できない。したがって、自衛隊の防衛装備品の方向性は、戦力の質的・量的劣勢下にあっても健在して強靭な戦闘を行える装備となる。

　特に、南西諸島およびその周辺海空域（以下、南西地域）は、中国軍の活動が活発化し、尖閣諸島に対する中国の一方的な行動に直面する日本防衛の第一線である。同時に、この地域で自衛隊が防衛力を強化すれば、中国軍による米軍に対する接近阻止／領域拒否（A2／AD）の効果を減殺し、中国に対する抑止力を高めることが可能となる。他方で、同地域は、九州南端から台湾に至る約1,200キロメートルの間に大小の離島が点在するため、自衛隊は広範囲の防衛を強いられる。このため、自衛隊には南西地域の防衛の特性を踏まえた強靭な戦闘を可能にする防衛装備品が必須となる。

　それでは、具体的にはどのような防衛装備品が求められるのであろうか。参考になるのは、冷戦下で陸上自衛隊が北海道などに配備した88式地対艦誘導弾である。この誘導弾は、ソ連軍の航空攻撃を回避するために内陸部から発射され、発射後は地形の起伏を回避しながら飛翔して海上に至り、その後、艦船に命中するという世界でも例を見ない革新的な機能を備えていた。この88式地対艦誘導弾によって、ソ連海軍の太平洋への進出、あるいはソ連軍の北海道占領によるオホーツク海聖域化の完成は大きく阻害された。

　現在、こうした革新的な防衛装備品の一例としては、研究段階ではあるものの、レールガンや指向性エネルギー兵器が挙げられる。こうした兵器は多数の航空

機や弾道・巡航ミサイルを広い範囲で撃破できる可能性があり、南西地域を含む日本国内の重要施設（政経中枢、自衛隊基地・部隊、在日米軍基地・部隊など）の防護における高い効果を期待できる。また、海上自衛隊の護衛艦にレールガンや指向性エネルギー兵器を搭載することによって、防空能力を大きく高めることができる。将来の自衛隊の防衛装備品には、このようなゲームチェンジャーとなりうる革新性が方向性として求められる。

新たな戦いのドメインの出現

　現代の戦争では、陸・海・空という伝統的な空間（ドメイン）に加えて、宇宙空間とサイバー空間が新たな戦いのドメインとなっている。特に先進国においては、軍事活動のみならず民間部門の活動全体が宇宙空間とサイバー空間に大きく依存しており、その安定的な使用は死活的に重要である。米軍が2009年に戦略軍の隷下にサイバーコマンド（United States Cyber Command）を創設した背景には、安定したサイバー空間使用に対する脅威が米国の国益を左右するとの危機感があったものと考えられる。

　もちろん日本にとっても、宇宙空間とサイバー空間の安定的な使用は不可欠であり、そのための防衛装備品へのニーズは高い。2013年12月に閣議決定された「平成26年度以降に係る防衛計画の大綱について」は、宇宙空間において人工衛星を活用した情報収集能力や指揮統制・情報通信能力を強化する重要性を指摘している。また、サイバー空間においては、専門的な知識・技術を持つ人材や最新の機材を継続的に強化・確保する必要があると述べている。

　しかしながら、日本の宇宙およびサイバー空間における防衛装備品に関する検討は緒に就いたばかりであり、この分野で先行する米国、中国、ロシア等との格差は大きい。したがって、官民のリソースをより多く投入してこれ以上の格差の拡大を防ぐとともに、特定分野で優位性を追求し、革新的技術を用いた防衛装備品を開発することが求められる。具体的には、宇宙空間において日本の人工衛星を攻撃する可能性のある不審な人工衛星、あるいは人工衛星に衝突する可能性のある宇宙ゴミ（スペースデブリ）を探知・識別する宇宙状況監視（SSA）機能

を高める技術が挙げられよう。これには、自衛隊のレーダー技術の応用が求められる。また、防衛省が2014年に発表した「宇宙開発利用に関する基本方針について（改訂版）」は、対衛星兵器や人工衛星に対する通信妨害から防衛するための小型衛星システムが必要になると指摘している。なお、宇宙航空研究開発機構（JAXA）はスペースデブリの除去技術の研究を進めているが[3]、このような革新的技術は、人工衛星を攻撃する可能性のある不審な人工衛星を除去する新たな防衛装備品への活用が可能である。

　サイバー空間においては、防衛省・自衛隊は2014年に「サイバー防衛隊」を新編し、2015年にはサイバー攻撃に対する情報収集装置を整備し、攻撃の兆候の早期察知および未然防止を図っているが[4]、この分野の防衛装備品の開発には、一層の努力が求められる。サイバー攻撃では、人間がコンピューターを操作し、攻撃のために作られた特別なソフトウェアを用いて敵のシステムを攻撃する。また、サイバー空間を通じて情報収集、情報の改ざん、偽情報の流布を行うためにも特別なソフトウェアが必要である。さらに、こうしたサイバー攻撃や情報戦に対抗する際にも特別なソフトウェアが必要となる[5]。したがって、こうしたソフトウェアを防衛装備品と位置付け、相手を技術的に圧倒できる革新性を持ったソフトウェアを開発することが必要となる。

政治・社会環境の変化
防衛装備移転三原則の策定

　2014年4月、日本政府はこれまでの武器輸出三原則を改訂し、あらたに防衛装備移転三原則を策定した。これにより、一定の条件下において防衛装備品の輸出が可能となった。これまで防衛省・自衛隊は、自衛隊が必要とする防衛装備品の仕様（ニーズ）を国内外の防衛産業に示し、そのニーズを最も満たす防衛装備品を採用するというプロセスを用いてきた。防衛産業は、防衛省・自衛隊との間で長年にわたってこのようなプロセスを繰り返すうちに、防衛省・自衛隊が求めるニーズをよりよく理解し、それに応えた防衛装備品を開発できた。

　新たな三原則の策定により、法的には、外国軍に対しても防衛装備品を移転

できる可能性が拡大したが、現実には、日本国内の防衛産業にとって様々な課題が存在する。第一の課題は、外国軍のニーズ把握である。外国軍のニーズは、たとえ日本との間で安全保障面での協力関係がある国の軍であったとしても、自衛隊のそれとは異なり、また多様であるため、日本国内の防衛産業にとって未知の分野である。したがって、防衛装備品の移転を実現するためには外国軍のニーズを的確に理解し、それに応える装備品を開発することが重要となる。第二の課題は、諸外国と防衛装備品の国際共同開発を行うに際して、相手国の経済・産業政策上のニーズを理解し、それに合致するプログラムを提案することである。言い換えれば、こうしたプログラムに適合する防衛装備品を国際共同開発の俎上に乗せることが重要となる。

　これらの難しさを示す典型的な例は、日本の政府と企業がオーストラリアとの潜水艦の共同開発を目指したケースであろう。オーストラリア政府は当初、求められる性能に最も近い潜水艦を保有している日本とのみ協議し、日本国内で建造することを検討してきた。しかし、その後、オーストラリア国内の景気が減速し、日本から完成品を輸入しても国内経済、とりわけ雇用創出に寄与しないとの懸念が強まった。このためオーストラリア政府は、2015年2月にオーストラリア国内で雇用創出も見込めるドイツとフランスの企業も入札相手として参加させ、三カ国が受注競争を行った。そして、2016年4月にフランスによる受注が決定し、日本は敗れた。敗因の一つは、日本が提案した潜水艦プログラムには、オーストラリア側の雇用や経済面でのニーズを満たす対応力が不十分であったことだ。潜水艦の発注先決定後に在日オーストラリア大使館が公表したターンブル・オーストラリア首相の声明「将来潜水艦プログラムについて」では、「何千という雇用の確保とプロジェクトの実施は、オーストラリア経済が転換を図る上で、主要な役割を果たすものである」と述べられていた。

　日本の政府及び企業が今後、防衛装備品の移転を積極的に進めるのであれば、相手国軍の防衛装備品に対する性能上のニーズのみならず、相手国政府の国内雇用拡大などの経済的なニーズをも読み取り、防衛装備品に反映させる力が必要となる。

少子化の進展

　日本では今後、人口減少および少子化が加速することが予想されるが（グラフ‐1）、これは防衛装備品の分野にも大きな影響を及ぼす。まず、人口減少により、業種間で就労者の争奪戦が激しくなり、自衛隊入隊者の質と数を確保することが難しくなる。つまり、防衛装備品の使用者の質と数が影響を受けるのだ。また、防衛産業にとっては、職人的な技術を必要とする製造部門や点検・整備部門に従事する就労者の確保が一層困難になる[6]。このため、今後の防衛装備品では使用ならびに製造・点検・整備においてロボットや人工知能（AI）を活用した省人化（操作・運用に必要な人員数の削減）・無人化が必要になる。また、防衛装備品のファミリー化（共通の装備品を基盤とし、それに用途別に様々な火器等を搭載すること）および共通化（陸・海・空自衛隊が同一の装備品を保有すること）は人的負担を軽減する上で重要である。

グラフ‐1：日本の総人口および人口構造の推移と見通し

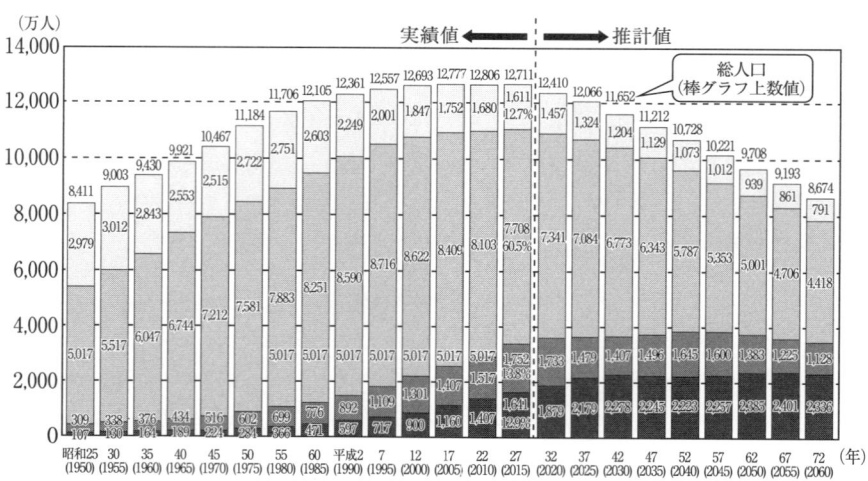

資料：2010年までは総務省「国勢調査」、2015年は総務省「人口推計（2015年国勢調査人口速報集計による人口を基準とした2015年10月1日現在確定値）」（平成27年10月1日現在）、2020年以降は国立社会保障・人口問題研究所「日本の将来推計人口（平成24年1月推計）」の出生中位・死亡中位仮定による推計結果
注　：1950年〜2010年の総数は年齢不詳を含む。

出所：平成28年版少子化社会対策白書から抜粋

今後の課題

　これまで述べてきた戦略環境および政治・社会環境の変化が防衛装備品に求める新たな方向性を整理すると①強靭性、②革新性、③外国政府・軍のニーズへの対応力、④省人化・無人化・ファミリー化・共通化の四つとなる。ここで、これら四つの方向性を追求する際の課題について考えてみたい。

強靭性に関わる課題

　強靭性に優れた防衛装備品の研究・開発における課題について、南西地域防衛の視点から考えてみたい。中国軍の海・空・ミサイル戦力の近代化によって、海空自衛隊は南西地域において健在して強靭な戦闘を継続することが難しくなっている。特に、大量の対地巡航・弾道ミサイル攻撃や航空攻撃によって航空基地が破壊され、対艦巡航・弾道ミサイルや潜水艦によって水上艦艇が脅威に晒された場合、自衛隊の海上・航空戦力は、潜水艦を除いて南西地域から後退することを余儀なくされる。こうした事態を避けるためには、航空基地（滑走路）が破壊された場合にも運用可能な垂直離着陸機、対艦巡航・弾道ミサイルや潜水艦によって攻撃されにくい小型・高速艦艇、あるいは小型の無人機や無人潜水艇などの健在性に優れ、南西地域での強靭な戦闘力に寄与する防衛装備品が必要となる。また陸上自衛隊にあっても、小型で機動性が高く、より健在性に優れた地対艦誘導弾システムおよび地対空誘導システムが必要である。こうした防衛装備品の研究・開発に更なる資源を優先的に投入することが課題である。

　また、防衛装備品の強靭性を追求する際には陸・海・空自衛隊の相互補完といった統合的な視点、あるいは陸・海・空・サイバー・宇宙を跨いだクロス・ドメイン的な視点が求められる。とはいえ、2015年の防衛装備庁設置後も陸・海・空幕僚監部が提示するニーズを踏まえて防衛装備品の取得を行うという基本的なプロセスは維持されている[7]。こうした従来のプロセスの中で、部隊運用に関わらない防衛装備庁が各幕僚監部間の調整を行うことは難しい。このため、統合幕僚監部が統合運用の視点やクロス・ドメイン的な視点から防衛装備品の仕様や選定について防衛装備庁をリードできるような制度改革が必要である。

革新性に関わる課題

　革新性の高い防衛装備品を開発するためには、それを可能にする研究開発体制・態勢の整備が課題となる。例えば米国においては、米国防省高等研究計画局（DARPA）を中心として、企業や大学に対し最先端科学技術を軍事技術へ転用するための投資を積極的に実施している。また、革新的な民生技術を軍事分野に取り込むため、国防省と民生部門の架け橋として国防イノベーション実験ユニット（DIUx）が設置されている[8]。日本でも、民間にある革新的な研究成果の活用を目指して、2015年に防衛装備庁が安全保障技術研究推進制度を創設した。しかしながら、日本学術会議が2017年4月に同制度について「政府による研究への介入が著しく、問題が多い」との懸念を示すなど民間において安全保障技術研究への理解が浸透していない点、官民の技術を総合して防衛装備品の革新性を追求するDARPAのような国家的な研究機関が存在しない点、ならびに革新的な研究成果の民間、特に大学や研究機関からの海外流出を防ぐ効果的な手段に乏しい点は大きな課題である。

外国政府・軍のニーズへの対応力に関わる課題

　防衛装備移転三原則が策定されるまでは、日本の防衛装備品の研究開発体制は自衛隊のみをユーザーとする日本独自仕様に対応したものであった。したがって、外国政府・軍のニーズへの対応という新たな方向性を満たすための体制・態勢の整備が大きな課題である。例えば、各国政府および軍のニーズを把握するための情報収集、売り込みのための組織、グローバル対応を担う人材育成などは不可欠であろう。また、防衛装備品の研究開発にあたっては、自衛隊向けの防衛装備品であっても海外への移転を睨んだ設計が必要となろう[9]。さらに、防衛装備品の移転に成功した後のユーザーサポート（教育・訓練、補給・整備等）の体制整備も必須である。

省人化・無人化およびファミリー化・共通化への課題

　防衛装備品における省人化・無人化およびファミリー化・共通化は、防衛装備

品の使用者および防衛産業の負担軽減を見据えた方向性である。他方で、防衛装備品の省人化・無人化と自衛隊の定員や有人装備数の削減を安易に結び付ける議論を避けることは重要である。自衛隊は戦闘による人員や装備品の損耗を前提とした組織であり、損耗を速やかに補充して戦闘力を維持するための人員や装備品の冗長性は欠かせないからだ。

　また、防衛装備品のファミリー化・共通化にあたっては、防衛装備庁と陸・海・空自衛隊が防衛装備品の取得計画や防衛装備品に使われる技術や構成品の情報を交換するなど、積極的に協力する体制を整備することが課題となる。

おわりに代えて：その他の課題

　本稿では、日本を取り巻く様々な環境の変化が日本の防衛装備品に求める方向性と、それに応える上での課題を考察した。このため、本稿の記述の焦点は「新たな防衛装備品」となったが、このことは「従来の防衛装備品」が不要になったことを意味するものではない。例えば、拳銃や小銃といった最も伝統的な防衛装備品が不要になることは、見通しうる将来ではあり得ず、従来の防衛装備品に関しても様々な環境の変化を踏まえて方向性を模索し、改良を続けていくことが重要となる。したがって、今後の防衛装備品の研究・開発・製造・点検・整備に関わる業務は、種類・量ともに膨張を続け、それに投入される人的・物的・財政的リソースをいかに効率化するかが今後の課題となる。

　また、防衛装備品の生産、整備等を担う防衛産業の育成も重要な課題である。基本的には防衛装備品の生産、整備等をビジネスとして魅力あるものにしていくことが重要であるが、防衛産業が安全保障に直結する重要な役割を果たしていることに鑑み、政府が防衛産業を支援する制度を創設する必要があろう。特に、防衛装備品の製造を下支えしている中小の防衛産業（町工場）への支援策は急務である。また、防衛装備品の海外移転は日本の防衛産業にとって未知の領域であり、政府が防衛産業を強力にバックアップする制度も必要である。

　最後に、自衛隊と米軍との関係が防衛装備品に与える影響について触れたい。日米同盟のもと、自衛隊と米軍はそれぞれの能力に応じて自衛隊が「盾」の役割

を、米軍が「鉾」の役割を果たしてきた。しかし、将来の自衛隊は敵基地攻撃能力などの「鉾」としての新たな役割を担う可能性もある。こうした新たな役割のための新たな防衛装備品の研究・開発にあたっては、日米間および政府・防衛省・自衛隊内で幅広く議論し、必要に応じて国民の理解を得ていく必要があろう。

(1) 渡部悦和『米中戦争　その時日本は』講談社現代新書、2016 年 11 月、175 頁。

(2) 三船恵美『中国外交戦略　その根底にあるもの』講談社選書メチエ、2016 年 1 月、29 頁。

(3) 柳沢俊史他 5 名「未踏技術研究センターにおけるデブリ対策の研究開発」『未踏技術研究センターにおけるデブリ対策の研究開発』平成 24 年度 JAXA 宇宙航空技術研究発表会資料、94 − 97 頁。
http://www.ard.jaxa.jp/publication/pamphlets/pdf/2012exh.pdf
(4) 防衛省・自衛隊『平成 28 年版防衛白書』日経印刷株式会社、2016 年 7 月、299 頁。

(5) 伊東寛『サイバー戦争論』原書房、2016 年 8 月 17 日、158 頁。

(6) 桜林美佐『誰も語らなかった防衛産業 [増補版]』並木書房、2010 年 8 月 10 日、65 頁。

(7) 田村重信他『防衛装備庁と装備行政の解説』内外出版株式会社、平成 28 年 3 月 31 日、145 頁。

(8) 防衛省『防衛技術戦略〜技術的優越の確保と優れた防衛装備品の創製を目指して〜』平成 28 年 8 月、1 頁。

(9) 森本敏『防衛装備庁：防衛産業とその将来』海竜社、2015 年 12 月 29 日、211 頁。

第 2 部

アジアの安全保障環境

（2016 年 4 月〜 2017 年 3 月）

第1章　日　本

概　観

　日本経済は、マイナス金利政策が効果を上げず、デフレ脱却が進まなかった。新興国経済の低迷や英国の EU 離脱により、円が買われ、円高株安が続いた。しかし、トランプ氏が米大統領選挙で勝利すると、経済政策への期待から米国株が値上がりし、日本でも円安株高となった。安倍政権は消費税の増税を再度延期したが、アベノミクスの是非が問われた夏の参議院選挙では与党が勝利した。自民党の総裁任期が連続 3 期となり、安倍長期政権の可能性も高まった。高齢を理由に天皇が退位の意向を示された問題については、特別立法で一代に限って早期退位実現する法整備が進んだ。基地問題では、米軍属による事件をきっかけに、日米両政府は地域協定の対象となる軍属の範囲を縮小し、運用改善を行った。普天間飛行場の移設問題では、日本政府と沖縄県の法廷闘争に決着がつき、最高裁が政府案を支持する判決を出した。秋の特別国会で環太平洋経済連携協定（TPP）関連法案が成立したが、米大統領に選ばれたトランプ氏は、TPP からの離脱を表明した。

　日本は主要国首脳会議の議長国として、伊勢志摩サミットを主催し、世界経済を牽引するための財政出動の必要性では各国の認識を一致させることができなかったが、海における法の支配については中国を念頭に強いメッセージをとりまとめた。サミット後、オバマ米大統領が広島を訪問し、核廃絶への決意を新たにした。安倍首相も真珠湾を訪問して日米の「和解の力」を強調した。トランプ新大統領は就任後、日本との安全保障に関しては現実的な路線を前政権から継承したが、経済・貿易関係については、自らのツイッターで日本企業を名指しで批判するなど、予測不可能な発言が続いた。日露関係では、経済協力を通じて領土問題の解決と平和条約締結をする新しいアプローチが進められ、北方領土での共同経済活動について検討が始まった。

　中国は東シナ海で現状変更の動きを継続し、政府公船のみならず、軍艦も尖閣諸島の接続水域を航行した。軍用機の動きも活発となり、航空自衛隊による緊急発進も年 800 回を超えた。韓国とは、慰安婦に関する合意に基づき、ソウルに設立された財団に日本政府が資金提供を行い、元慰安婦支援が行われた。しかし、釜山に新たな少女像が設置され、抗議のため日本政府は駐韓大使および釜山総領事を召還した。北朝鮮は打撃能力の多様化と残存性の向上を追求し、在日米軍への攻撃訓練も行った。南シナ海に関しては、日本は ASEAN 関連の会議などで、常設仲裁裁判所の裁定の受け入れを中国に要求するとともに、沿岸国への能力構築支援を継続した。平和安全法制に基づき、日本政府は南スーダンの国連平和維持部隊に、NGO 職員らへの駆けつけ警護を新しい任務として付与したが、南スーダンの治安状況認識をめぐる混乱もあって、同部隊の撤収を決定した。

経済・内政

低迷する日本経済

　日本銀行は、2016年2月にマイナス金利政策を導入したが、消費者物価指数は前年度比マイナスが続いた。4月には、日銀の金融政策決定会合が、マイナス金利政策と量的・質的金融緩和を維持することを賛成多数で決め、追加金融緩和を見送るとともに、デフレ脱却の目安となる2%の物価上昇目標の達成時期を2017年度前半から2017年度中に先送りした。9月の金融政策決定会合では、3年半にわたる日銀の金融緩和策について初めて総括的に検証し、「長短金利操作付き量的・質的金融緩和」の導入を決定した。これは、目標をカネの量から金利へ転換し、現状のマイナス金利政策を維持するとともに長期金利を0%程度に誘導する新たな目標を設定するというもので、中央銀行が長期金利目標を導入するのは異例である。それでも、10年国債の売買が増えることはなく、10月の金融政策決定会合では、物価上昇率2%達成時期について2017年度中から2018年度頃へさらに1年間先送りした。しかし、11月に米大統領選挙で、共和党のドナルド・トランプ氏が勝利したことで、それまで1%台後半だった米国の10年国債利回りが2.3%を超える水準にまで大きく上昇し、マイナスに沈んでいた日本の10年国債利回りも12月には0.05%まで上昇した。2017年1月には、全国消費者物価指数が前年同月比0.1%の上昇となり、2015年12月以来初めてプラスに転じた。

　2016年は、年明けから中国経済の減速などにより円安が進んだが、6月の英国の欧州連合（EU）離脱などの影響を受け、避難通貨である円は買われ続け、8月には月平均レートが1ドル＝101.27円となった。これにより、企業行政も大きく影響を受け、6月には日経平均株価も1万5,000円を切った。ところが、11月にトランプ氏が米大統領選で勝利すると、減税やインフラ投資への期待からニューヨークのマーケットは予想外の動きを見せ、ダウ工業株は前日比256.95ドル高の1万8,589.69ドルの終値をつけ、円相場も5カ月半ぶりに1ドル＝110円台まで円安が進んだ。これにともない、株価も10カ月ぶりに1万8,000円台を

回復し、年末には 1 万 9,000 円台にまで上昇した。

　GDP（国内総生産）は連続でプラス成長が続いた。2016 年 4 - 6 月期の物価変動の影響を除いた実質 GDP は前期（1 - 3 月期）に比べて 0.2％増、7 - 9 月期は前期比 0.3％増、10 - 12 月期は、前期比 0.3％増、2017 年 1 - 3 月期は前期比 0.5％増で、5 四半期連続のプラス成長となった。2016 年度の GDP は実質で前年度比 1.3％増と 2 年連続、生活実感に近い名目は同 1.2％増と 5 年連続で、それぞれ伸びた。

　2016 年度の貿易統計によると、輸出額から輸入額を差し引いた貿易収支は 4 兆 69 億円の黒字で、年度の貿易収支が黒字となるのは、6 年ぶりであった。2016 年の毎月勤労統計調査によると、賃金の伸びから物価変動の影響を差し引いた「実質賃金」は前年比 0.7％増で、5 年ぶりにプラスに転じた。2016 年に日本が海外とやりとりしたカネやモノなどの収支を示す経常収支の黒字額は、前年比 25.8％拡大し、20 兆 6,496 億円であった。2016 年 10 月 1 日時点の日本の総人口推計は、前年比 16 万 2,000 人減の 1 億 2,639 万 3,000 人で、6 年連続の減少となった。

消費税増税の再延期と参院選

　6 月に、安倍晋三首相は 2017 年 4 月の消費税率 10％への引き上げを 2019 年 10 月まで 2 年半延期する意向を正式表明した。その理由として、「世界経済が大きなリスクに直面している」と説明し、消費増税の延期要件としてきた「リーマン・ショック級や大震災級の事態」は起きていないものの、消費増税が「内需を腰折れさせかねないと判断した」と述べ、増税再延期の是非について「国政選挙である参院選を通し、国民の信を問う」とし、衆参同日選は、熊本地震への配慮などを理由に見送った。首相は「アベノミクスを加速するか、後戻りするかが参院選の最大の争点だ」と述べた。また、消費増税を再延期しても「財政再建の旗を降ろさない」と、基礎的財政収支の赤字を 2020 年度に黒字化する財政健全化の目標は堅持する考えを強調した。

　日本政府は、6 月 2 日に今後 10 年間の政策を盛り込んだ「ニッポン 1 億総活躍プラン」を閣議決定した。アベノミクス第 2 ステージは子育て支援や社会保障

の基盤強化を通じて経済を強くすることを目指しており、同プランは、「働き方改革」として同一労働同一賃金による非正規労働者の待遇改善や、長時間労働の是正、高齢者の就労促進を挙げた。加えて、「子育て・介護の環境整備」、奨学金制度の拡充などが盛り込まれた。政府はこれらによる政策効果として、2025 年度に賃金総額が 29.5 兆円、消費支出が 20.4 兆円増加すると見込んでいる。

　6 月 22 日に、第 24 回参議院選挙が公示され、立候補者は選挙区 225 人（改選数 73）、比例代表 164 人（同 48）の計 389 人であった。選挙戦では、自公両党は就業者数などが改善したことなどアベノミクスの成果を訴えたが、野党は改憲勢力が憲法改正の発議に必要な 3 分の 2 の議席を取ることを阻止する方針を掲げた。7 月 10 日に投開票が行われ、自民、公明の与党が 69 議席を獲得し、安倍首相が勝敗ラインに掲げた改選定数の過半数（61）を上回り、大勝した。非改選も含め、自民党など憲法改正に前向きな勢力は、参院での改正発議に必要な 3 分の 2（162）に達した。民進、共産など野党 4 党による統一候補の擁立で注目された改選定数 1 の「1 人区」（32 選挙区）では、自民党が 21 勝 11 敗で勝ち越した。公明党は、目標に掲げた選挙区の 7 人全員当選を果たしたほか、比例選でも 7 議席を確保し、過去最多の 14 議席に達した。

　民進党は振るわず、民主党時代の前回 2013 年参院選の獲得議席（17）は上回ったが、改選 45 議席を割り込んだ。共産党は 6 議席を獲得し、改選 3 議席の倍増となった。だが、2013 年の参院選に確保した 8 議席には及ばなかった。おおさか維新の会は 7 議席で、改選 2 議席を上回った。

　参院選全体の投票率は 54.70％であった。また、選挙権年齢を「20 歳以上」から「18 歳以上」に引き下げる改正公職選挙法が施行されてから初めての選挙であったため、18、19 歳の約 240 万人が新たに有権者となった。投票率は、18 歳が 51.17％、19 歳は 39.66％で、18 歳と 19 歳を合わせた投票率は 45.45％であった。年代ごとにみると、若年層ほど与党に投票し、年代が上がると野党の割合が増える傾向がみられ、18 歳と 19 歳は半数が与党に投票した。

進む安倍一強
　2016 年 4 月に、安倍首相の在職日数が第一次内閣を合わせて 1,576 日となり、

池田勇人元首相を抜いて戦後歴代5位となった。7月の参院選で勝利を受けて、8月には第三次安倍再改造内閣が発足し、安倍首相は「未来チャレンジ内閣」と命名した。菅義偉官房長官や麻生太郎副総理兼財務相、岸田文雄外相ら主要閣僚が留任する一方、経済産業相に起用された世耕弘成前官房副長官ら8人が初入閣し、稲田朋美自民党前政調会長が女性で2人目の防衛相に就いた。

　自民党役員人事では、入院した谷垣禎一前幹事長の後任に二階俊博総務会長、総務会長に細田博之幹事長代行、政調会長に茂木敏充選挙対策委員長が就任した。10月に、自民党の党・政治制度改革実行本部は、総裁任期について、「現行の連続2期3年を連続3期9年までに改正する」との見直し案を了承し、2017年3月の党大会で正式に決定した。これにより、安倍首相の自民党総裁としての任期は最長2021年9月までとなり、憲法改正や外交課題に時間をかけて取り組むことができるようになった。

　9月に招集された第192臨時国会では、安倍首相が衆参両院の本会議での所信表明演説で、憲法改正案を国民に提示するのは「国会議員の責任」として、憲法改正の発議に向け衆参の憲法審査会で議論を深めるよう与野党に呼びかけた。11月には、参院憲法審査会が、1年5カ月ぶりに実質的な議論を再開したが、自民党や日本維新の会が憲法改正の必要性を訴えたのに対し、民進党は集団的自衛権の行使を容認する安全保障関連法を違憲として立憲主義の議論を優先すべきだと主張した。

　このような中、大阪市の学校法人「森友学園」に国有地が鑑定評価額を大幅に下回る価格で売却された問題は、森友学園が開講予定だった小学校の名誉校長に首相夫人の昭恵氏が就任することになっていたため、安倍首相の政治的関与が大きく取り沙汰された。3月には、衆参両院の予算委員会の証人喚問で、森友学園の籠池泰典理事長は、国有地借地契約に関して首相夫人に相談し、夫人側が財務省に問い合わせた結果をファクスで受け取ったと述べた。安倍首相は、照会について「不当な圧力ではない」と反論した。この問題を受けて行われた読売新聞社の全国世論調査では、安倍内閣の支持率は56%で、前月調査から10%低下し、不支持率は33%と前月の24%から上昇した。

　9月に、民進党は岡田克也代表の任期満了に伴い、代表戦を行った。蓮舫代

表代行、前原誠司元外相、玉木雄一郎国会対策副委員長が名乗りを上げ、共産党などとの野党共闘の是非や憲法改正への対応などを争点に選挙戦を繰り広げた。新代表には党内主要グループの支持を受け、知名度も高い蓮舫代表代行が選出された。幹事長には野田佳彦前首相が起用された。しかし、蓮舫代表は、代表戦直前に「二重国籍」問題が発覚し、また原発ゼロ社会を次期衆院選公約として掲げようとし、支持団体の連合との関係を悪化させた。森友学園をめぐる問題で安倍政権の批判を強めたが、民進党の政党支持率は上昇せず、1桁台が続き、2017年7月の都議会選を控え、離党表明も相次いだ。

　政治資金の私的流用などで批判された舛添要一東京都知事が6月に辞職し、7月に行われた東京都知事選では所属する自民党の反対を押し切って出馬した小池百合子元防衛相が、自公の推薦を受けた増田寛也元総務相と民進、共産、社民ら野党の推薦を受けたジャーナリストの鳥越俊太郎氏らを大差で退け、当選した。小池知事は「都民ファースト」を掲げ、情報公開を徹底し、豊洲市場（江東区）の移転延期問題や東京五輪の競技会場見直し問題などの重要課題にトップダウン方式で次々と切り込んだため、都議会最大会派の自民党との対立を深めた。9月には小池知事が主宰する政治塾「希望の塾」が開講し、2,900人以上が入塾した。小池知事は、2017年夏の都議会選挙に同塾生から候補者を擁立する意向を表明し、「小池新党」が新たな第三極となるのか、その行方に注目が集まった。

原発問題

　鹿児島県の九州電力川内原子力発電所の周辺住民らが再稼働差し止めを求めた仮処分申し立ての即時抗告審で、4月に福岡高等裁判所宮崎支部が差し止めを認めなかった鹿児島地方裁判所決定を支持、住民側の抗告が棄却された。8月に四国電力は、愛媛県の伊方原子力発電所3号機を再稼働し、東京電力福島第一原発事故を受けて策定された新規制基準下での再稼働は5基目となった。2016年3月に関西電力高浜原子力発電所3号機、4号機（福井県高浜町）の運転差し止めを命じた大津地方裁判所の仮処分決定に対し、関電が決定の効力を一時的に止めるよう求めた執行停止の申し立てを2017年3月に大阪高裁が認め、稼働中の原発を止めた司法判断は約1年で覆った。

4月に、原子力規制委員会が北陸電力志賀原発（石川県）1号機原子炉建屋直下を通る断層を「活断層」と指摘した有識者調査団の評価書を受理し、同原発の廃炉の可能性が高まった。6月には、原子力規制委員会が東京電力福島第一原発事故を踏まえた新規制基準のもとで、運転開始から40年以上経過した老朽原発として初めて、関西電力高浜1、2号機（福井県）の運転延長を認可した。12月に、政府は原子力関係閣僚会議を開き、施設の安全基準を満たすには多額の費用がかかるなど再稼働は難しいとの理由で、福井県にある日本原子力研究開発機構の高速増殖炉「もんじゅ」の廃炉を正式に決めた。一方、政府は使用済み核燃料を再利用する核燃料サイクル政策は維持し、高速炉開発を続ける方針も決定した。

天皇退位問題

　8月に天皇は、国民に向けたビデオメッセージで、「高齢となった天皇の望ましい在り方」について、「象徴の務めを果たしていくことが、難しくなるのではないか」と案じていると語られ、終身天皇を前提とする制度の問題点に触れて生前退位の意向を示唆された。これを受けて、政府は9月に「天皇の公務の負担軽減等に関する有識者会議」を設置し、メンバーに今井敬・経団連名誉会長ら6人を起用した。10月の初会合では、今井座長が憲法上の天皇の役割や、天皇の国事行為や公的行為のあり方など8点を聴取項目に挙げ、女性・女系天皇や「女性宮家」創設に関しては検討しない意向を示した。

　有識者会議が2017年1月にまとめた中間報告となる論点整理は、退位を容認する意見を列挙したうえで、恒久制度化した場合の課題を多く並べることで「一代限り」に力点を置いた。これを踏まえ、国会で法整備に向けた与野党協議が始まり、一代限りの特例法を求める与党と、典範改正による恒久制度化を求める野党が対立した。3月に、衆参正副議長が、退位を一代限りの特例法で認める一方、今回の退位が今後の先例になると解釈できる文言を典範の付則に盛り込む提言を取りまとめた。2017年4月の有識者会議の最終報告書では、退位後の天皇の呼称を「上皇」とし、「象徴や権威の二重性などの弊害を生じさせない」ため、上皇は皇位継承資格や摂政・臨時代行就任の資格などを有しないと明記

した。政府は、報告を踏まえた特例法案の 2017 年の通常国会での成立を目指し、退位の時期は 2018 年中となる見通しである。

熊本地震

　4 月 14 日、熊本県を震源としてマグニチュード（M）6.5 の地震が発生、16 日は、M7.3 の地震が発生し、同県益城町ではいずれも震度 7 を記録した。気象庁は、14 日の地震はこの地震に先立つ「前震」で、16 日の地震が本震とみられると発表した。政府は、非常災害対策本部会議を設置し、対応に当たった。また、熊本県知事からの災害派遣要請を受けて、陸上自衛隊西部方面総監を指揮官とする陸海空 3 自衛隊からなる 2 万 1,000 人規模の統合任務部隊が編成され、人命救助や物資輸送などに当たった。さらに、日本政府は米軍による物資輸送支援を受け入れることを決定し、垂直離着陸機「オスプレイ」による空輸作戦が実施された。

基地問題

　4 月に、沖縄県うるま市で同市在住の女性が行方不明となり、米国籍の元海兵隊員が死体遺棄容疑で逮捕された。事件を受けて安倍首相が翁長雄志沖縄県知事と会談し、翁長知事が日米地位協定の抜本見直しを要請したが、首相は消極姿勢を示した。5 月に安倍首相がオバマ米大統領と会談し、女性遺棄事件に「断固抗議」して再発防止策を求め、オバマ大統領は全力を挙げると約束し、日米地位協定の運用改善を図る方針で一致した。6 月の沖縄県議選では、4 月の死体遺棄事件を受けて反基地感情が強まり、米軍普天間飛行場の名護市辺野古移設に反対する翁長知事を支える勢力が過半数を維持した。7 月に日米両政府は、両国間の地位協定で米側に優先的な裁判権が認められている米軍属の範囲見直しに関する合意内容を共同発表し、軍属として、米政府予算などで雇用され在日米軍に勤務する文民、米軍が運航する船舶・航空機の乗組員、米軍関連の公式目的で滞在する米政府の被雇用者、米軍が契約する民間企業の技術アドバイザーやコンサルタントの 4 分類を例示した。日米両政府は、2017 年 1 月に日米地位協定が定める軍属の対象範囲を縮小する補足協定を締結し、即日発効した。

7月、沖縄県の米軍普天間飛行場の移設問題をめぐり、日本政府は、辺野古沿岸部の埋め立て承認を取り消した翁長雄志知事に対し撤回を求める政府の是正指示に従わないのは違法だとの確認を求め、福岡高等裁判所那覇支部に提訴した。9月、福岡高裁那覇支部は、仲井眞弘多前知事による移設先の埋立て承認は適正だったと判断し、翁長知事による承認取り消し処分を違法として、「普天間の危険を除去するには、辺野古に新施設を建設するしかない」との判決を下したが、県は最高裁判所に上告した。12月に、最高裁は国の違法確認請求を認めた福岡高裁那覇支部の判断を支持し、翁長知事側の上告を棄却して、国側の勝訴が確定した。これによって普天間基地移設に関する法的な問題が解決され、政府は移設工事を再開したが、翁長知事は移設阻止の決意を表明した。2017年2月には、政府は辺野古沿岸部で海上での本体工事の作業に着手した。沖縄県は十分な事前説明が必要として中止を求めた。

　12月に、神奈川県厚木基地の周辺住民らが、国に飛行差し止めなどを求めた第四次厚木基地騒音訴訟の上告審で、最高裁が「自衛隊機運航には高度の公共性と公益性がある」とし夜間・早朝の飛行差し止めを命じた2審判決を破棄し、将来分の賠償も認めず、住民側の逆転敗訴となった。一方、2017年2月に、沖縄県の米空軍嘉手納基地の周辺住民約2万人が、国に対して米軍機の夜間・早朝の飛行差し止めや損害賠償などを求めた第三次嘉手納爆音訴訟で、那覇地裁沖縄支部は、国に総額約301億9,860万円を支払うよう命じる判決を下した。だが、米軍機の飛行差し止め請求は、一次、二次訴訟と同様に棄却した。

　2016年12月に、沖縄県名護市沖の浅瀬で、米軍普天間飛行場所属の輸送機オスプレイ1機が不時着した。沖縄本島の東方海上で空中給油機から給油を受ける訓練中に給油用ホースが切れ、オスプレイに不具合が生じて飛行が困難になった。搭乗員5人のうち2人が負傷した。日本国内でのオスプレイの重大事故は初めてであった。翁長沖縄県知事は日本政府に抗議し、オスプレイの沖縄配備撤回を重ねて求めた。米軍は事故について、乱気流など空中給油訓練中のトラブルが原因で、機体の問題ではないと防衛省に説明し、2017年1月に機体自体の安全性は確認できたとして、空中給油以外の飛行を再開した。

　1月に、安倍首相とケネディ駐日米大使が沖縄県にある米軍専用施設「北部訓

練場」の半分以上に当たる約 4,000 ヘクタールの返還を発表した。1972 年の沖縄本土復帰後最大規模の返還で、沖縄に集中する米軍専用施設の割合は全国の約 74% から 70% に下がった。

TPP法案成立

秋の特別国会で環太平洋経済連携協定（TPP）の承認案・関連法案の審議が始まり、石原伸晃経済財政・再生相は、米国の大統領候補が TPP に否定的ななか、「わが国が率先して動くことで米国を引っ張り、早期発効の機運を高めることが重要だ」と強調した。国会では、食の安全や知的財産、輸入米の問題点などが議論され、法案は 2016 年 11 月 10 日に衆議院で、12 月 19 日に参議院で、与党と日本維新の会などの賛成多数により可決された。

外交・安全保障

G7広島外相会合

4 月 10 日と 11 日に、広島市内で主要 7 カ国（G7）外相会合が開かれた。主要議題のテロ・暴力的過激主義対策、難民問題では、過激派組織「イスラム国」（IS）などによるテロを非難し、G7 が主導してテロ対策と難民問題での国際連携を強化する方針で一致した。「海洋安全保障に関する G7 外相声明」は、中国の東シナ海での挑発行動や南シナ海の軍事拠点化の動きを念頭に、現状変更の一方的な行動への「強い反対」が表明され、仲裁を含む平和的紛争解決を求める内容が盛り込まれた。「核兵器のない世界」に向けた決意を示す「広島宣言」も採択され、外相会合は各国指導者の被爆地訪問を希望すると明記した。

また、G7 外相は広島市の平和記念公園を訪問し、平和記念資料館の視察に続き、原爆慰霊碑に献花した。その後、米国のケリー国務長官の発案で、原爆ドームも訪問した。米国など核保有国の現職外相による広島訪問は初めてであった。ケリー長官は、オバマ大統領の広島訪問の可能性について、「みんなが行くべきだ。大統領もみんなの一人として来てもらいたい。米国に戻ったらオバマ氏に広島での経験を話したい」と述べた。

伊勢志摩サミット

　5月の大型連休中、安倍首相は同月下旬に予定される主要国首脳会議（伊勢志摩サミット）の地ならしのため、欧州を歴訪した。サミット議長国として、日本政府は減速懸念が強まる世界経済を下支えするため、財政出動を含めた対策で国際社会と協調したい考えであったが、ドイツや英国は財政規律を重視し、財政出動には慎重な立場を崩さなかった。

　5月26日と27日には、三重県で伊勢志摩サミットが行われた。首脳宣言では、主要議題の世界経済への対応については、金融、財政、構造政策の3本の矢のアプローチの重要な役割を再確認しつつ、特に難民対策から環境投資まで幅広く解釈できる「機動的な財政戦略」の実施と構造政策を果断に進めることが首脳宣言に盛り込まれ、財政出動に消極的な英独に配慮する内容となった。その他、質の高いインフラ投資や女性支援、サイバー問題などに関する成果文書がとりまとめられた。海洋安全保障に関しては、先のG7外相声明を支持するとともに、安倍首相が掲げる法に基づく主張、武力や威嚇の不行使、平和的な紛争解決からなる「法の支配3原則」を明記する首脳宣言が出された

オバマ大統領の広島訪問と安倍首相の真珠湾訪問

　伊勢志摩サミットの後の5月27日、オバマ大統領は現職米大統領として初めて広島を訪問し、平和記念公園の資料館を見学し、原爆慰霊碑に献花した。その後の演説で、自らの広島訪問の理由について「亡くなった10万人を超える日本人、数千人の朝鮮半島出身の人、捕虜になった十数人の米国人を追悼するためだ」と述べ、さらに「あのひどい戦争やそれまでの戦争、そして未来の戦争の罪なき犠牲者全員に思いを寄せる」とも述べ、すべての戦争の犠牲者に哀悼の意を示した。続けて、米国を含む核保有国は「核兵器なき世界」を目指す勇気を持たなければならないと述べ、核廃絶への決意を訴えた。かつて激しい戦火を交えた日米両国についても「同盟関係だけではなく友情を築き上げた」と語り、日米の和解の軌跡と揺るぎない同盟関係を強調した。しかし、広島、長崎への原爆投下が「戦争終結を促した」という米国内の肯定論を意識し、投下の是非には踏み込まず、謝罪もしなかった。

　12 月 27 日、安倍首相は休暇中のオバマ米大統領とともに、ハワイの真珠湾を訪れ、アリゾナ記念館を慰霊のため訪問した。戦後、日本の首相が真珠湾を訪れたことはあるが、現職の米大統領とともに犠牲者を慰霊するのは初めてであった。安倍首相は演説で「不戦の誓い」を新たにし、日米が同盟関係を築くに至った「和解の力」の意義を強調したが、先の大戦への謝罪表現は盛り込まなかった。

　米大統領の広島訪問、そして日本の首相による真珠湾訪問は、それぞれ国内の保守派の反発を招きかねない難しい政治案件であったが、日米両首脳は慎重に謝罪なき和解を実演した。この相互訪問は、日米同盟の強さを象徴するとともに、かつて戦火を交えた国同士が寛容と和解の力を示す機会となった。

日米関係

　5 月の伊勢志摩サミットの際、安倍首相とオバマ米大統領が会談し、日米同盟を基軸とした平和と繁栄のネットワークを強化し、特に ASEAN との協力強化が急務である点で一致した。12 月には、安倍首相は真珠湾訪問前にオバマ大統領との最後の首脳会談に臨み、日米同盟の強化を確認するとともに、中国空母が初めて「第一列島線」を通過し西太平洋へ進出したことについて、中長期的観点からも注視すべき動向であるとの認識で一致した。

　7 月に、オバマ政権が核兵器の先制不使用について検討していると報じられた。8 月には、安倍首相がハリス米太平洋軍司令官に「北朝鮮に対する抑止力が弱体化する」として反対の意向を直接伝達したと米メディアが報道した。9 月に、オバマ政権は先制不使用について断念したと伝えられた。

　11 月の米大統領選で、共和党候補のドナルド・トランプ氏が、民主党のヒラリー・クリントン氏を破り、2017 年 1 月 20 日に第 45 代大統領に就任した。トランプ氏は、選挙中、日本に対して米軍基地費用の負担や公平な貿易を求める発言を繰り返したため、安倍首脳は個人的関係を築こうと選挙直後の 11 月 17 日にニューヨークでトランプ次期大統領と会談し、会談後トランプ氏を「信頼できる指導者」と評価した。しかし、トランプ氏は就任前、日本の自動車市場を閉鎖的と批判し是正を迫る考えを表明し、安倍政権が円安に誘導しているときわめて異例な主要貿易相手国の為替批判を行った。トランプ氏が、トヨタ自動車がメキシコに工場

を新設することについて、自身のツイッターで批判すると、トヨタはメキシコでの工場新設計画は中止せず、米国に今後5年間で100億ドルを投資すると発表した。

　トランプ大統領は、就任演説で「米国第一」主義を宣言し、不法移民の流入を阻止するためメキシコ国境に壁を建設し、国境管理強化を指示する大統領令に署名するとともに、TPPからの永久離脱方針を正式表明した。トランプ政権の米通商代表部（USTR）代表には、レーガン政権でUSTR次席代表を務めたライトハイザー氏を起用すると発表、また政権移行チーム幹部のハガティ氏を駐日大使に、知日派で「ミスター保護主義」の異名を持つロス氏を商務長官に起用する方針を決定した。過剰な保護主義を唱えるナヴァロ氏は、新設された国家通商会議のトップに就任した。2月に米商務省が発表した2016年の貿易収支によると、対日赤字が689億3,800万ドル（約7兆7,000億円）で、ドイツを抜き中国に次ぐ2位に浮上し、対日貿易では乗用車が大幅な輸入超過であった。

　トランプ政権の通商政策に懸念が高まるなか、2017年2月に来日したマティス米国防長官は、日米同盟への日本の貢献は他国のモデルになると述べ、在日米軍駐留経費の負担増を求めることはなかった。また、尖閣諸島が日米安全保障条約第5条の適用範囲であることを確認し、日米同盟の重要性も強調して日本側を安心させた。

　2月10日に、安倍首相とトランプ大統領の初の首脳会談がワシントンで行われた。共同声明では、米国による核および通常兵器による拡大抑止の提供が明記され、日米安保条約が尖閣諸島にも適用されると、米国の尖閣諸島に対する防衛義務が初めて文章に残されただけでなく、米国政府が繰り返してきた領有権問題については立場を取らないというただし書きにも触れなかった。経済については、米国がTPP離脱表明したことを受けて、日米の二国間の枠組みと日本が地域レベルの枠組みを推進することが併記され、共和党主流派で、日本との経済関係も深いインディアナ州知事を経験したペンス副大統領と麻生太郎副総理とがペンス副大統領のもとで経済対話を設置し、安全保障と切り離した形で、経済問題を話し合うことになった。

　首脳会談後、両首脳はフロリダにあるトランプ大統領の別荘で時間を過ごし、個人的な信頼関係を構築した。その間、2月11日夜、北朝鮮が弾道ミサイル

の発射実験を行うと、両首脳は共同で記者会見し、トランプ大統領は「米国は100％日本を支える」と述べた。3月には、ティラーソン国務長官が来日し、主に北朝鮮情勢について日本側と協議し、北朝鮮の核・ミサイル開発の阻止に向け新たな手法を検討していくことで一致した。他方、トランプ米政権は、日本の自動車と農産物の市場開放を求める意見書をWTOに提出し、安倍政権に「大胆な改革」を求めた。また、米商務省は、日本や韓国など計8カ国で生産された鉄鋼製品が不当に安い価格で米国に輸入されているとして反ダンピング（不当廉売）関税を課す方針を決定した。

東シナ海情勢

　中国の公船は、荒天時以外は尖閣諸島の接続水域にほぼ常駐し、毎月3回程度の頻度で領海侵入を繰り返した。毎月3回、3隻の中国政府公船（国家海警局所属）が2時間程度領海に侵入するため、非公式に「3‐3‐2方式」と呼ばれる。8月上旬には、300隻ほどの中国漁船が尖閣諸島の接続水域で操業を行う中で、一時は最大15隻の中国公船も同じ海域に集結し、延べ28隻以上の公船が領海に侵入するなど緊張が高まった。また、中国公船は、接続水域内で漁業規制とみられる管轄権行使に当たる行為を行った。その後領海侵入の形式に変化がみられ、頻度は月3回程度のままだが、領海侵入を4隻が行うようになり、「3－4－2方式」となった。なお、8月11日に、中国漁船が尖閣諸島周辺海域でギリシャ船籍の貨物船と衝突し沈没したため、海上保安庁が沈没した中国漁船の14人の乗組員のうち6名を救助した。

　2016年6月には、人民解放軍による挑発行為が続発した。まず、ロシア海軍が尖閣諸島の接続水域を航行するのに合わせるかのように、中国海軍の艦船が初めて同接続水域を航行する事案が発生した。その後、中国海軍の情報収集艦が鹿児島県南部のトカラ海峡の領海に侵入した。中国政府は、これを領海の無害通航権ではなく、「国際海峡の通過通航権」を理由に正当性を主張した。同情報収集艦は、その後沖縄県東大東島の接続水域も航行した。また、緊急発進した航空自衛隊機に対し中国軍機が、攻撃動作をしたとも報じられた。

　2016年度の中国機に対する緊急発進回数は、合計で851回であり、前年度

の同時期と比べて280回増加した。8月と2017年1月には、中国機が津軽海峡を抜けて日本海に入る事案も発生し、中国軍機の活動範囲が拡大した。12月には、中国初の空母「遼寧」の艦隊が遠洋訓練のため東シナ海から宮古水道を抜けて西太平洋に向けて航行し、中国のパワープロジェクション能力がまた一歩拡大した。12月には、中国政府が、中国空軍機が宮古海峡から西太平洋に向けて遠洋訓練をしている際に、航空自衛隊のF-15戦闘機2機が接近して「妨害弾」を発射したと発表したが、日本政府は「妨害弾」の使用について否定した。

　また、東シナ海の日中中間線付近に中国が建造した16基のガス田掘削施設のうち1基に水上の船舶を察知するレーダーが設置されていることを日本政府が確認し、軍事利用の懸念が高まった。2016年に、国連海洋法条約に基づく日本の事前同意を得なかったり、同意と異なる海域で活動したりする「特異行動」を取った中国の海洋調査船は11隻に及び、東シナ海の大陸棚延伸に備えた地質調査をしていると考えられる。

日中関係

　2016年4月に北京で開かれた日中外相会談では、王毅外相は岸田文雄外相に対して4項目の「希望と要求」を行った。一つ目は「一つの中国」政策を徹底すること、二つ目は「中国脅威論」や「中国経済衰退論」を吹聴しないこと、三つ目は経済交流で中国が日本に依存しているという考えをやめること、そして四つ目は地域問題や国際問題について、日本が中国への対抗意識を捨てることであった。7月の日中外相会談では、岸田外相が王外相に南シナ海での中国の歴史的権利を否定した仲裁裁定の順守と紛争の平和的解決を求めた。8月の日中外相会談では、岸田外相が王外相に東シナ海における挑発行為に抗議し、東シナ海情勢の安定が、9月にG20のため訪中する安倍首相と習国家主席の会談に繋がるとの認識を示した。これに対し、王外相は不測の事態を防ぐことが重要と応じ、日中高級事務レベル海洋協議開催を提案した。

　安倍首相は9月6日中国・杭州で習近平国家主席と約1年5カ月ぶりに会談し、日中高級事務レベル海洋協議の開催と海空連絡メカニズムの早期運用開始で一致し、東シナ海ガス田の共同開発合意についても協議を再開することで合意

した。習主席から、2017 年の国交正常化 45 周年、翌 2018 年の平和友好条約
40 周年に向けて様々な交流を拡充する提案もあった。11 月にペルーで開かれた
APEC の際に行われた会談でも、両首脳は日中関係を改善させていくことを確認
した。

　9 月中旬に広島で開かれた高級事務レベル海洋協議では、海洋連絡メカニズム
の早期運用では合意したが、東シナ海ガス田の共同開発に関する協議再開では
合意できなかった。11 月には、海空連絡メカニズムに関する協議が東京で行わ
れたが、領海・領空を対象範囲に含めるかどうかについて同意できず、引き続き
協議を続けることになった。その直後の日中外務次官級協議が北京で開かれ、
関係改善と海空連絡メカニズムの早期運用で合意した。12 月には、海口で高級
事務レベル海洋協議が開かれたが、「海空連絡メカニズム」の早期運用に向けて
引き続き努力することで一致したのみであった。

　中国でスパイ行為に関与したとして逮捕された日本人 4 人のうち、2015 年 5 月
に拘束された愛知県の 50 代の男性を中国当局が起訴していたことが 5 月に判明
した。7 月には、日中交流関連団体の理事長を務める日本人男性 1 人が、北京
市内で中国当局に拘束されていると発表され、中国外務省は「国家安全危害の
疑いのある日本人 1 人を関係部門が法に基づき調べている」と明らかにした。

慰安婦問題と日韓関係

　慰安婦問題については、2015 年 12 月に日韓外相間で最終的かつ不可逆的に
解決されることが確認された。7 月の日韓外相会談では、岸田外相が尹炳世外
相と従軍慰安婦問題に関する日韓合意を着実に実施する方針を確認し、韓国政
府が元慰安婦支援などに取り組む「和解・癒やし財団」をソウルに設立した。日
本政府は、同財団の事業として、元慰安婦 1 人につき 1 億ウォン（約 1,000 万円）
を支出することで韓国側と合意し、生存者 46 人に 1 人当たり約 1,000 万円、故
人 199 人の代理人に約 200 万円を上限として渡すことになった。

　一方、日本側が求めているソウルの日本大使館前の少女像撤去のめどは立たな
かった。8 月には、旧日本軍の従軍慰安婦問題を象徴する少女像が設置された
米ロサンゼルス近郊グレンデール市の日系人住民らが像の撤去を市に求めた訴訟

で、カリフォルニア州の連邦高等裁判所が原告の訴えを棄却し、2014年の1審判決に続き2審でも日系人住民が敗訴した。また、同月、旧日本軍の元従軍慰安婦ら計12人が慰安婦問題解決を確認した2015年末の日韓合意で精神的苦痛を被ったなどとして、韓国政府に1人当たり1億ウォン（約910万円）の損害賠償を求めソウル中央地裁に提訴した。

　8月15日、韓国の朴槿恵大統領が、日本の植民地支配からの解放記念日「光復節」の演説で、日韓関係について「歴史を直視するなかで未来志向的な関係を新たにつくっていかなければならない」と述べ関係強化に意欲を示し、2015年までの演説で触れていた慰安婦問題解決には言及しなかった。9月に安倍首相は、ラオスで朴大統領と会談し、日韓合意の着実な履行や北朝鮮の核・ミサイル開発を受けた日韓や日米韓の連携強化方針で一致するとともに、ソウルの日本大使館前の慰安婦被害を象徴する少女像の撤去を要請した。2016年11月に、朴大統領が知人による国政介入事件を受けて辞任を表明し、2017年3月に弾劾された。その間、12月に 日韓両政府が安全保障分野での機密情報の共有を可能にする軍事情報包括保護協定（GSOMIA）に署名し、北朝鮮に関する軍事情報を直接やりとりすることが可能になった。

　12月末に、釜山の日本総領事館前の歩道で、地元の市民団体が従軍慰安婦被害を象徴する少女像を設置したため、日本政府が韓国政府に抗議し、撤去を要した。さらに、日本政府は抗議のため、長嶺安政・駐韓大使と森本康敬・釜山日本総領事を一時帰国させた。2月に、岸田外相がドイツでの尹外相との会談で、釜山の日本総領事館前の慰安婦少女像の撤去要求し、尹外相は「可能な限り最大限の努力をする」と応じた。

日露関係

　2016年5月に、安倍首相はプーチン大統領とロシア南部ソチで非公式に会談し、北方領土問題解決を含む平和条約締結について「新たな発想に基づくアプローチで交渉を精力的に進める」ことと、①医療、②都市環境、③中小企業、④エネルギー、⑤生産性向上、⑥極東開発、⑦先端技術、⑧人的交流の8つの項目からなる協力プランを提示した。6月には、日露両政府が外務省高官による平和

条約締結交渉を開催し、「新たなアプローチ」に基づく解決方針をふまえ、条約の早期締結へ対話を促進する考えで一致した。9月に、安倍首相は、日露経済協力を統括する「ロシア経済分野協力担当相」を新設し、世耕経済産業相を任命した。

　9月に、安倍首相はロシア極東ウラジオストクでプーチン大統領と会談し、12月のプーチンの来日と、山口県での首脳会談で正式合意した。10月に、世耕経済産業相がロシアのノバク・エネルギー相、ウリュカエフ経済発展相とモスクワで相次いで会談し、12月のプーチン大統領来日までに約30事業を優先的に具体化することで合意した。安倍首相は、11月にペルーでプーチン大統領と再び会談し、12月のプーチン氏来日に向け、詰めの協議を行うとともに、北方領土問題を含む平和条約締結交渉をめぐり協議し、プーチン大統領は北方領土での「共同経済活動」構想に言及した。

　12月に、安倍首相は、プーチン大統領と東京および山口県長門市で会談した。両首脳は、北方領土での「共同経済活動」の実施に向け、事務レベルで協議を始めることで合意し、平和条約締結に向けた重要な一歩になるとの認識でも一致した。また、四島において共同経済活動を行うための特別な制度に関する協議の開始に合意した。また、8項目の協力プランのそれぞれの項目のもとで、企業等が行うプロジェクトに関する合計68件の文書に署名が行われた。

　2017年3月に、日本・ロシア両政府が外務・防衛閣僚協議を東京で開催した。北朝鮮の核・ミサイル開発阻止へ協力する方針で一致するとともに、ミサイル防衛に関する意見交換、および信頼醸成について議論が行われた。

北朝鮮の核・ミサイル開発

　北朝鮮は発射台付き車両（TEL）や潜水艦から弾道ミサイルの発射実験を繰り返し、打撃能力の多様化と残存性の向上を追求した。2016年4月には、新型中距離弾道ミサイル「ムスダン」（射程2,500‐4,000キロメートル）と推定される弾道ミサイルの発射実験を初めて実施し、失敗が続いた後、6月には通常よりも高い角度で高い高度まで打ち上げ、迎撃がより困難なロフテッド軌道での発射に成功した。同じく4月には、潜水艦発射弾道ミサイル（SLBM）の水中からの試験

発射を実施し、8月のロフテッド軌道での試射では約 500 キロメートル飛行し、日本の防空識別圏内の日本海上に落下した。7月には、3発の弾道ミサイルを発射し、最初の2発は短距離弾道ミサイル「スカッド」（射程 300 - 500 キロメートル）、最後の1発は日本のほぼ全域を射程に入れる中距離弾道ミサイル「ノドン」（射程 1,300 キロメートル）と推定された。8月には、「ノドン」が秋田県男鹿半島の西 250 キロの日本の排他的経済水域（EEZ）内に初めて落下した。9月にも「ノドン」3発が発射され、いずれも日本の EEZ 内まで約 1,000 キロメートル飛行し、ほぼ同じ地点に落下して命中精度の高さを見せつけた。

2017 年 1 月、北朝鮮の金正恩朝鮮労働党委員長が施政方針に当たる「新年の辞」を発表し、大陸間弾道ミサイル（ICBM）の発射実験の準備が「最終段階」に入ったと発言した。2月に北朝鮮は、新型の中長距離弾道ミサイルの発射実験に成功した。3月には、弾道ミサイルを4発発射し、3発が日本の EEZ 内に落下、残る1発も EEZ 付近に落下し、北朝鮮はこれを「在日米軍の攻撃訓練」と発表した。

2016 年 9 月には、北朝鮮が同年1月以来で通算5回目となる核実験の実施を発表した。爆発規模は約 10 キロトンで、北朝鮮はこれを「核弾頭の爆発実験」と説明し、核弾頭を弾道ミサイルに装着が可能になったと主張し、北朝鮮が核兵器の小型化・弾頭化の実現に至っている可能性も指摘された。

これに対して、8月には、稲田防衛相が北朝鮮の弾道ミサイル発射に備え、自衛隊によるミサイル迎撃を可能とする破壊措置命令の常時発令を決めた。2017年3月には、自民党の安全保障調査会が、日本がミサイル攻撃を受けた後、2発目以降を防ぐための「敵基地反撃能力」を持つべきだとする提言を作成し、具体的には巡航ミサイルを挙げた。また、弾道ミサイル防衛の装備として陸上配備型の「イージス・アショア」やターミナル段階高高度防衛ミサイル（THAAD）も挙げた。防衛省は、これら将来の迎撃態勢に関する調査費を 2016 年度第三次補正予算に計上した。

また、日米韓は6月にハワイ沖で弾道ミサイルの探知追跡演習「パシフィック・ドラゴン」を実施した。9月には、北朝鮮の核実験に対抗し、米太平洋軍がグアム配備のB-1戦略爆撃機を朝鮮半島の周辺空域に派遣し、日韓の戦闘機とそ

れぞれ訓練を実施した。さらに、日米韓は、9月にニューヨークで外務次官協議を、2017年3月にはボンで6者協議の首席代表会合を開き、北朝鮮への対応で連携強化を続けることを確認した。

南シナ海問題と東南アジア外交

　2016年7月12日に出された南シナ海仲裁裁定で、中国のいわゆる「九段線」に基づく主張が否定され、フィリピンの圧勝ともいうべき結果が出た。日本政府はフィリピンが始めた仲裁手続きを支持し、仲裁裁定についても「最終的」かつ「紛争当事国を法的に拘束」するという立場を即座に表明した。一方、中国政府は、日本を名指しして「問題をあおりたてるべきではない」などと非難する声明を出した。

　仲裁裁定の直後の7月15‐16日にウランバートルで開かれたアジア欧州会議（ASEM）首脳会合では、安倍首相が法の支配を強調し、中国の李克強首相との会談でも常設仲裁裁判所の裁定の受け入れを迫ったが、李首相は「日本は当事国ではなく、騒ぎ立て介入すべきでない」と議論は平行線をたどった。7月下旬の日・ASEAN外相会議で、岸田外相は、南シナ海が日本に「死活的に重要なシーレーン」であり、「地域全体の平和と安定にとって重要」と述べ、仲裁裁定や南シナ海行動宣言の早期締結など、法の支配の重要性を強調した。

　8月には、日本政府が、フィリピンの海上警備能力向上を図るために、フィリピン沿岸警備隊に供与する巡視船10隻の最初の1隻がマニラ港に到着した。9月には、稲田朋美防衛相が米国で講演し、中国の東・南シナ海での現状変更行動を批判するとともに、米国が南シナ海で行っている航行の自由作戦への支持を表明し、海上自衛隊と米海軍の共同巡航訓練や、フィリピン、ベトナムへの能力構築支援などを通じて南シナ海への関与を強めていくと述べた。

　9月に杭州で開かれたG20サミットでは、中国が事前に南シナ海問題が議題にならないよう予防線を張っていたため、南シナ海を念頭においた航行の自由の重要性に関する安倍首相の発言に追従する首脳はいなかった。その後、ラオスで開かれた東アジアサミットでは、日米が仲裁裁定の履行を中国に迫ったが、中国は日米など「域外国」の介入を牽制し、共同声明では平和的紛争解決には言及したものの、仲裁裁定そのものには触れなかった。

8月に、岸田外相がフィリピンのドゥテルテ大統領、ヤサイ外相と個別会談し、仲裁裁定の尊重や国際法の順守を中国に求める考えで一致し、中国が尖閣諸島周辺で活動を活発化させている状況への懸念も共有した。9月には、安倍首相がドゥテルテ大統領とラオスで会談し、フィリピンの海上警備能力強化へ向け大型巡視船2隻を供与する方針を伝達し、安全保障分野での協力推進に意欲を表明した。10月26日に安倍首相は訪日したドゥテルテ大統領と会談し、南シナ海の問題をめぐり、法の支配や平和的な解決の重要性を確認し、仲裁裁定の尊重や米国との同盟の重要性も確認した。安倍首相は、ドゥテルテ大統領が最重視する麻薬対策での協力や、ミンダナオ島の農業開発支援や経済成長促進に約50億円の円借款供与も表明した。2017年1月12日に、安倍首相がフィリピンを訪問し、首脳会談で政府開発援助（ODA）と民間投資を合わせ今後5年間で1兆円規模の支援を行なう考えを表明した。3月には、日本がフィリピン海軍に貸与する海上自衛隊のTC‐90練習機2機の引き渡しが行われた。

　2017年1月15日、安倍首相がインドネシアを訪問し、ジョコ大統領と会談した。安倍首相が「自由で開かれたインド太平洋戦略」について説明を行い、二つの海の結節点に位置するインドネシアの積極的な役割に期待したいと述べ、中国の南シナ海進出の活発化を踏まえた海洋安全保障分野の連携強化で一致した。首相は鉄道などインフラ整備の支援を強化し総額約739億円の円借款供与も発表した。同月、安倍首相はベトナムを訪問し、フック・ベトナム首相と会談した。安倍首相は、新造巡視船6隻を供与する方針と巡視船を含め、円借款1,174億円を供与する考えを伝達した。2月には、天皇、皇后両陛下がベトナムとタイを訪問され、初訪問のベトナムでは親善が目的で、敗戦後現地に残り独立運動に加わった元日本兵の家族と面会する機会もあった。

日豪関係

　2017年1月14日、安倍首相がオーストラリアを訪問し、ターンブル首相と会談を行った。アジア太平洋地域の平和と安定へトランプ米新政権を含む3カ国が「強固に連携」することや自由貿易の重要性を確認した。また、日豪の防衛協力を拡大する日豪物品役務相互提供協定（日豪ACSA）への署名式も行われた。

日キューバ関係

　4 月に、岸田外相は、外相として初めてキューバを訪問した。本格的な無償資金協力の開始や経済関係の強化、国際場裡での協力の強化で一致した。9 月には、安倍首相が日本の首相としてキューバを初訪問し、国家元首のカストロ国家評議会議長と会談、医療分野への約 13 億円の無償資金協力や日本からの投資拡大など経済関係を強化していくことで合意した。キューバが北朝鮮の友好国であることから、北朝鮮問題への対応なども話し合った。

日台関係

　2017 年 1 月に、日本の対台湾窓口機関である公益財団法人交流協会が、名称を日本台湾交流協会に変更した。3 月 25 日に、赤間二郎総務副大臣が台湾で日本の地域の魅力を紹介するイベント「多彩日本」の開幕式典に出席した。1972 年の日台断交後に副大臣が公務で台湾を訪問するのは初めてであった。

日印関係

　6 月に、海上自衛隊が、沖縄周辺海域で行われた米印海軍共同訓練「マラバール」に参加した。海上自衛隊の参加は 2015 年 10 月に続き 3 年連続であった。11 月 11 日には、安倍首相が来日したインドのモディ首相と会談し、「自由で開かれたインド・太平洋戦略」と「アクト・イースト」の連携により、インド太平洋地域の繁栄と安定を主導することで一致した。日本からインドへの原子力発電所輸出を可能とする原子力協定締結にも最終合意し、両政府が協定に署名した。被爆国の日本にとって核拡散防止条約（NPT）に加盟していない国との署名はインドが初めてであった。

日欧州関係

　10 月から 11 月にかけて、英国空軍戦闘機「タイフーン」が日本を訪れ、日英共同訓練を実施した。また、政府は、2016 年 1 月に行われた日英外務・防衛閣僚会合（2 プラス 2）を受け、2017 年 1 月、物品役務相互提供協定（日英ACSA）に署名した。同じく 1 月に、パリで日仏外務・防衛閣僚会合が開かれ、

物品役務相互提供協定の交渉開始や、仏練習艦隊「ジャンヌ・ダルク」の訪日に際する共同訓練などで一致した。3月に、安倍首相がドイツ、フランス、イタリア3カ国とEUを相次いで訪問し、各首脳との会談で日・EU経済連携協定や自由貿易の推進などを確認した。

パリ協定批准

　2016年11月8日に、2020年以降の温暖化対策の国際的な枠組み「パリ協定」の承認案が国会で批准された。政府はモロッコでの第22回国連気候変動枠組み条約締約国会議（COP22）までの国会承認を目指していたが、TPP承認案・関連法案をめぐって国会が混乱し、国会での批准は11月4日のパリ協定の発効に間に合わなかった。COP22開会中に、パリ協定に基づく温暖化対策の具体化を話し合う第1回締約国会議（CMA1）が開かれ、ルール策定の大枠が話し合われたが、批准の遅れた日本はオブザーバー参加となり、議論の方向性を定める初会合では発言権を持てなかった。

TICAD

　第6回アフリカ開発会議（TICAD VI）が8月27日、28日の両日、ケニアの首都ナイロビで開催され、テロとの戦いへの関与や国際法に基づく海洋秩序維持の重要性を明記した「ナイロビ宣言」が採択された。1993年に第1回会合が開かれて以来、初のアフリカ開催であった。安倍首相は、3年間で官民総額300億ドル規模の質の高いインフラ整備や強靱な保健システム促進、平和と安定の基盤作り等のアフリカの未来への投資を行う旨発表した。安倍首相はまた、基調講演で「日本は、太平洋とインド洋、アジアとアフリカの交わりを、力や威圧と無縁で、自由と、法の支配、市場経済を重んじる場として育て、豊かにする責任を担っています」と述べ、ユーラシア大陸で「一帯一路」構想を推し進め、海洋進出の動きを強める中国を念頭に「自由で開かれたインド太平洋」を目指す新外交戦略を打ち出した。

駆けつけ警護

　11月16日に、政府は、現地の治安状況や、部隊の訓練の習熟度を総合的に検討した結果、南スーダンでの国連平和維持活動（PKO）に派遣する陸上自衛隊部隊が、「駆けつけ警護」と「宿営地の共同防護」を実施できるよう決定した。実施計画では、部隊派遣後も現地政府によるPKO受け入れ同意が「維持されると認められる」ことを再確認すると明記し自衛隊を派遣するためのPKO参加5原則を満たしていても、「有意義な活動を実施することが困難な場合は、撤収する」と盛り込んだ。また、閣議決定に合わせて運用方針を発表し、駆けつけ警護は「きわめて限定的な場面で、応急的かつ一時的な措置として、能力の範囲内で行う」とした。活動範囲は「ジュバおよびその周辺地域」に限定し、「他国の軍人を駆けつけ警護することは想定されない」とも明示した。一方、警護対象者らの近くに自衛隊がいて助ける能力があるにもかかわらず、「何もしないというわけにはいかない」とも指摘し、新任務付与への必要性を強調した。即座に陸上自衛隊の先発隊が首都ジュバに派遣され、新任務は12月から適用された。

　2017年2月に、防衛省が南スーダンPKO部隊の日報の一部を公表し、2016年7月の政府軍と反政府勢力の争いを「戦闘」と表現していたが、当時の政府は「複数の発砲事案」と表現を弱めていた。防衛省は日報について、情報公開請求に対して12月2日に「廃棄した」と不開示にしていたが、2017年2月になって電子データが統合幕僚監部に残っていたことを認め、一部を黒塗りにして公開した。3月15日には、陸上自衛隊が南スーダンPKO派遣部隊の日報を廃棄したとしながら2017年1月ごろまで電子データで保管していたことが判明し、保管の事実を非公表とするよう指示があったとされ、稲田防衛相が特別防衛監察に調査を指示した。

　3月10日に政府は、国家安全保障会議（NSC）4大臣会合を開き、南スーダンでのPKOに派遣している陸上自衛隊施設部隊約350人の撤収の方針を決め、稲田防衛相が陸上自衛隊部隊に撤収命令を出した。国連南スーダン共和国ミッション（UNMISS）司令部への要員4人の派遣は継続した。現地の治安情勢の悪化が部隊の撤収判断の根拠となったとの見方もあるが、政府はこれを否定し、自衛隊が担当しているジュバでの施設整備に一定の区切りをつけることができた

からと説明した。

2017年度防衛予算

　2017年度の予算総額は、前年度当初予算より0.8％増の97兆4,547億円になり、高齢化に伴う社会保障費の伸びを5,000億円に留めるため医療や介護の国民負担を拡大した。防衛予算は、過去最大の5兆1,251億円で、前年度当初より1.4％増で、5年連続の増加となった。自衛隊の艦艇や航空機の修繕費の増加が目立ち、2,065億円を計上した。弾道ミサイル迎撃態勢の強化では、地対空誘導弾パトリオットミサイル（PAC3）の防護範囲を2倍に広げる改修費を盛り込んだ。日米が共同で開発中の、新たな海上配備型迎撃ミサイル「SM2ブロック2A」の費用も計上した。南西諸島の防衛強化では、地対艦ミサイルの開発と「03式中距離地対空誘導弾」の改良型の取得費も盛り込んだ。

（小谷　哲男）

平和安全法制に基づく新任務「駆け付け警護」の公開訓練で、押し寄せる暴徒（左）に対し、苦痛を感じる特殊音を大音量で流しながら進む軽装甲機動車（右）と、盾を構えて前進する隊員（2016年10月24日、岩手山演習場）

コラム 在外公館を結んだピンポンやゴルフ大会

　世界規模のスポーツ大会を開催することがその国の国際的地位の向上に資することは、東京オリンピックやソウル、北京で見られたところであり、近年では南アフリカのサッカー・ワールドカップやリオデジャネイロのオリンピックでも見られた。ところが、国際政治情勢により、それが妨げられることもある。1980 年のモスクワ・オリンピックは前年のソ連軍のアフガニスタン侵攻に抗議する西側のボイコットで変則的なものとなり、その次のロスアンジェルス大会も逆にソ連圏がボイコットした。当時外交官だった私は、モスクワ五輪に合わせてオーストラリアから転勤することになっていたが、日本も不参加になったので五輪の終了後に転勤した。当時は日ソ関係も低調であったが、中ソ関係も冷えていた。そんな中で日本と中国の大使館の間では卓球大会が行われていた。米中のピンポン外交はよく知られているが、日中のピンポン外交は、情報交換のための顔つなぎとして有益であった。

　2000 年からのポーランド勤務中は、サッカー・ワールドカップ日韓共同開催があり、両国大使館が親しくなり、日韓ゴルフ大会や米国大使館も加えた 3 カ国ソフトボール大会を行った。このような出先の外交官の付き合いは重要であり、日韓のゴルフ大会は、米国やオーストラリアでも行われていた。

　オーストラリア大使時代には、ダウナー外相から早朝ゴルフによく誘われた。ゴルフをやらない大使達からはやっかみの目で見られたが、そういう際には難しい話はしないのが礼儀ではあるものの、時には機微な話に及ぶこともあり、貴重な情報収集の機会となった。

　ところで、日本ではほとんど知られていないが、オリンピックに次ぐ世界規模の競技会は、英連邦競技会（The Commonwealth Games）である。今はゆるやかな連合体である英連邦 54 カ国が参加し、4 年おきに開催される。2006 年にはメルボルンで開催され、その後デイリー、グラスゴーで行われ、2018 年にはまたオーストラリアのゴールド・コーストで開催される。大英帝国の栄光を想起させるこの大会には、常にエリザベス女王が出席して開会宣言をしてきた。EU を離脱する英国は、これら諸国との連携の再活性化をはかるためにこの大会も益々重要視することになろう。

上田　秀明
（元駐オーストラリア・駐ポーランド大使）

第2章　米　国

概　観

　オバマ大統領の任期が 2017 年 1 月までであったこともあり、米国が 2016 年に外交・安全保障の分野で新たな取り組みを開始することはほとんどなかった。一方で、オバマ政権は、演説や政策文書で自らの業績を総括し、その成果を次の政権に引き継ごうとした。同政権が力を入れてきたアジアへのリバランス政策でも、これまでの歩みを振り返るような演説がオバマ大統領とカーター国防長官によって行われた。

　オバマ政権は、2011 年にアジアへのリバランスを開始した。これに伴い、太平洋軍のプレゼンスは、劇的ではないものの着実に強化された。オーストラリアのダーウィンには海兵隊が、シンガポールには沿岸戦闘艦（LCS）とP-8A哨戒機がローテーション展開するようになった。在日米軍や在韓米軍の能力も強化され、日米防衛協力のための指針（ガイドライン）が改定されるなど、同盟国との防衛協力も進展した。これらの国との関係は、2016 年も順調に推移した。

　米国の同盟関係で 2016 年に唯一問題が生じたのは、米比間であった。同年 6 月末にフィリピンで反米的な色の濃いドゥテルテ政権が発足すると、米比関係は動揺し、米軍のローテーション展開を拡大するために両国が締結した拡大防衛協力協定（EDCA）が廃棄されるのではないかと懸念された。当面のところ EDCA 廃棄は回避されたが、米比の防衛協力は縮小を余儀なくされている。

　オバマ政権にとって 2016 年の一番の課題は外交・安全保障政策ではなく、大統領選で民主党候補を勝利に導き、特に医療保険制度改革やマイノリティ保護、銃規制強化といった内政面での政策を継承させることであった。しかし、2016 年 11 月に行われた大統領選では、大方の予想を裏切り共和党のトランプ氏が勝利した。トランプ氏は、内政についても外交についても、オバマ政権のみならず、過去のワシントン政治をほぼ全面的に否定していた。しかも、同氏は、反移民・反ムスリム・反自由貿易主義的な政策を掲げ、米国の同盟関係を軽視するような発言も繰り返していたため、国内外からの強い反発を招いていた。

　しかし、今までのところトランプ大統領は、少なくとも安全保障に関しては、比較的現実的な路線を採用している。とはいえ、同大統領は、交渉では相手から「予測不可能」と思われることが重要だと繰り返し述べており、トランプ政権の政策が今後どう推移するかは余談を許さない。

内政

2016年大統領選挙

　2016年大統領選は、終始、波乱の連続であった。そして、ほぼ常に波乱の中心にいたのは、共和党の大統領候補ドナルド・トランプ氏であった。不動産で財をなした実業家であると同時に、テレビ出演の経験も豊富な「芸能人」でもあるトランプ氏は、メディアの注目を集める術に長けていた。

　同氏は、メキシコ国境に「壁」を築き、その費用をメキシコ政府に支払わせると述べ、イスラム教徒の米国への入国を当面禁止すると宣言するなど、従来の政治家なら口にできないような政策を公約に掲げた。同氏が政策の詳細を語ることはなかったが、雇用を国内に取り戻し、経済を再建し、「米国を再び偉大にする」と繰り返し訴えた。女性や異教徒・他人種を蔑視するかのような発言や、他の共和党大統領候補に対する「チビ」、「嘘つき」といった罵り言葉には、共和党内からも批判が生じたが、こうしたトランプ氏の言動をメディアは連日のように大きく報じた。

　当初、多くの者は、トランプ氏はエンターテイナーに過ぎず、予備選に勝利することなどあり得ないと考えていた。しかし、トランプ氏の言葉は、失業や貧困に苦しみ、既存の政治から取り残されているとの不満を抱く白人低所得者層の心を掴んでいた。また、同氏は、政治経験のなさを逆手に取り、自らをエスタブリッシュメントに対する挑戦者と位置付けることにも成功した。トランプ氏は予備選で勝利を積み重ね、2016年5月には、同氏が共和党の大統領候補に選出されることが事実上確定した。トランプ氏が副大統領候補に指名したのは、ペンス・インディアナ州知事であった。実直な保守派であるペンス氏は下院議員を6期12年務めた経験を持ち、議会の共和党主流派との関係も良好であることが評価されたものと思われる。

　一方、民主党の大統領候補は、当初からヒラリー・クリントン元国務長官が有力視されていた。クリントン氏を既得権益層と批判し、リベラルな「政治革命」の実現を訴えたサンダース上院議員も予備選で健闘したものの、2016年6月7日

のカリフォルニア州など6州で行われた予備選の結果、クリントン氏の勝利が確定した。クリントン氏が副大統領候補に選んだのは、手堅い実務家と評されるヴァージニア州選出のケイン上院議員であった。

　トランプ氏とクリントン氏の間でも、激しい中傷合戦が繰り広げられた。投票日の約1カ月前の10月7日には、過去にトランプ氏が私的な場で発した女性蔑視発言（自分はスターだから女性の性器を掴むことだってできる等）がメディアで大々的に報じられた。この発言はクリントン氏からの追及を受けただけでなく、共和党主流派からの反発も招いた。例えば、共和党のライアン下院議長は、同月10日に、11月の選挙戦はトランプ氏とともに戦わず、議会選に集中すると表明した。

　一方で、トランプ陣営は、クリントン氏が国務長官時代に私用メールアドレスを使用していたことに関して、機密情報の取扱い等に関する法令に違反していたのではないかと批判し、選挙集会でも「彼女を投獄しろ」（lock her up）と連呼するのが定番となっていた。この件について連邦捜査局（FBI）は、2016年7月に訴追の必要なしとの判断を下していたが、新たな証拠が発見されたとして10月28日に捜査再開を議会に通告した。投票日直前の11月6日にFBI長官は、再捜査の結果も訴追の必要なしであったと発表したが、法令違反疑惑によりクリントン氏のイメージが傷ついた可能性もある。

　大統領選当日の11月9日まで、多くの者はクリントン勝利を予測し、世論調査の結果も、この判断をおおむね支持していた。しかし、トランプ氏は、得票数ではクリントン氏にリードを許したものの、選挙人の獲得数では306対232で勝利した。勝因は、接戦州のフロリダ州に加え、製造業が衰退し荒廃した「ラスト・ベルト」と呼ばれるオハイオ州、ペンシルベニア州、ミシガン州、ウィスコンシン州を制したことにあった。この選挙結果は、白人低所得者層の既存政治に対する不満の強さを如実に示していた。

　なお、大統領選と同時に行われた連邦議会選挙でも、共和党が上下両院で多数派の地位を維持した。大統領と上下院の多数派が同一の政党により占められるのは、6年ぶりのことである。ただし、上院で法案を通すには60票が必要である。また、共和党内でも、主流派と非主流派（トランプ支持者や徹底して小さな政府を求める保守強硬派）の亀裂が拡大している。このため、トランプ政権

も議会対策に苦慮することが予想される。

外交・安全保障に関するトランプ氏の大統領選中の発言

　トランプ氏は、これまでのワシントン政治を批判し、ビジネスで交渉の経験を積み、成功を収めてきた自分であれば、エスタブリッシュメントの常識に囚われることなく新たな視点から問題を解決することができると訴えることで支持を得てきた。外交・安全保障についても、過去の政策、特にオバマ政権の政策を否定し、例えば後述する「一つの中国」政策のように、これまで常識と見なされてきた政策を疑問視する傾向が強い。

　とはいえ、トランプ氏に外交・安全保障に関する経験と知識があまりないことは、否定できない。同氏は外交・安全保障に焦点を当てた複数のインタビューにも応じたが、そこでの発言は、脈絡無く話題が二転三転するなど理解に苦しむものが多かった。一方で、事前に準備された原稿を読み上げた演説では、比較的体系的な形で自らの政策を説明している。

　トランプ氏は2016年4月27日に行った外交演説において、米国の利益を最優先する「アメリカ・ファーストが我が政権の最も重要なテーマとなる」と宣言した。同氏は、現在の米国外交の問題点は、経済的に弱体化し、その結果、軍も弱体化していること、同盟国が金銭的・政治的・人的コストを公平に分担していないこと、中国などのライバルに米国が軽視されていることなどであると主張する。その上で、政策目標として、イスラム過激派の勢力拡大を阻止するための長期的計画の策定、軍と経済の再建、ロシアおよび中国との平和的共存、同盟国による財政負担の増大などを列挙した。また、同氏は、これまでに米国が行ったイラクやリビア、シリアに対する軍事介入を批判し、「他の選択肢がない場合には、軍事力を展開することを躊躇しない」と述べつつも、「国家建設事業からは手を引き、世界に安定をもたらすことに集中する」と表明した。

　2016年9月7日の安全保障政策に関する演説では、「イスラム国」（IS）の打倒計画を政権発足後30日以内に提出するよう軍に命じるとともに、ISやイスラム過激派の打倒という目標を共有するのであれば、いかなる国とも協力するとの方針が示された。また、この演説では、具体的な軍再建計画も提示されている。

この計画によれば、陸軍の現役兵員数は現在の47.9万人から54万人に、海兵隊の大隊数は現在の23個から36個に、海軍の艦艇数は現在の276隻から350隻に、空軍の戦闘機数は現在の1,113機から1,200機に増強される。これらの数字は、保守系シンクタンクのヘリテージ財団などによる提言に依拠している。また、ミサイル防衛（MD）やサイバー能力も強化するとされた。

　オバマ政権下では、連邦財政の悪化を受け国防費が大きく削減されてきたため、国防費増額の必要性についてはほぼ超党派的なコンセンサスが存在する。しかし、トランプ陣営が公約に掲げた規模の軍増強を行うには、巨額の資金が必要となる。この資金を捻出する方法について、トランプ氏は多くを語っていない。同氏は、国防費の強制削減を撤回する一方で、国防省を含む政府全体の予算の無駄を排除し、未納の税金も回収すると述べているが、同時に、巨額のインフラ投資や大型減税も公約に掲げており、財政計画についても緻密なビジョンを有していないようである。

　メディアによるインタビューでは、より奔放な発言が繰り返された。トランプ氏は、「我々は、非常に、非常に長い間、我々より賢くてタフな人々に軽視され、馬鹿にされ、搾取されてきた」と主張する。同氏によれば、米国を搾取してきたのは、主に米国の同盟国と中国などのライバル国である。例えば、同氏は、日本と韓国が駐留経費負担を増やさなければ「喜んでではないが米軍を引き揚げるだろう」と述べ、巨額の財政赤字を抱える米国には他国防衛のために資金を費やす余裕はないと主張する。また、米国は日本防衛義務を有するが、米国が攻撃されても日本は何もしなくていいという取り決めは、「一方にのみ有利な合意」だとも述べている。

　中国については、南シナ海で軍事施設を建設し、為替操作を行って米国への輸出を増やしていると批判し、それも中国が米国とその大統領をリスペクトしていないからだと指摘する。同氏は、貿易をカードとして利用し、南シナ海における中国の行動を抑止する可能性にも言及した。一方で、中国は北朝鮮に対して大きな力を持っていると述べ、北朝鮮の非核化で協力する可能性も示唆した。また、北朝鮮の核保有と関連して、脅威に直面する日韓が対抗して核を保有しても当然だとの認識も示している。

外国との関係でトランプ氏が最も重視していたのは、貿易であった。トランプ氏は、米国の経済的苦境の一因は不公平な貿易協定にあると主張し、米国との貿易で大きな黒字を出している中国や日本、メキシコの為替政策や関税政策を批判した。そして、北米自由貿易協定（NAFTA）を見直しを訴え、オバマ政権がアジア太平洋政策の中核に位置付けていた環太平洋経済連携（TPP）協定も批准しないと明言した。

共和党の主流派は、米国が中心になって築き上げてきた国際秩序や同盟ネットワークの重要性をトランプ氏が理解せず、「アメリカ・ファースト」という視野狭窄な姿勢で外交・安全保障にアプローチしようとしているとの不安を覚えた。そのため、2016 年 8 月 8 日には、共和党の外交・安全保障専門家 50 名が連名で、大統領選ではトランプ氏に投票しないと表明する書簡を公表した。この書簡は、トランプ氏には大統領および軍の最高司令官に就くための資質がなく、同氏が大統領になれば米国の国家安全保障が危険に晒されるとの警告を発していた。

トランプ政権の高官人事

トランプ政権の国務長官には、エクソンモービル最高経営責任者（CEO）のティラーソン氏が就任した。しかし、ティラーソン氏にも外交の経験がなく、また、ビジネスを通じてプーチン大統領と親密な関係を築いていること等が不安視されたため、上院における指名承認案の採決では民主党議員 48 名のうち 43 名が反対票を投じた。一方、国防長官に指名されたのは、マティス元中央軍司令官（海兵隊大将）であった。同氏は有能な指揮官として軍内での評価も高く、与野党双方が指名に賛同した（採決での反対は 1 票のみ）。

しかし、長官職以外の高官人事は、停滞している。その一因は、トランプ政権が選挙戦中にトランプ不支持を表明した人物の政権入りを認めておらず、人材不足に悩まされているからだとされる。2017 年 5 月初頭の段階でも、国務省の副長官および次官ポストは、ほぼすべて空席か代行である。国防副長官にはボーイング社のシャナハン上級副社長が指名されているが、議会はまだ承認しておらず、オバマ政権時のワーク副長官が留任している。陸海空軍の長官や国防次官以下のポストについても、やはり空席や代行が目立つ。

国家安全保障担当の大統領補佐官には、フリン元国防情報局長官が就任したが、政権発足前にロシアの駐米大使と対露制裁解除について協議した疑惑が発覚し、2月13日に辞任を余儀なくされた。しかし、フリン氏はイスラム教への嫌悪を伺わせる発言があるなど、決して評判は芳しくなかった。一方、同月20日にフリン氏の後任に選ばれたマクマスター陸軍中将は、湾岸戦争やイラク戦争での指揮経験が豊富なだけでなく、軍事史の博士号も有する戦略家として著名な人物で、与野党双方が指名を歓迎した。

トランプ政権発足後100日間の主な動向

　2017年1月20日の就任演説でトランプ大統領は、権力をワシントンから国民に戻すと述べ、既存政治を打破する姿勢を改めて強調した。また、就任前の発言と同様に、米国は自国の経済や安全を犠牲にして他国を防衛し、裕福にしてきたと指摘し、貿易、税金、移民、外交のすべてを「アメリカ・ファースト」の観点のみに基づき決定すると宣言した。

　就任直後にホワイトハウスのウェブサイトに掲示された主要政策は、エネルギー、外交、雇用と経済成長、軍強化、法執行機関強化（移民と治安）、貿易協定の6つであった。外交については、「力を通じた平和」を基本方針とし、IS掃討を最重視するとされた。軍強化では、強制削減の撤回による国防費の増額や、MDおよびサイバー能力の強化が掲げられた。

　トランプ大統領は、既存政治からの決別と政権の実行力をアピールするため、矢継ぎ早に公約を実現するための大統領令を発した。1月23日には、TPP交渉からの恒久的離脱を関係国に通知するよう命じる大統領令への署名が行われた。また、同月27日には、軍の即応力再建計画を60日以内に提出するよう国防長官に命ずる大統領令が、翌28日には、IS掃討計画の草案を30日以内に提出するよう国防長官に命じる大統領令が発せられた。

　ただし、こうした大統領令の多くは、政策の大枠を示したものに過ぎない。人事停滞の影響もあり、トランプ政権の外交・安全保障政策の輪郭は、まだ固まっていないのが現実である。ただし、同盟関係については、選挙戦中のような発言を行うことはなくなった。2月中旬にはマティス国防長官が北大西洋条約機構

（NATO）国防相会合やミュンヘン安全保障会議に出席し、NATO 諸国に国防
費増額を求めつつも（過去の政権も同様の要求を行っているので、これは特筆す
べきことではない）、NATO への全面的支援を表明した。後述するように、日韓
への防衛コミットメントも再確認された。

　また、トランプ大統領は、可能であればロシアとの関係を改善したいとの意向
を選挙戦中から示していたが、これは実現していない。4 月 4 日に、シリアのア
サド政権が化学兵器を使用し 100 人以上の民間人を殺害したとの疑惑が浮上す
ると、トランプ政権は同月 6 日に、アサド政権軍の航空基地に対してトマホーク
巡航ミサイル 59 発を撃ち込んだ。アサド政権を支援するロシアは、この攻撃に
強く反発し、主権国家に対する国際法違反の武力攻撃だと米国を批判した。そ
の後、トランプ大統領とプーチン大統領は、別個に行われたインタビューで、米
露関係が悪化していることをともに認めた。

外交・安全保障

2017会計年度国防予算

　2013 年 3 月に連邦政府予算の強制削減が発動して以降、国防予算は当初計画
よりも大幅に削減されている。例えば、2011 会計年度（FY2011）時の将来国防
計画では、FY2016 の国防予算（戦費を除く基礎予算）は 6,350 億ドルとされて
いたが、実際は 5,217 億ドルであった。

　2015 年 11 月 2 日に成立した 2015 年超党派予算法は、FY2016 と FY2017 の
予算について、強制削減による削減幅を若干緩和した。この規定に基づき、国
防省は 2016 年 2 月 9 日に、基礎予算 5,239 億ドル、海外緊急作戦（OCO）経費（い
わゆる戦費）588 億ドルの予算案を公表した。強制削減発動後も、主要な近代
化プログラムに大きな変化はない。調達で重視されているのは、F‐35、KC‐
46A 空中給油機、P‐8A 哨戒機、V‐22 オスプレイ・ティルトローター機、新
型のフォード級空母、ヴァージニア級攻撃原潜、次世代戦略原潜、各種 MD シ
ステムなどである。また、長距離ミサイルなども、敵の接近阻止・領域拒否（A2/
AD）に対抗するための能力として重視されている。

FY2017 予算案の議会審議は、例年のごとく難航した。民主党と共和党は、11月の大統領・議会選前に妥協することを嫌い、予算審議を選挙後に先送りするため、2016 年 12 月 9 日までを期限とする暫定予算を成立させた。その後、大統領選および議会選の双方に勝利した共和党は、次期トランプ政権のもとで本予算を策定すべきだと主張し、暫定予算の期間を 2017 年 4 月 28 日まで延長した。ただし、FY2017 国防権限法については、与野党が政府要求をおおむね認める法案に合意し、これが 2016 年 12 月 23 日に成立した。

　トランプ政権発足後、暫定予算の再延長を経て、最終的に 2017 年 5 月 5 日に FY2017 本予算が成立した。国防予算については、政府要求よりも基礎予算と OCO の合計で 221 億ドルを上回る額が認められた。ただし、トランプ政権による本格的な国防予算の策定は、FY2018 からとなる。2017 年 3 月に同政権は、FY2018 国防予算では強制削減を撤回し、前年度から約 1 割増となる 5,740 億ドルの基礎予算を要求する方針を示しているが、予算計画の詳細はまだ決定されていない。

アジアへのリバランス政策のオバマ大統領による総括

　オバマ政権が 2011 年頃から開始したアジアへのリバランスは、外交・軍事・経済など多様な領域でアジア太平洋地域への関与を強める政策であった。カーター国防長官も、リバランスが軍事に限定されないことを強調し、TPP は空母と同じくらい戦略的に重要だと述べている。

　オバマ大統領は、東アジア首脳会議等のためラオスを 2016 年 9 月に訪問した際に、リバランス政策を総括する演説を行った。同大統領がリバランスの成果として第一に指摘するのは、同盟の強化である。その主な成果としては、日米防衛協力の指針（ガイドライン）改定、韓国との MD 等での協力、オーストラリアへの海兵隊のローテーション展開、フィリピンとの拡大防衛協力協定（EDCA）締結等が列挙されている。また、同大統領は、シンガポールへの米軍艦艇・航空機の展開にも言及し、インドネシア、マレーシア、ベトナム、インドなどとは外交・経済面での関係を強化したと主張している。

　経済に関しては、特に TPP を「アジア太平洋へのリバランスの中核的柱」と

位置付け、TPP の発効に失敗すれば「この重要な地域における米国のリーダーシップに疑問符が付く」と指摘した。また、民主主義と人権の促進に取り組んだ例として、ミャンマー民主化への支援を挙げている。中国との関係については、人権などの重要な分野で見解の相違があることを認めつつも、建設的関係の構築に取り組み、イランの核開発阻止や北朝鮮の非核化、気候変動などで協力することができたと評価した。その上で、オバマ大統領は、以前から述べてきたとおり、「米国は、平和的で、安定かつ繁栄し、国際関係における責任あるプレイヤーとして振る舞う中国の台頭を歓迎する」ことを改めて強調した。

ここで重要なのは、米国が中国の対応を無条件に歓迎せず、「責任あるプレイヤーとして振る舞う」ことという条件を課している点である。これと関連して、オバマ大統領は、アジア太平洋地域においては、いかなる国の主権と領土保全も侵されず、大国が小国を支配せず、すべての国が同一のルールに基づき行動し、航行・飛行の自由や通商の自由、紛争の平和的解決といった基本的原則を遵守することが重要だと主張している。

また、オバマ大統領は、アジア太平洋の重要性については超党派的なコンセンサスが米国内に存在すると述べ、次期政権でもアジア重視政策が継続することを保証した。この言葉どおり、2017 年 2 月 10 日に、共和党のマケインおよびルビオ上院議員と民主党のリードおよびカーディン上院議員が連名で、アジアへの政治的・軍事的・経済的な関与の継続（実質的にはリバランス政策の継続）をトランプ政権に求める論考を発表した。また、トランプ政権の国務次官補代行も、3 月 13 日に、リバランスという用語は用いないが、アジア太平洋へのコミットメントは継続すると発言している。

アジアへの軍事的リバランスのカーター国防長官による総括

リバランスは確かに外交や経済を含む総合的な政策であったが、最も注目を集めたのは軍事的側面であった。オバマ政権期に中国は軍の近代化を加速すると同時に、南シナ海および東シナ海に進出した。これに対応するため、オバマ政権は、アジア太平洋における軍事的プレゼンスの強化を重視するようになった。一方で、中国の側は、リバランスが対中封じ込め政策であるとの批判を展開した。

リバランスは軍事に限定されるものではないとオバマ政権が強調したのは、中国からの批判に反論するためでもあった。

　リバランスの軍事的側面については、カーター国防長官が2016年9月29日の演説で総括を行っている。同長官によれば、軍事的リバランスは第3段階に入ったところである。第1段階では、アジア太平洋における展開兵力の量的増強が行われた。これは、地域に展開する兵員数を数万人単位で増員し、航空機と艦艇の6割をアジア太平洋に配備すると決定したことなどを指す。また、沖縄に集中していた海兵隊を、オーストラリア、ハワイ、グアムに分散配備することも決定された。2015年に開始された第2段階では、F‐22、F‐35、P‐8Aなどの先端装備の配備などを通じた展開兵力の質的増強が行われた。また、第2段階では、米比間のEDCA署名や日米間のガイドライン改定、シンガポールへの沿岸戦闘艦（LCS）やP‐8Aのローテーション展開開始など、二国間の防衛協力を強化するための取り組みも重視された。

　そして、2016年に始まった第3段階では、展開兵力の質的近代化への更なる投資と、地域における「安全保障ネットワーク」の構築が目指されている。近代化については、ヴァージニア・ペイロード・モジュールによるヴァージニア級攻撃原潜のトマホーク搭載数増強、潜水艦が航行できない浅瀬でも運用可能な無人潜水艇を含む海中能力・対潜水艦戦能力、次世代爆撃機B‐21の開発、F‐35やKC‐46Aの調達、SM‐6艦対空ミサイルの艦対艦ミサイルへの改修を含む高性能な対地・対艦ミサイルや魚雷への投資、サイバー・電子戦・宇宙能力への投資などが列挙されている。

　アジア太平洋における「安全保障ネットワーク」とは、米国との二国間関係に依拠した従来のハブ・アンド・スポーク型のネットワークではなく、より多層的な協力関係を意味する。カーター国防長官は、日米韓や日米豪などの米国を含む3カ国間協力、米国を含まない2カ国間・3カ国間協力、東南アジア諸国連合（ASEAN）を中心とする多国間協力といった多様な協力枠組みが育ちつつあると指摘し、このネットワークには中国を含むすべての国が参加できると主張している。

　このような時系列的な説明は、必ずしも正確ではない。展開兵力の量的・質的増強は、当初から同時並行的に行われていた。また、例えば日米間では、すでに

に 2011 年 6 月 21 日の日米安全保障協議委員会（2 プラス 2）共同発表において、日米豪および日米韓の 3 カ国防衛協力の強化が謳われている。とはいえ、それぞれの取り組みの進捗度合いを加味して考えれば、段々と力点が第 2 段階および第 3 段階へと移行してきたのは事実であろう。

　トランプ政権も、少なくとも現段階では、前政権の方針を踏襲する意向を示している。ペンス副大統領は、横須賀基地に停泊中の空母「ロナルド・レーガン」艦上で行った 2017 年 4 月 19 日の演説において、最先端の軍事的アセットをアジア太平洋に配備し、2020 年までに海軍艦艇の 6 割をアジア太平洋に配備するとの方針を再確認した。また、同副大統領は、アジア太平洋地域における「ルールに基づいた秩序を守る」と述べ、南シナ海であれ、どこであれ、航行・飛行の自由や通商の自由を守ると宣言した。これらはすべて、オバマ政権が繰り返し表明してきた政策・方針である。

米朝関係（オバマ政権期）

　トランプ政権は発足後の早い段階で、安全保障の領域では北朝鮮による核兵器・弾道ミサイル開発問題を重視する方針を示した。同政権は、オバマ政権期の「戦略的忍耐」政策は終わったと主張し、軍事力行使も含め、あらゆる選択肢を検討すると表明している。また、北朝鮮周辺海域に空母等を派遣し北朝鮮に圧力を掛ける一方で、北朝鮮に非核化を促すよう中国に働き掛けた。中国に対しては、北朝鮮問題で協力すれば貿易交渉で譲歩することもあり得ると示唆する一方で、北朝鮮と取引を行っている中国の団体や企業に対して制裁（セカンダリー・サンクション）を科す可能性にも言及した。

　オバマ政権は、北朝鮮が非核化に同意しなければ交渉に応じないとの立場を採っていたが、それが北朝鮮を放置する結果となり、核・ミサイル開発の進展を許してしまったとの批判を受けていた。一方、トランプ政権は、前政権との違いを示すため、北朝鮮に圧力を掛ける姿勢をしきりに強調している。しかし、2016 年の出来事を振り返れば分かるように、実際の行動に着目すれば、少なくとも現段階では両政権の対応に大きな相違はない。

　北朝鮮は、2016 年 1 月 6 日に 4 回目の核実験を実施し、2 月 7 日に人工衛星

打上げと称してテポドン2改良型と見られる大陸間弾道ミサイル（ICBM）を発射した。これに対してオバマ政権は、1月中にB‐52爆撃機とF‐22戦闘機をグアムや米本土から韓国に展開した。また、同月27日にケリー国務長官は、中国の王毅外相と会談し、北朝鮮への制裁強化を求めた。3月2日には、米国による独自制裁の対象に、北朝鮮の国防委員会や黄炳瑞・朝鮮人民軍総政治局長ら5組織12個人を追加指定した。

　さらに3月から4月にかけては、毎年恒例の実動演習「フォール・イーグル」と指揮所演習「キー・リゾルブ」が実施された。米軍は、これらの演習に空母ジョン・C・ステニス、B‐2、F‐22などを投入した。さらに、「キー・リゾルブ」では、北朝鮮の核・ミサイル施設への先制攻撃や、北朝鮮指導層の殺害を狙った斬首作戦を含む米韓共同作戦計画5015のシナリオを初めて採用した。北朝鮮は、特に斬首作戦に激しく反発し、「アジア太平洋地域の米帝侵略軍基地と米本土を標的」とする「正義の核先制打撃戦」を行う用意があるとの国防委員会声明を3月7日に発した。

　北朝鮮は先制核攻撃こそ行わなかったものの、2016年には例年になく多くの弾道ミサイルを発射した。3月10日から10月20日にかけて、少なくとも14回、計22発の弾道ミサイルが発射されている。その種別も、スカッド、ノドン、ムスダン、潜水艦発射弾道ミサイル（SLBM）と多岐にわたる（すべて推定）。また、北朝鮮は、ICBM用と思われるロケット・エンジンの噴射実験も実施した。

　これに対してオバマ政権は、北朝鮮への制裁強化で応じた。6月1日には、米国愛国者法第311条に基づき、北朝鮮を主要なマネー・ロンダリング懸念国に指定し、米国金融機関との取引規制を強化した。さらに7月6日には、北朝鮮政府の自国民に対する人権侵害を理由として、金正恩朝鮮労働党委員長を含む政権幹部11人と、人民保安部や国家安全保衛部等5団体に金融制裁（米国内資産凍結、米国企業・個人との取引禁止等）を科した。人権侵害を理由とする対北朝鮮制裁は、これが初である。北朝鮮は、この制裁を「最高尊厳」に対する侵害であり「宣戦布告」に相当すると批判し、北朝鮮国連代表部を通じた米国との外交ルートを「完全に遮断する」と7月11日に米国に通告した。

　7月8日には、後述するように、米韓両国が、MDシステムTHAADの韓国へ

の配備を正式に発表した。また、8 月 22 日に開始された米韓の指揮所演習「ウルチ・フリーダム・ガーディアン」でも、作戦計画 5015 のシナリオが適用された。一方、北朝鮮の側は、弾道ミサイルの発射に加え、9 月 9 日には 5 回目の核実験を敢行した。これを受け、米国は、グアムから B‐1B 爆撃機を韓国に派遣し、北朝鮮に圧力を掛けた。

さらに 9 月 26 日にオバマ政権は、中国企業に対する制裁に踏み切った。制裁対象となったのは、遼寧鴻祥実業集団の中核貿易会社である丹東鴻祥実業発展とその経営者ら中国人 4 人で、米国による制裁の対象となっている北朝鮮金融機関のマネー・ロンダリングを幇助したことが理由とされた。中国はこれに反発し、翌 27 日に外交部報道官は、中国の団体・個人に対して他国が管轄権を行使することには反対すると表明した。

その後も、北朝鮮への特殊部隊潜入作戦を想定した合同演習「チーク・ナイフ」を米韓が 10 月に実施したり、安保理が制裁強化決議 2321 を 11 月 30 日に採択したりといった動きがあった。しかし、北朝鮮は、トランプ政権の発足を見据えてか、10 月 20 日の弾道ミサイル発射を最後に、挑発行動を控えるようになった。オバマ政権は、政権交代を目前に控えた 2017 年 1 月 11 日に、人権侵害を理由とする制裁の対象に、金与正朝鮮労働党宣伝扇動部副部長（金正恩氏の妹）、金元弘国家安全保衛部長、労働省など 7 個人 2 団体を追加指定した。

米朝関係（トランプ政権発足後）

トランプ政権の発足から約 20 日後、北朝鮮は挑発行動を再開した。2017 年 2 月 12 日に、SLBM 技術を応用した固体燃料式の新型地上発射弾道ミサイル KN‐15 が発射された。さらに、翌 13 日には、マレーシアで、金正恩氏の兄・金正男氏と見られる人物の殺害事件が発生した。

こうした北朝鮮の動きに、トランプ政権は強く反応した。2 月 16 日にドイツのボンで行われた日米韓外相会談の共同声明では、米国の日韓両国に対する防衛コミットメントが再確認され、これには核および通常戦力による拡大抑止が含まれると明記された。翌 17 日には、ティラーソン国務長官が中国の王毅外相と会談し、あらゆる手段で北朝鮮の挑発を抑止するよう中国側に求めた。3 月には米

韓演習「フォール・イーグル」および「キー・リゾルブ」が開始され、米軍は空母「カール・ビンソン」、F‐35、B‐1Bなどを投入したほか、斬首作戦も視野に入れ例年よりも特殊部隊の参加を拡大した。そして、3月17日に韓国を訪問したティラーソン国務長官は、次のように明言した。「戦略的忍耐政策は終わった。我々は、外交・安全保障・経済上の新たな措置を検討している。すべてのオプションがテーブルにある」。

4月6日から7日にかけて行われたトランプ大統領と中国の習近平国家主席の初の会談でも、北朝鮮問題が主要な議題となった。具体的な合意事項は公表されていないが、トランプ大統領は、北朝鮮への制裁を強化するよう中国側に求めたとされる。また、首脳会談が行われている間に、米軍はシリアのアサド政権に対する攻撃を実施し、トランプ大統領は、その事実を晩餐会の席上で習主席に伝えた。同大統領は、以前から中国が行動しないのであれば、米国が北朝鮮問題を解決すると明言しており、アサド政権への攻撃には大統領の言葉が事実であると中国に印象付ける効果があった。また、ティラーソン国務長官は、シリアでの攻撃には北朝鮮への警告の意味が込められていると発言した。

4月9日には、マティス国防長官が、シンガポールに停泊していた空母「カール・ビンソン」打撃群に対し、オーストラリア訪問を取り止め、北上して西太平洋に展開するよう命じた。これを受け、トランプ大統領は、北朝鮮に「とても強力な無敵艦隊」を派遣したと発言した。多少の混乱があり到着が遅れたが、艦隊は4月末に朝鮮半島近海に展開し、日本や韓国との合同演習を実施した。また、同月25日には、攻撃原潜1隻も釜山に入港した。

当然、北朝鮮は、こうした動きに強く反発した。北朝鮮の外務省報道官は、アサド政権に対する攻撃は、自衛のために核保有を選択した自国の正しさを証明するものであり、今後も「自衛的国防力を全面的に強化」するとの談話を4月8日に発した。また、3月6日から4月29日にかけて、北朝鮮は少なくとも5回、計8発の弾道ミサイルを発射した。

トランプ政権は、対北朝鮮政策の見直しを行っているが、その詳細は不明である。報道によれば、レジーム・チェンジや斬首作戦を含む軍事力行使や、韓国への戦術核再配備なども検討されたが、結局、当面は制裁や外交的措置で北朝鮮に「最

大限の圧力」を掛けるとの政策が選択されたようである。事実、ティラーソン国務長官は 5 月 4 日に行った演説において、北朝鮮を米国に対する最も重大な脅威と位置付けつつも、当面は同盟国や中露と連携して北朝鮮に圧力を掛けると述べている。また、北朝鮮が体制の生き残りのために核保有に走ったことを理解していると述べ、米国は北朝鮮のレジーム・チェンジや朝鮮半島の統一を求めず、北朝鮮を攻撃するための口実を探すこともしないと明言した。中国への働き掛けを強めていることを除けば、トランプ政権とオバマ政権の政策に大きな相違はない。

米韓関係

　米韓関係では、MD システム THAAD の配備が大きな問題となった。北朝鮮のミサイル開発の進展を背景として、米軍は THAAD の韓国配備を 2014 年半ばから求めていたが、これに中国が反発していたこともあり、当初、韓国は配備に消極的だった。しかし、2016 年 1 月 6 日の北朝鮮による核実験を受け、朴槿恵大統領は THAAD 配備を検討すると明言した。

　中国は、THAAD を構成する地上配備型 X バンド・レーダー AN/TPY - 2 の探知範囲が中国にまで及ぶことを嫌悪しているとされる。2016 年 3 月 31 日の米中首脳会談でも、習主席は THAAD 配備への反対を表明した。また、ロシアも米国の MD 強化を嫌っており、4 月 29 日の中露外相会談では、両国が THAAD 配備反対で一致した。一方、米国のローズ国務次官補は 5 月 5 日の講演で、THAAD では中国の ICBM を迎撃できない上、X バンド・レーダーもすでに日本に 2 基配備済みで、海上配備型もあるので、韓国に追加配備しても米軍のミサイル探知能力が飛躍的に向上するわけではないと述べ、中露の懸念を払拭しようとした。しかし、中露は、こうした説明を受け入れず、その後も繰り返し反対を表明している。

　北朝鮮の脅威増大を受け、韓国が対中配慮よりも自国防衛を優先する姿勢に転じた結果、7 月 8 日に米韓は正式に THAAD の韓国配備に合意した。9 月 30 日には、THAAD の配備地を慶尚北道星州郡にあるロッテ系列のゴルフ場とすることが決定された。

　10 月 19 日に開催された第 4 回米韓 2 プラス 2 閣僚会合は、核の傘を含む

米国の拡大抑止を再確認するとともに、次官級の拡大抑止戦略協議グループ（EDSCG）を新設することに合意した。EDSCG は、米韓統合防衛対話（KIDD）の下に設置されていた抑止戦略委員会（DSC）を格上げし、国防当局に加え外務当局も参加する協議体に再編したものだとされる。また、2 プラス 2 の共同声明では、THAAD 配備の目的は対北朝鮮防衛のみであり、他の国の抑止力には影響を与えないことが再強調された。翌 20 日には国防相級の第 48 回定例安保協議（SCM）が開催され、報道によれば、韓国側は米軍の戦略兵器（戦略爆撃機や空母、原潜など）を韓国に常時配備するよう求めた。また、SCM で両国は、KIDD の下に、危機発生時の米軍戦略兵器の運用に関する協議を行う危機管理特別協議体を新設することに合意したとの報道もある。

　トランプ政権も、THAAD 配備に積極的である。2017 年 2 月初頭に訪韓したマティス国防長官は、黄教安大統領代行兼首相や韓民求国防部長官と会談し、米国の韓国防衛コミットメントを再確認するとともに、THAAD 配備を進めることで合意した。THAAD の韓国への搬入は、当初の計画を前倒しして 3 月 6 日に開始された。なお、2 月には、OH‐58D 武装偵察ヘリ 30 機に代わって 24 機の AH‐64D 攻撃ヘリが韓国に配備された。さらに 3 月には、MQ‐1C 武装無人航空機「グレイ・イーグル」の韓国配備も決定されている。

米中関係

　米中間においては、前述した THAAD の韓国配備問題に加え、引き続き南シナ海問題が主要な争点となった。2016 年 5 月 10 日には、中国が埋立てと滑走路建設を行っている南沙諸島のファイアリー・クロス礁の 12 カイリ内を、米軍の駆逐艦が航行した。こうした活動は、「航行の自由作戦」と呼ばれる。近年の中国による南シナ海進出に関連してオバマ政権が「航行の自由作戦」を実施したのは、これが 3 回目である。これに対して中国は、戦闘機 2 機を緊急発進させるなどの対抗措置を採った。また、5 月 17 日には、南シナ海上空を飛行していた米軍の EP‐3 電子偵察機に中国軍の戦闘機 2 機が異常接近する事案も発生した。

　カーター国防長官はシャングリラ・ダイアログで行った 6 月 4 日の演説で、孫建国・中央軍事委員会連合参謀部副参謀長がトップを務める中国代表団を前にして、

強い言葉で中国批判を展開した。同長官は、多くの地域諸国が南シナ海におけ
る中国の「膨張的で前例のない行動」を懸念しており、その結果、中国は孤立し
ていると指摘し、次のように述べた。「残念ながら、こうした行動が続けば、中
国は自らを孤立させる万里の長城（Great Wall of self-isolation）を築き上げてし
まう結果となるだろう」。続いて同長官は、米軍は航行・飛行の自由や通商の自由
を守るため、国際法が許容する場所ではどこであれ航行・飛行を行うと改めて宣
言した。一方、孫建国氏は翌 5 日の演説で、南シナ海における航行の自由は保
たれていると反論し、「航行の自由作戦」を通じて軍事力を背景に自国に圧力を
掛けている国々が存在すると述べ、暗に米国を批判した。また、同氏は、中国
は昔も今も孤立しておらず、「冷戦思考」に囚われている国こそが最終的に孤立す
るだろうと述べた。

　6月 6‐7 日の米中戦略・経済対話や、9 月 3 日の米中首脳会談でも、南シナ
海問題に関する協議は平行線を辿った。オバマ大統領は会談で、南シナ海にお
ける中国の海洋権益を否定した常設仲裁裁判所の 7 月 12 日の裁定を尊重するよ
う求めたが、中国は以前から裁定を受け入れないと表明しており、この姿勢を変
えることはできなかった。その後、10 月 21 日に、米軍は再び駆逐艦による「航
行の自由作戦」を実施した。今回の対象は西沙諸島のトリトン島とウッディ島で
あったが、12 カイリ内には入らなかった。

　11 月の米大統領選では、中国を為替操作国に指定すると宣言し、中国の南シ
ナ海進出についても批判してきたトランプ氏が勝利した。さらにトランプ氏は、就
任前の 12 月 2 日に、台湾の蔡英文総統と電話会談を行ったと発表した。米国の
大統領あるいは次期大統領が台湾総統と会談を行ったことが明らかになったの
は、これが初めてである。その上、トランプ氏は同月 11 日のインタビューで、「一
つの中国」という原則に米国がなぜ縛られなければならないのかとの疑問を発
し、この原則を守るか否かは貿易や南シナ海問題での中国との取引次第だと発言
した。当然、中国政府は、こうした言動への懸念を表明したが、政権発足前か
らトランプ氏との関係が悪化することを避けるため、強い批判は控えた。

　実際に政権が発足すると、トランプ政権は北朝鮮問題で中国の協力を得ること
を優先し、中国批判をほぼ完全に封印した。2017 年 2 月 10 日に行われた米中

首脳電話会談では、トランプ大統領が「一つの中国」政策を堅持すると表明し、習主席も健全な米中関係の発展に努めると応じた。報道では、米中関係の悪化を懸念するティラーソン国務長官が、「一つの中国」政策を受け入れるよう大統領に進言したとされる。そのティラーソン国務長官は、同月17日にドイツのボンで中国の王毅外相と会談し、「一つの中国」政策は米中関係および地域の安定・発展のために重要だと伝えると同時に、北朝鮮の挑発を抑止するよう中国に求めた。

2月末には、中国外交のトップを務める楊潔篪国務委員が訪米し、トランプ大統領やティラーソン国務長官と会談した。これらの会談では、米中関係の改善を進めることが合意された。さらに3月17日にはティラーソン国務長官が初訪中し、王外相と会談した。議題の中心は北朝鮮問題であり、南シナ海やTHAAD配備も取り上げられたものの、双方の原則的立場を確認するのみに留められた。

その後、4月に習主席が訪米し、6日から7日にかけて米中首脳会談が行われた。この会談で両国は、外交・安全保障、経済全般、法執行・サイバーセキュリティ、社会・文化の4領域を柱とする米中包括対話を新設することに合意した。この対話は、米中戦略・経済対話を刷新するものとされる。また、両国は、北朝鮮問題で協力することにも合意した。中国による海洋進出も協議され、トランプ大統領は、東・南シナ海における国際規範を遵守し、島嶼の軍事化を行わないことの重要性を強調した。

日米関係

オバマ大統領の退任を前にして、日米は首脳による広島および真珠湾の相互訪問という象徴的な形で、日米関係の深化を世界に示そうとした。ただし、両国政府は、それぞれの訪問が核兵器の使用と真珠湾攻撃に対する「謝罪」と見なされ批判されることも懸念していた。そのため、まず2016年4月11日に地ならしとしてケリー国務長官が広島を訪問し、平和記念資料館を視察した（米国務長官による広島訪問は初）。この訪問に対する強い批判が米国内から生じなかったため、オバマ政権は大統領の広島訪問を決定した。

オバマ大統領は、G7伊勢志摩サミット終了後の2016年5月27日に、安倍首相とともに広島を訪問し、原爆死没者慰霊碑に献花した。その後に行われた演

説でオバマ大統領は、核戦争の悲惨さを強調し、核兵器のない世界を追求すべきとの信念を改めて表明した。安倍首相は、大統領が勇気を持って広島を訪問し、日米の和解と友情の歴史に新たなページを刻んだことに敬意を表した。そして、同年 12 月 27 日には、両首脳がハワイのアリゾナ記念館で献花し、日米関係の強固さを訴える演説をそれぞれ行った。

　実質面での日米同盟・在日米軍の強化も、引き続き進展している。2016 年 9 月 26 日に日米両国は、2015 年に成立した平和安全法制の内容を踏まえた新日米物品役務相互提供協定（ACSA）に署名した（2017 年 4 月 25 日発効）。新 ACSA では、存立危機事態等での対米支援活動や、発進準備中の米軍機への給油などが新たに可能とされた。

　在日米軍の強化については、オバマ政権末期の 2017 年 1 月から動きがあった。トランプ政権発足後も、この動きは計画どおりに進んでいるようである。まず、米軍は 1 月に、海兵隊の F - 35B 戦闘機 10 機を岩国基地に新たに配備し、12 機の F/A - 18 戦闘攻撃機と入れ替えた。8 月にはさらに 6 機の F - 35B が同基地に配備され、AV - 8 攻撃機 8 機と入れ替えられる予定である。また、2 月には、新型の E - 2D 早期警戒機 5 機が岩国基地に新たに配備された。空母「ロナルド・レーガン」の艦載機の岩国基地への移転は 2017 年後半までに完了する予定であり、これに先立つ形で E - 2D の岩国配備が行われたことになる（ロナルド・レーガン空母航空団が運用する旧型の E-2C は 2017 年夏に米本土に帰還する予定）。

　さらに 2017 年 3 月には、C - 130J 輸送機 14 機が横田基地に配備され、旧型の C - 130H と入れ替えられた。C - 130J は、C - 130H よりも短距離で離着陸可能で、巡航速度も速く、最大積載容量も大きい。一方で、同月には、2017 年後半に予定されていた空軍特殊部隊用の CV - 22「オスプレイ」の横田基地配備開始を、2020 会計年度まで延期することが発表された（当初の計画では、2017 年後半に 3 機を配備し、2021 年までにさらに 7 機を追加配備する予定であった）。

　トランプ政権発足後も、日米関係は順調に推移した。選挙戦中にトランプ氏が在日米軍の駐留経費負担などを日本に求める考えを示していたこともあり、安倍首相はトランプ政権発足前から同氏との直接会談に臨み、信頼関係の構築に努めた。トランプ氏の側も、政権発足後は駐留経費に関する主張を封印し、一転し

て日米同盟を高く評価するようになった。

　2017年2月3日には、来日したマティス国防長官が安倍首相と会談し、日本と協力することを示すため最初の外遊先に日本（と韓国）を自ら選んだと述べた。また、同長官は、米国の対日防衛義務を定めた日米安保条約第5条が尖閣諸島にも適用され、米国は尖閣諸島の日本の施政を損なおうとする一方的行動には反対すると明言した。この言い回しは、オバマ政権のそれを踏襲したものである。翌4日の日米防衛相会談でも、同長官は同様の発言を行い、さらに、同盟の経費分担の点で日本は他国が見習うべきモデルであると日本を賞賛し、安倍政権が防衛費を増額していることを評価した。また、ティラーソン国務長官も、2月10日の日米外相会談などの場で、尖閣諸島への5条適用を明言している。

　同日に行われた日米首脳会談では、普天間飛行場移設も含め現行の在日米軍再編計画を履行すること、尖閣諸島に安保第5条が適用されること、防衛イノベーションに関する技術協力を強化することなどを確認する共同声明が発表された。さらに会談後の記者会見で、トランプ大統領は、米軍を日本が受け入れていることに対する謝意を表明した。

米豪関係

　米豪両国は、オーストラリア北部ダーウィンへの米海兵隊のローテーション展開の規模を2016年に約2,500人まで引き上げる計画であった。しかし、2016年の展開は約1,250人に留められ、約2,500人への引上げは2020年頃まで延期された。その理由は、施設整備が遅れていることに加え、米豪のコスト分担や地元自治体への影響なども検討する必要が生じたからだと報じられている。このうちコスト分担については、詳細は不明であるが、2016年10月5日の米豪国防相会談で、ダーウィンのインフラ整備費用20億オーストラリアドル（約15億ドル）超と、今後25年間の米軍展開に関連するコストの分担方法が合意された。

　ハリス太平洋軍司令官は、2016年12月14日にオーストラリアで行った講演において、2017年内にF-22とB-2をオーストラリアに展開する予定だと発言した。F-22については、2017年2月に、アラスカ州から12機がオーストラリア北部のティンダル空軍基地に展開し、1カ月間ほど駐留してオーストラリア軍のF/A-18と

の共同訓練等を実施した。なお、この際には、KC‐135 もダーウィンに展開し、F‐22 を支援している。

米比関係

2016 年 4 月 14 日にフィリピンを訪問したカーター国防長官は、南シナ海における米比共同パトロールを 3 月に開始したと発表した。これに加え、同長官は、米比がフィリピン南部ミンダナオ島で行っている演習「バリカタン」に参加している米軍の兵員約 200 名と A‐10 攻撃機 5 機や HH‐60G 戦闘捜索救難ヘリ 3 機などを演習終了後もクラーク空軍基地に残留させ、南シナ海等で共同訓練や飛行活動を実施すると発言した。同月 21 日には、クラーク基地に展開する A‐10 が、中国とフィリピンが領有権をめぐり対立しているスカボロー礁周辺で哨戒活動を実施している。

6 月末に、反米的との評価のあるドゥテルテ氏がフィリピン大統領に就任すると、米比関係は不安定化した。一番の焦点は、米軍のローテーション展開を拡充するために両国が締結した EDCA の取り扱いであった。7 月 27 日の外相会談では、ドゥテルテ政権のヤサイ外相も、EDCA はフィリピン軍の近代化や人道支援・災害救援（HA/DR）能力向上に貢献すると述べ、EDCA を完全に実施すると発言していた。しかし、ドゥテルテ大統領が容疑者の殺害も躊躇しないほど強硬な麻薬取締活動を国内で開始し、それをオバマ政権が批判したため、ドゥテルテ大統領は反米的な発言を繰り返すようになった。例えば、9 月には、ミンダナオ島で活動する米軍の特殊部隊はフィリピンから去るべきだと述べ、10 月には、EDCA には大統領の署名もなされていないので、その内容の是非を再検討すると宣言した。

ドゥテルテ政権も、米軍の完全撤退や EDCA の破棄は考えていないようだが、米比間の防衛協力は縮小される可能性が高い。11 月 8 日に、フィリピンのデルフィン・ロレンザーナ国防相は、EDCA を維持するが、年次の海上演習「CARAT」や強襲上陸演習「Phiblex」は中止し、「バリカタン」も HA/DR に焦点を移行させると述べた。フィリピンからの報道によると、米国の側も、同月 22 日のハリス太平洋軍司令官とフィリピン軍参謀総長の会談で、この要望を受け入れたとされる。

2017 年 1 月には、ロレンザーナ国防相が、EDCA に基づきバサ空軍基地、アントニオ・バウティスタ空軍基地、ランビア空軍基地で米軍が滑走路の改修や施設建設を年内に開始すると発表した。しかし、突然、これにドゥテルテ大統領がストップをかけた。その後、ロレンザーナ国防相は、恒久的な兵器保管庫を米軍が設置しようとしていると大統領が誤解していたことが原因で、大統領は説明に納得し施設整備を許可したと会見で説明した。ただし、報道によると、理由は不明だが、スカボロー礁に近いパワラン島にあるアントニオ・バウティスタ空軍基地については、ドゥテルテ大統領が施設整備の中止を命じたとされる。

米印関係

オバマ政権下で、米印両国は装備協力を急速に拡大してきた。2008 年に約 10 億ドルであった米印間の年間兵器貿易額は、2016 年には 140 億ドル以上にまで増大した。インドが米国から輸入しているのは、C-130J および C-17 輸送機、P-8I 哨戒機、AH-64E 攻撃ヘリ、CH-47F 輸送ヘリなどである（C-130J は共同生産も実施）。現在、インドは、自国産業強化のため、輸入よりも共同生産・開発を重視するようになっており、米国もこれに応じている。

2016 年 4 月 12 日の米印国防相会談では、両国が進めている防衛貿易・技術イニシアティヴ（DTTI）の枠組みで 2 件の草分け的プロジェクト（デジタル・ヘルメット・マウンテッド・ディスプレイおよび統合生物兵器戦術探知システムの開発）を開始することや、空母の設計と運用、ジェット・エンジン技術を含む先端防衛技術の分野における協力を拡大することなどが合意された。6 月 7 日にはナレンドラ・モディ首相が訪米し、米印首脳会談が行われた。会談の共同声明では、米国がインドを「主要な防衛パートナー」（MDP）と位置付け、緊密な同盟国と同レベルにまで技術共有を拡大することが発表された。米国は「主要非 NATO 同盟国」と指定した国に装備協力での優遇措置を与えているが、非同盟政策を採用しているインドに配慮して、同盟の文字を含まない MDP というステータスを新たに設けたのだとされる。

12 月 8 日の米印国防相会談後の記者会見で、カーター国防長官は、MDP の詳細を最終確定したと発言し、「MDP の指定はインドに特有の地位で、インドと

の防衛貿易と技術共有を米国の最も緊密な同盟国・パートナー国のレベルにまで促進する」ものだと説明した。ただし、報道によれば、インド側は技術移転などについて英豪並みの扱いを求めたが、米国側はそれに躊躇したとされる。MDPの詳細は公表されていないが、米国の2017会計年度国防権限法は、米国がインドにMDPの地位を付与すること、インドへの先端技術の移転を承認・促進すること、装備品や関連技術の保護、エンド・ユーザー・モニタリングなどのメカニズムについてインド政府と協力すること、インドの輸出管理・装備調達制度の発展を支援することなどを定めている。

　2016年6月27日には、インドが4機のP‐8Iを10億ドルで追加調達する契約が取り交わされた（これでP‐8Iの調達数は計12機）。さらに11月30日には、最新型のM777牽引式榴弾砲145門をインドが7.37億ドルで購入する契約も成立した。25門は輸入だが、残りの120門は共同生産される。このほかにも米印間では、F‐16またはF/A‐18の共同生産（インド国内での最終組立）、ジャベリン対戦車誘導ミサイルの共同生産、MQ‐9洋上監視無人航空機「ガーディアン」の輸入などが検討されている。

　また、4月12日の国防相会談では、兵站支援の手続き等を定める兵站物資交換協定（LEMOA）の内容に両国が原則合意したと発表された。しかし、インド国内には、LEMOAは非同盟政策に反し、米国との軍事的協力関係を過度に強めてしまうとの批判が存在する。8月29日の国防相会談に際してLEMOAへの署名が行われたが、共同会見ではインドの記者から、LEMOAにより自国内における米軍の活動が増大するのではないかとの懸念がインド側にあるがどう考えるかとの質問が発せられた。これに対して両国の国防相は、LEMOAは人道支援や共同訓練での協力を想定したものであり、米軍の駐留協定ではないと強調した。

米越関係

　2016年5月23日にオバマ大統領は就任後初めて訪越し、チャン・ダイ・クアン国家主席らと会談した。この際、オバマ大統領は、約50年続いていた対越武器禁輸を全面解除すると発表した。ベトナムは以前から解除を求めてきたが、これは制裁対象となっていることを嫌ったためで、象徴的な意味合いが強かった。

事実、ベトナムの国防副大臣も、「禁輸解除は（中略）両国間の信用と信頼を高めるためにも重要だった」と指摘し、米国から特定の兵器を輸入したいという希望があるわけではなく、輸入はまだ先の話だと発言している。報道によれば、ベトナム軍は中古のＦ‐16かＰ‐3Ｃの調達を検討しているが、予算の制約からして大型契約が早期に行われる可能性は低いとされる。

　また、10月2日には、米軍の潜水母艦と駆逐艦各1隻が、ベトナムのカムラン湾に寄港した。米軍艦艇の同湾寄港はベトナム戦争終結後では初であり、これも米越の関係改善を象徴する動きであった。12月15日にも、米軍駆逐艦1隻がカムラン湾に寄港している。

米・ミャンマー関係

　2016年3月30日にミャンマーでアウン・サン・スー・チー氏を党首とする国民民主連盟（NLD）政権が発足したことを受け、オバマ政権は5月17日に、対ミャンマー制裁を一部解除した。同月22日には、ミャンマーを訪問したケリー国務長官がスー・チー国家顧問兼外相と会談し、民主化が進めばさらに制裁を解除すると表明した。

　9月14日にはスー・チー氏が訪米し、オバマ大統領との会談が行われた。首脳会談の共同声明では、外務当局間の年次対話を中心とする米・ミャンマー・パートナーシップを新設すること、米国が1997年に発令したミャンマーに関する国家緊急事態宣言を取り消し、大統領令に基づく対ミャンマー制裁を解除すること、米国が一般特恵関税制度（発展途上国からの輸入関税を減免する制度）のミャンマーへの適用を再開することなどが発表された。その後、10月7日および12月2日にオバマ政権は、対ミャンマー制裁の大幅緩和を決定した。2017年3月21日には、第二次大戦後では初めて、米軍艦艇がミャンマーに寄港している。

米・ニュージーランド関係

　2016年7月21日にニュージーランドを訪問したバイデン副大統領は、ニュージーランド海軍創設75周年式典に際して行われる観艦式に米軍艦艇1隻を参加させると表明した。観艦式は11月に行われ、米軍の駆逐艦1隻が参加した。核兵

器搭載艦および原子力推進艦が領海内に入ることを禁じた非核法をニュージーランドが 1987 年に制定して以来、米軍艦艇が同国に寄港するのはこれが初めてである。ニュージーランド政府は、米軍艦艇が原子力推進艦でないことを確認したため寄港を許可したとのみ発表し、核兵器の有無については触れなかった。

（福田　毅）

トランプ政権発足後、初の日米防衛相会談。稲田防衛相（右）とマティス米国防長官（2017年2月4日、防衛省）

コラム　日米首脳の友好を演出するゴルフ、キャッチボール

　スポーツは国威を高揚させ、国民を団結させるという意味で、外交の重要な手段になる。とりわけ、オリンピックは国を挙げての行事となり、景気の浮揚につながる場合もある。古くは、1936年のベルリン・オリンピックを、アドルフ・ヒトラーのナチス政権は国威の高揚に最大限利用した。1964年の東京オリンピックも、日本で初、アジアで初のオリンピックとして、敗戦国日本の復興と成長ぶりを世界に示した。

　逆に、オリンピックが国際政治に翻弄されることも多い。1972年のミュンヘン・オリンピックでは、パレスチナの武装勢力「黒い9月」がイスラエルの選手団11人を虐殺した。また、ソ連のアフガニスタン侵攻に抗議して、アメリカは1980年のモスクワ・オリンピックをボイコットした。1984年のロサンジェルス・オリンピックでは、逆にソ連をはじめとする東側諸国がボイコットした。そのため、アメリカは多数のメダルを獲得した。しかも、このオリンピックは完全民営化で実施され、ロナルド・レーガン政権下の「小さな政府」を志向するレーガノミックスの象徴にもなった。同年は米大統領選挙の年でもあり、このオリンピックはカリフォルニアを地盤とするレーガン大統領の圧勝にも貢献した。

　オリンピック以外でも、1971年に名古屋市で開かれた世界卓球選手権に中国が6年ぶりに参加し、アメリカやヨーロッパの選手団を自国に招待した。これは米中関係改善の一助となり、ピンポン外交として知られている。また、2002年の日韓ワールドカップ共催は、その後の日本での韓流ブームに繋がり、日韓関係の改善に寄与した。

　アメリカでは黒人など様々な人種的背景をもつ選手が活躍することから、スポーツはアメリカ社会の多様性や開放性をアピールする役割も果している。その意味で、ソフトパワーの重要な構成要素である。草の根のレベルでも、日米の大学間の野球による交流は長い歴史を持つし、東日本大震災後のTOMODACHIイニシアチブにも、著名なスポーツ選手が協力している。また、スポーツは首脳間の友好を演出する手段にもなる。1957年のドワイト・アイゼンハワー大統領と岸信介首相、2017年のドナルド・トランプ大統領と安倍晋三首相とのゴルフ、2001年のジョージ・W・ブッシュ大統領と小泉純一郎首相とのキャッチボールは、特に有名である。

村田　晃嗣
（同志社大学教授）

第3章 中 国

概 観

　2016 年は、2017 年秋に予定される第 19 回党大会に向けて、演出は習近平礼賛が目立つ華やかなものである一方、「大国」との関係は対決姿勢を控えて安定させ、その分を「中小国」への批判や圧力で取り返した格好であった。たとえば、2016 年 11 月の米大統領選挙に勝利したトランプ氏グループとのパイプ構築にはいち早く取り掛かって翌年 4 月には習近平が訪米した首脳会談を行い、日本に対する批判も抑制する一方、2016 年 7 月に THAAD 配備を決定した韓国を厳しく批判し、事実上の経済制裁も課した。

　経済は減速が続き、住宅バブルも解決できていないが、成長エンジンのこれまでの投資から消費への転換も明らかであり、外国との摩擦の激化は経済にとってマイナス要因と捉えられたことは間違いない。内政でも反腐敗闘争は続いたが、周永康、徐才厚や郭伯雄のようなレベルの大物の粛清は一段落した。また同時に地方の主要なポストで習近平派の登用も目立った。

　台湾の蔡英文政権には経済と軍事の両面で圧力を加え、香港の民主化運動を抑え込む一方、世論調査では支持率が最も高いとは言えない中国寄りの人物を行政長官とした。

　しかし、軍事面では、諸外国からは拡大や増強とみられる事象が後を立たなかった。2017 年 3 月の全人代で承認された国防予算は初めて 1 兆元を超え、4 月には初の「国産空母」が進水した。2016 年 12 月の空母「遼寧」が南シナ海を航行し、翌年 1 月その帰途に台湾海峡を通過した。そのほか、宇宙やサイバーを含めた米国との「非対称戦」への備えも着々と進めている。

　中国が最も重視する超大国米国との関係では、トランプ政権成立は予想外であったようだが、中国の対外政策や安全保障、軍事政策の基本的転換を招くものではなかった。

　中国自身、軍事力が持つ抑止と戦争勝利という二つの目的の矛盾には気づいている。しかし、2017 年 5 月の「一帯一路」国際会議に見られたような対外政策での「ウィンウィン」の演出も、この矛盾を緩和するには至っていない。しかも、2017 年 4 月には、北朝鮮情勢が一気に緊迫し、中国は米朝間に挟まれることとなった。米政府は中国が北朝鮮をコントロールすることを相変わらず求め、北朝鮮は米国寄りの中国を批判するというこれまでにない態度をとった。中国国内でも、北朝鮮の地政学的な役割や価値について議論が続いている。これらは、中国の台頭に伴う問題であり、これからもたびたび噴出する性格のものである。

内政

「核心」となった習近平

2016 年 10 月、中国共産党第 18 期中央委員会第 6 回全体会議（18 期 6 中全会）が開かれた。会議は「習近平同志を核心とする党中央」というフレーズを提出した。「核心」は、特別な権限を有することが明文化された地位ではない。中国共産党の最高指導者だった毛沢東、鄧小平、江沢民は「核心」と称された。習近平が「核心」と位置づけられたことは、この 3 人に並び、党内で突出した存在となるという象徴的な意味を有した。これにより習近平の権威はいっそう高まった。

2017 年 3 月に開かれた全国人民代表大会第 5 回会議（全人代）では、「核心」となった習近平の「神格化」の動きが見られた。中央と地方の指導者が競って「習近平同志を核心とする党中央」に言及し、習近平への忠誠を表明した。また主要メディアには「習近平同志を核心とする党中央の国政運営の新理念、新思想、新戦略」など習近平の政策理念のテーゼ化を示唆するフレーズが再三登場した。

最高人民検察院の活動報告によれば、2016 年の党や政府の幹部の汚職摘発者数は 47,650 人、そのうち省レベルの党書記や首長（省長、自治区主席、直轄市長）クラスや中央の閣僚クラスは 21 人に上った。その中には李立国民政部長や黄興国天津市代理書記（市長を兼務）が含まれる。しかし、2015 年に比べ摘発者数はともに減少している。摘発対象としては「大物」である郭伯雄中央軍事委員会前副主席と令計劃中央弁公庁前主任に対し、7 月にそれぞれ無期懲役の判決が下された。反腐敗闘争は一段落着いた感がある。中央規律委員会が 2016 年に行った民衆アンケートでは、汚職取締りの成果への満足度が 92.9％を占め、2012 年に比べ 17.9 ポイント上昇しており、民衆の支持の高さを示している。

閣僚、地方トップの約半数が交代

2016 年 4 月から 2017 年 3 月のあいだに主要人事も大きく動いた。国務院の人事では、閣僚（部長・委員会主任）が 10 人交代した。省レベルの人事では、党

委員会書記が 14 人、首長が 18 人交代した。

　このうち、閣僚と書記のほとんどは 65 歳定年による引退である。後任が習近平人脈（福建省、浙江省、上海市時代の部下）と見られるのは、陳宝生教育部長、何立鋒国家発展改革委員会主任、鐘山商務部長、李強江蘇省書記、劉奇江西省長、楼陽生山西省長、蔡奇北京市長、応勇上海市長である。特に 18 期 6 中全会以降、習近平人脈の登用は進んだが、省レベルの書記への登用はない。

　注目されるのは、陳文清国家安全部長、黄樹賢民政部長、張軍司法部長、楊暁渡監察部長が王岐山中央規律検査委員会書記のもとで反腐敗闘争を指揮してきた同委員会副書記の経験者という点である。政法部門における周永康中央政法委員会前書記の影響力が一掃されたと見ることができる。

　また湖北省書記の李鴻忠が 9 月に天津市書記に任命されたことも注目される。通例であれば 2017 年秋に開催予定の中国共産党第 19 回全国代表大会（第 19 回党大会）で中央政治局委員に選ばれると見られる。しかし、李鴻忠が習近平人脈かどうかははっきりしない。

習近平政権の不安定要素

　習近平が「核心」となったことは、政権の安定を必ずしも意味していない。経済運営をめぐっては、党内の見解の相違や地方幹部のサボタージュが露呈している。2016 年 5 月 9 日付『人民日報』に掲載された権威人士の論文は、投資重視の経済政策を「依然として古い方法に頼っている」と批判した。この権威人士は習近平の経済ブレーンの劉鶴中央財経指導小組弁公室主任であり、李克強首相批判の論文と見られている。また、汚職による摘発を恐れる地方幹部は依然として新規プロジェクトに消極的で、各種改革にも「かけ声だけで実行が伴っていない」などの弊害が見られる。官製メディアもこうしたサボタージュ現象を「ソフトな抵抗」と呼び批判している。

　中国社会科学院社会学研究所の分析によれば、2016 年に発生した集団抗議行動の主な原因は労使対立である。特に鉄鋼業や石炭業の過剰生産能力の淘汰を進める供給側構造性改革や外資系企業の撤退、ネット通販の台頭などによる中小企業の経営困難により、リストラや給与引き下げ、給与や補償金の未払いな

どの問題が深刻であると指摘している。

　10月に退役軍人数千人が北京市中心部の軍の建物を取り囲み、抗議活動を行った。退役後の待遇改善を求めたが、習近平が進める兵力30万人削減や陸軍の縮小を念頭に置いた軍改革に反発する勢力による動員との見方もある。

続く統制強化

　不安定要素には統制強化で対応している。党内に対しては、18期6中全会で「新情勢下の党内政治生活に関する若干の準則」と「中国共産党党内監督条例」が採択された。党中央の権威を守ることが強調され、実質的には習近平への忠誠を求める文書となっている。

　また汚職の摘発を常態化、広範化するために、中規委は党や政府の機関だけでなく、国有企業や大学などに断続的に巡視組を派遣し、その成果を大々的に宣伝している。また王岐山は2017年1月、国家監察法の制定を進め、国家監察委員会の設置を準備していることを明らかにした。

　こうした統制強化の前に、習近平に反発する政治勢力が結集される気配は見られない。第19回党大会を控え、多くの幹部は習近平への忠誠を表明し、保身や出世を優先している。

　2017年3月の全人代では民生重視が強調され、官製メディアには貧困解消、就業拡大、医療制度改革、教育機会の拡大などの言葉が並んだ。それは民衆のあいだにある不満の高まりに対する危機感が背景にあり、とりわけ弱者に寄り添う姿勢を示したものといえる。しかし、反体制の動きへの転化に対する警戒は強く、法に基づく社会統制が強化されている。

　2016年4月に採択された「海外NGO国内活動管理法」は、中国国内での反体制活動を支援する海外NGOの管理強化のために海外NGOを公安当局の管理下に置くことなどを規定した。また2016年11月に採択された「インターネット安全法」は、新興メディアによる反体制的な世論形成への警戒から、ネット利用者の実名登録を義務づけ、ネット接続業者への個人情報の収集要請や中国国内で得られたデータの持ち出し禁止を規定した。

　「核心」となった習近平は第19回党大会で絶対的な権力基盤を築きたい。し

かし、党内と社会に不安定要素は山積している。統制強化はまだまだ続きそう
である。

（佐々木　智弘）

経済

2016 年の経済の概況

　2016 年の GDP は実質 6.7％の成長（目標 6.5‐7.0％）となり、成長率は目標
の範囲内におさまったものの、2015 年の 6.9％よりさらに減速した。1‐3 月期は
6.7％、4‐6 月期は 6.7％、7‐9 月期は 6.7％、10‐12 月期は 6.8％である。

　また、2016 年の GDP は、中国の成長構造の変化が引き続きみられた。GDP
の産業別構成比で見ると、第三次産業は 51.6％であり、ウエイトは 2015 年より 1.4
ポイント高まった。さらに、需要項目別での成長率への寄与率をみると、最終消
費の寄与率は 64.6％であり、2015 年の 59.9％を上回っている。このように、中
国経済の成長構造は、第二次産業・投資依存型から、第三次産業・消費依存型
への転換が依然として続いている。

　消費者物価（CPI）は、前年比 2.0％上昇と、抑制目標の 3％以内におさまっ
た。他方、工業生産者出荷価格（PPI）は、9 月には連続 54 カ月の下落が終息し、
プラスに転じた。しかも、その後の上昇幅が急速に拡大しており、12 月には 5.5％
となっている。2016 年通年では、‐1.4％となった。

　このように PPI が急速に回復した原因としては、①原油価格が下げ止まった、
②人民元レートが下降気味であり、輸入価格が上昇している、③生産能力削減・
在庫削減政策の効果が顕在化している、④不動産・インフラ投資が牽引する関
連業種の業績が回復しているといった点が挙げられよう。

　2016 年前半は、北京・上海・広州・深圳といった一線都市と、一部の二線都
市の住宅価格が上昇した。このため、不動産取引が活発化する 9‐10 月に、多
くの地方政府が住宅購入制限政策を強化したが、依然住宅市場は過熱状態が続
いている。

　小売総額は、前年比 10.4％増と安定的に伸びた。このうち、注目すべきは全国

インターネット商品・サービス小売額(e コマース)であり、前年比 26.2％増となった。

都市固定資産投資は、前年比 8.1％増と１ケタの伸びに落ち込んだ。しかしながら、1－7 月期に 8.1％増となったあとは、基本的に横ばい状態が続いている。これは、政府のインフラ投資が前年比 17.4％増と依然高い伸びを示していること、2016 年前半の住宅価格高騰を反映して、不動産開発投資が 1－7 月期の 5.3％増を底に伸びが反転し、2016 年では 6.9％増に盛り返したことが大きい。

他方、民間固定資産投資は、2016 年に入り、生産能力過剰業種の生産削減・設備淘汰の影響を受けて、伸びが急激に鈍化し、1－7 月期には 2.1％増にまで落ち込んだ。李克強総理が全国にチームを派遣し、落ち込みの原因を調査するとともに、民間投資の活性化を図った結果、9 月から民間投資はしだいに持ち直し、2016 年では 3.2％増におさまった。

輸出はドルベースで前年比 - 7.7％となり、輸入は同 - 5.5％であった。2015 年に比べ、輸出のマイナス幅が拡大し、輸入のマイナス幅が縮小している。輸入のマイナス幅が縮小した原因は、原油価格が安定したこと、2016 年の自動車生産が前年比 13.1％増（うち、SUV 車が 38.6％増、新エネルギー車 58.5％増）となったことに見られるように、工業生産が下げ止まったことにより、輸入数量が増加したためと思われる。

全国住民 1 人当たり可処分所得は実質 6.3％増と、GDP の伸びを下回った。習近平指導部は、2016 年から「サプライサイド構造改革」の 5 大任務を推進している。そのうちの一つが「企業のコスト引き下げ」であるが、この企業のコストの中に人件費が含まれているため、賃金引上げに 2016 年はブレーキがかけられ、所得の伸びが鈍化することとなった。

新規就業者増は 1,314 万人となり、年間目標「1,000 万人以上」を超過達成した。また 12 月末の都市登録失業率も 4.02％と、年間目標「4.5％以内」を達成している。

マクロ経済政策

5 月に、財政部はサービス産業に係る営業税（売上税）をすべて増値税（付加価値税）に転換した。これは実質的な減税政策であり、減税規模は 5,700 億元に及んだ。この結果、2016 年度財政赤字の対 GDP 比率は、2015 年度の 2.4％

から一気に 3% に高まった。

　2015 年は株式市場が激しく動揺したが、2016 年初めも株式市場は不安定であった。このため、2016 年の金融政策は、緩和気味に運営され、余剰資金が不動産市場に流れ込み、住宅価格が急上昇したのである。

　この反省を踏まえ、12 月の中央経済工作会議では、金融政策の方針が「穏健・中立」に改められ、「資産バブルの防止に力を入れる」こととされた。これは金融政策の緩和気味から、中立・やや引き締め気味への、実質的な転換を意味するものである。

　この背景としては、不動産バブルの抑制のみならず、人民元レートへの配慮もあろう。2016 年は 2015 年に続き、人民元は強い引下げ圧力にさらされた。このため、人民銀行は外貨準備を取り崩し、ドルを売って元を買い支えたのである。この市場介入や資金流出・ドル以外の外貨準備のドル価値の目減りなどにより、12 月末の外貨準備は 3 兆 105 億ドルと、1 年で 3,198.44 億ドル減少した。

サプライサイド構造改革の推進

　サプライサイド構造改革は 2016 年から本格的にスタートした。その 5 大任務の推進状況を見ると、

　①過剰生産能力削減については、鉄鋼産業 6,500 万トン・石炭産業 2.9 億トンを達成した。

　②住宅在庫削減については、2016 年前半の住宅価格上昇もあり、一線・二線都市では住宅在庫の消化が進んだが、三線・四線都市の住宅在庫は未消化のままとなっている。

　③脱レバレッジ（金融リスクの防止）については、2016 年は借換え地方債の発行が促進されたため、地方政府の債務圧力が緩和された。他方、過剰生産能力を抱える企業の経営が悪化し、債務が増大している。

　④企業のコスト引き下げについては、5 月からサービス業に係る営業税が増値税に転換され、税負担が軽減された。

　⑤脆弱部分の補強については、特に農村の貧困人口の削減が重点的に進められた。

なお、サプライサイド構造改革の中身をめぐって、上記の5大任務を重点とする習近平総書記と、これに加えて、規制緩和・イノベーション・国有企業改革・金融制度改革・民間資本参入の促進が必要だとする李克強総理の間で、意見の食い違いが一時見られたが、5月の党中央財経領導小組会議等における調整を経て、5大任務と同時並行的に、諸改革を全面的に深化させることで指導部の一応のコンセンサスが図られた。

（田中　修）

外交

呉建民の死去
　2016年6月18日、呉建民が「交通事故」のため武漢で死去した。呉建民は、フランス大使や外交院長を歴任した、リベラル派の代表的な論客である。南シナ海問題が悪化した2011年には、国内で高まった武力行使論に対して戦争は解決にならないと強く反対し、「韜光養晦」の長期的な堅持を訴えた。生前最後に発表された論評「現在二つの思潮には特に警戒すべき」（『人民論壇』2016年5月18日）は、ポピュリズムとナショナリズムが混じり合った対外強硬論に強く反対していた。

米中関係
　米中関係は中国の対外政策の最重要テーマであり、2016年はそれが際立っていた。
　2016年3月、戴秉国（前国務委員）が、「トゥキディデスの罠」の回避についてキッシンジャーと対話を行なった。「トゥキディデスの罠」とはスパルタとアテネの間で起こったペロポネソス戦争のような、覇権交替に伴って起こるとされる破滅的な武力衝突のことである。このニュースは、中国のキッシンジャー人脈重視を如実に表していたとも言える。
　2016年11月の米大統領選挙では、クリントン優勢という大方の予測に反して、「トランプが当選すると、中国国内では楽観論と悲観論が交錯した。日米同盟崩

壊論や米国のアジア即時撤退論など、極端な楽観論を識者がたしなめることさえ
あった。中国首脳部は、トランプ政権が明確な戦略を持つには時間がかかるとし
て、まずは経済と安全保障の両面でトランプ政権とのパイプの構築に取り組んだ
ようである。いわゆるキッシンジャー人脈のほか、トランプ政権の助言機関として
2016 年 12 月に設立された戦略政策フォーラムの議長を務めるシュワルツマンは、
中国との関係が深いと言われている。

　習近平も安定した米中関係を必要としていた。2017 年の秋に開かれる第 19 回
党大会の成功のためにも、経済悪化に伴う社会不安の増大を避けなければならな
かった。中国経済は、強気の論評が多い中、実際には減速し脆弱さを増していて、
中国経済のソフトランディングには米国との安定した関係が不可欠であった。

　2016 年も台湾は米中関係の焦点の一つであった。2016 年、米大統領選挙期
間中、トランプは米国が「一つの中国」に縛られる必要はないと発言し、選挙勝
利後の年 12 月、トランプ次期大統領は蔡英文と電話で会談した。翌 2017 年 2
月の米中首脳の電話会談で、トランプ大統領は「我々の『一つの中国』政策」を
明言した。中国メディアは、米中間で認識が一致したかのような報道を行なった
が、トランプが認めたのは、台湾が中国の一部であるとする「一つの中国」原則
ではなく、台湾関係法を含む米国のこれまでの「一つの中国」政策であることに
注意すべきである。

　3 月、ティラーソン米国務長官は、日韓両国への訪問後、訪中した。同長官は、
中国側の使うレトリックで話したとされ、中国の立場を認めたかのように報道され
たが、認めたのではなく、成立直後のトランプ政権で外交の陣容がそろっていな
かったため起こったと考えられている。

　4 月、フロリダのパームビーチにあるトランプ大統領の別荘「マール・ア・ラーゴ」
で米中首脳会談が行われた。中国メディアは安倍首相のトランプ次期大統領との
会談をご機嫌伺いのようだと揶揄したが、習近平も就任からわずか 3 カ月で外交
スタッフの陣容も固まらないトランプ大統領との会談を持った。トランプ政権成
立後、中国の外交指導者たちは「新型の大国関係」を使わなくなり、会談でも習
近平はこの表現を持ち出さなかった。貿易問題の 100 日以内の解決を目指すこと
で合意したが、解決の具体的な内容は決まらなかった。北朝鮮問題についても

意見交換があったとされる。

　会談後の王毅の説明などによれば、外交安全保障対話、全面経済対話、法律執行とサイバー安全保障対話、社会と人文対話の四つの高級レベル対話メカニズムの構築をお互いに確認しあい、外交安全保障と全面経済の二つの対話メカニズムの年内開始で合意したという。夕食会の席で、トランプ大統領は米国によるシリアへのミサイル攻撃実施を習近平に伝えた。共同声明や共同記者会見はなかったため、首脳会談は具体的な成果よりも演出に力点が置かれたといえよう。

　夕食会の席上、トランプはシリアへのミサイル攻撃を習近平に伝えた。これは中国側にも驚きであったようで、首脳会談から4日後の4月12日、両首脳は電話会談で北朝鮮問題での対応を急遽討議した。同日の『環球時報』は北朝鮮が核を放棄すれば中国が安全を保障するという社説を掲載した。14日、王毅はラブロフ・ロシア外相と電話会談を行なった。また、15日の新華社のポータルサイト『新華網』サイトは、米国は北朝鮮にまず極限まで圧力を加え、その後に交渉を行うという個人名義の評論を掲載した。

日中関係

　2016年から翌年初めにかけ、中国メディアの対日批判が繰り返された。2016年11月、米大統領選挙に勝利したばかりのトランプ次期大統領と安倍首相の会談を中国メディアは嘲笑し、さらに2017年3月ごろの森友学園問題（保守系政治色の強い大阪の学校建設にあたり首相や首相夫人が関与していたとの疑惑）に関連して、安倍政権が右傾化を強めていると批判した。2017年1-2月、日本のホテル・チェーン大手で訪日中国人観光客も多く利用するアパホテルの部屋に南京大虐殺を否定する内容の書籍を各客室に設置していたとするネット記事が流れ、中国外交部も批判した。また、英国のシンクタンクに在英日本大使館が金銭を提供していたという英国紙の報道が中国でも注目された。このほか、東日本大震災で原発事故があった福島の復興の遅れや「放射能汚染」を強調する報道も続いた。また、日露接近についても、日本の見通しの甘さや困難を指摘する論評が多かった。中国メディアは日本の混乱や役割低下、道徳的劣位を印象づけようとしたといえよう。しかし、その時々に起こった事例をその都度取り上げることが

多く、実際の外交的な動きはそれほど目立たなかった。

　2016 年 8 月、尖閣諸島の日本領海に中国公船による侵入が繰り返された。『朝日新聞』（8 月 15 日）によれば、解放軍内部に「実効支配」の意図があり、南シナ海と並行して東シナ海における権益主張を強めたという。確かに中国共産党機関紙『人民日報』（8 月 8 日）は、東シナ海と南シナ海で中国は日本に知らしめるとする論評を発表したが、中国側は日本との接触を断つつもりはないようであった。8 月の中旬に中国公船の活動は一時目立っていたが、すぐにおさまった。「人民論壇」（8 月 18 日）は、愛国主義は決して失ってはならないが異化してもならないとして行き過ぎを戒めた。

　7 月、「中国領導人外交戦略思想と日中関係学術研究会」が開かれ、8 月にはこの研究会の司会を務めた武寅が、「中国国際関係新理念の日中関係への三つの啓示」という論文を発表した。習近平が提唱する、平和と協力という「国際関係の新理念」に基づき、政治領域では色々な分岐や衝突の解決は武力に訴えず対話を用いて対抗に代替させるなどを論じて、日中関係では民間外交を高度に重視するなどとした。これは、実際上は政府間外交では軍事力の行使はせず、目立って動かない姿勢を間接的に示していた。北朝鮮の核とミサイル、韓国のターミナル段階高高度地域防衛システム（THAAD）配備決定や常設仲裁裁判所の裁定（後述）に加えて日中関係の悪化まで招きたくはなかったのであろう。

　ただし、日中関係が比較的静かであったのは、2017 年秋の党大会が近づいていて外交部門が事件化を望まず、またこの党大会で決まる新たな中長期の対日政策が検討されていたからであろう。航空自衛隊のスクランブル（緊急発進）の増大に見られたような日本付近の空域における中国軍用機の活動は、この年の対日政策とは異なる文脈で進められたと思われる。沖縄の法的地位へのチャレンジが研究者個人の意見として公表されたように、非軍事的手段による日本への揺さぶりが検討されていた。

　6 月、中国の情報収集艦が鹿児島県沖の領海を、また沖縄県の北大東島周辺の接続水域内を航行した事例も日本側への揺さぶりと見られる。『読売新聞』（6 月 17 日）によれば、元来中国は国内法で領海を軍艦が無害通航する場合に事前許可を要求していたが、そうなると今回は中国側が日本政府に無害通航の事前許

可を得なければならず二重基準になるため、主張内容を組み替え、中国国防省は15日に中国軍艦が航行したトカラ海峡は国際海峡と主張したという。

南シナ海問題：常設仲裁裁判所の裁定

2016年7月、ハーグの常設仲裁裁判所は、中国が主張する「九段線」につき、海域内の資源に対する歴史的権利に法的根拠はないとの判断を下した。また、常設仲裁裁判所は、埋め立てて造った人工島は、海洋法上の島には当たらないとした。

2013年1月、フィリピンは南シナ海における中比間の紛争を仲裁手続きに付託した。中国は仲裁手続きに応じなかった。国際司法裁判所の裁判とは異なり、仲裁裁判は当事者一方のみで成立するため、裁定が下された。

中国は仲裁を無効と主張し、また日米を批判する一方、フィリピン政府に二国間交渉を呼びかけた。仲裁発表の翌13日には、「中国は南シナ海における中国とフィリピンの紛争の話し合いによる解決を堅持する」と題する白書を発表し、中国の南シナ海政策の妥当性を主張した。習近平は南シナ海における中国の領土主権と海洋権益は仲裁裁判の影響を受けないとし、王毅は「法律の衣を纏った茶番劇」と批判し、劉振民（外交部副部長：外務省次官）に至っては「紙屑」と断じた。

10月、フィリピンのドゥテルテ大統領が訪中し、習近平は南シナ海問題の棚上げと二国間対話を呼びかけ、両国は対話解決で一致した。中国側は、インフラ建設、貿易、麻薬犯罪、テロ対策など13分野で協力を申し出て、フィリピンは240億ドルにのぼると言われる経済協力を取りつけた。なお、ドゥテルテ大統領は訪中から帰国後に訪日し、2017年1月にフィリピンのドミンゲス財務大臣が訪中し、同じく1月に安倍首相が訪比した。

中国 ASEAN 関係

中国と ASEAN 諸国の間は、南シナ海行動規範をめぐる交渉を中心として展開した。常設仲裁裁判所裁定や G20 を強く意識して進められたのが大きな特徴である。2016年3月に海南省で開かれたボアオ・アジア・フォーラムの南シナ海・

分科会フォーラム開幕式で、劉振民は「南シナ海行動宣言」とお互いに補充し合う形での南シナ海沿岸国による協力メカニズムの構築を提唱した。なお、同月には海南で南シナ海研究院がインドネシアの戦略国際問題研究センター（CSIS）など東南アジアのシンクタンクに呼びかけて中国 - 東南アジア南シナ海研究センター（CSARC）が設立され、第 1 回理事会が常設仲裁裁判所裁定後の 7 月 22 日に開かれている。

　6 月 14 日、中国 ASEAN 特別外相会議が雲南省玉溪で開催されたが、数カ国の ASEAN 外相が中国の海洋進出に深刻な懸念を表明し、予定していた共同記者会見は取り消された。なお、ASEAN 側は独自に声明をまとめようとしたが、ASEAN 側の意見は集約できず、声明も見送られた。『朝日新聞』（6 月 17 日）によれば、中国側がラオスとカンボジアなど一部の国に働きかけ、共同声明の発表をやめさせていたという。会議は、中国側の要請で急遽開かれ、中国は経済協力の申し出を通して ASEAN 諸国との関係を改善しようとしたと推測されている。

　常設仲裁裁判所の裁定後、2016 年 7 月 25 日の中国 ASEAN 外相会議で、王毅は、2017 年前半に行動規範で一定の成果を出すと発言した。これに続き、8 月、中国内モンゴル自治区の満州里市で高官協議が行われ、外交当局のホットラインや南シナ海における海上衝突回避規範（CUES）の適用で合意した。劉振民は2017 年半ばに行動規範の枠組みの草案を完成させることで合意したと述べ、王毅の発言を再確認した。9 月の杭州で開催を予定していた G20 首脳会議を成功させるための発言と考えられている。しかし、完成させるのは草案に過ぎず、中国側による遅延戦術の一つと解釈された。しかも、劉は、域外からの干渉なしに当事国による紛争解決を図るためとも述べ、米国を牽制した。

　9 月 4 - 5 日、浙江省杭州市で G20 の後、ラオスのビエンチャンで ASEAN 首脳会議とそのほかの関連する会議が開かれた。G20 では中国側が「杭州コンセンサス」を取り上げたものの他国の賛同は少なかった。7 日に中国 ASEAN 首脳会議、日・ASEAN 首脳会議と ASEAN+3 が開かれた。8 日には東アジアサミット（EAS）が開かれた。2017 年 2 月に中国と ASEAN10 カ国の間で高官協議がインドネシアのバリで始まり、全人代に合わせた 3 月 8 日の記者会見で王毅は行動規範の最初の原案が完成したと述べている。

朝鮮半島

　2016年から翌年にかけて、中韓関係、韓国政治とそれを取り巻く東アジア情勢は連動しながらめまぐるしく動いた。引き金は、1月に行われた北朝鮮の4回目の核実験で、中国との関係を重視してきた韓国の対米傾斜をもたらした。THAADは、韓国の北朝鮮への防衛のみならず、米韓関係の改善の象徴となった。

　韓国のTHAAD配備には中国側も警戒し、2016年2月ミュンヘン安全保障会議で王毅が、同月の中韓外交高級レベル戦略対話で張業遂外交部副部長が、また4月中国駐韓大使がそれぞれ配備に強く反対するなど、繰り返し韓国に圧力をかけた。中国は北朝鮮への制裁の代わりにTHAAD配備の中止を求めたが、7月、米韓はTHAADの韓国配備で合意した。9月5日G20が開かれた杭州における朴槿恵韓国大統領との会談では、習近平は米国のTHAAD配備に反対し、6者協議の復活を訴えた。しかし、翌6日にビエンチャンにおける米韓首脳会談で両国首脳はTHAAD配備の合意を確認した。9月9日の建国記念日に北朝鮮は5回目の核実験を行った。9日の核実験の前、7日に崔善姫（外務省米州副局長）、8日に朝鮮労働党の金聖南（国際部副部長）が訪中した。国連安保理は、北朝鮮の石炭輸出に上限を設ける決議を採択した。11月、ソウルで3年半ぶりの日中韓首脳会談が行われた。

　配備決定後から、中国政府は制裁や報復を否定するが、韓国企業の対中輸出審査の厳格化などがあり、駐中韓国大使による王毅との会談要請も拒否された。THAADの用地を提供したとして中国に進出したロッテ店が数多く閉鎖された。

　中国国内では、韓国への報復に対して批判的な意見もあったが、中国メディアは、韓国政府に対する批判キャンペーンを展開した。批判は、小国の道徳的に劣る者が政治を私物化し地域の安定を大きく損なったという基本ロジックを持ち、国内では財閥と結託した民意に基づかない政治が行われ、外交面では、2015年12月の日韓慰安婦問題の合意、2016年7月の米韓間のTHAAD配備合意、2016年11月の日韓「軍事情報保護協定」署名などの行動により、東北アジアの安全保障構造を大きく変え、地域の平和と安定を大きく損なったとしていた。

　また、中国メディアは、対中包囲網の一環としてTHAADを描いた。常設仲裁裁判所の裁定結果発表の4日前にTHAADの韓国配備発表があり、仲裁結

果発表の次の日に THAAD 配備の場所の発表があり、韓国はタイミングも考え南シナ海問題を利用して THAAD も行ったというロジックであった。『人民日報』（8月5日）などは、韓国の THAAD 配備がフィリピンや台湾への THAAD 配備をもたらすようなドミノ現象を警戒していた。これを背景として、28日には、空軍スポークスマンが迎撃ミサイル能力強化に言及した。このころは中国政治に大きく影響する北戴河会議もあり、習近平は弱腰と見られることを嫌がったとも考えられる。3日のロイターによれば、軍部が習近平に強硬な対応を求めたともいう。

（浅野　亮）

軍事

中国が警戒する安全保障環境の変化

　2017年3月の全人代で承認された国防予算は前年実績比7％増の1兆443億元（約17兆円）で、二桁の伸び率には届かなかったものの、初めて1兆元を超えた。中国が軍備増強を加速するのは、米国やロシアに伍して、アジアおよび中東等の地域において軍事プレゼンスを示すためである。しかし、国際情勢の変化および地域情勢の不安定化が、中国の思惑に狂いを生じさせている。

　2017年4月26日、中国初の国産空母が中国遼寧省の大連造船所で進水した。中国国防部（「部」は日本の「省」に当たる）によると、この空母は5万トン級の通常動力型でスキージャンプ台を備え、外観は訓練空母「遼寧」に似ている。

　中国国内外で中国初の国産空母に対する関心は高い。2015年12月以降、中国国防部は記者会見で、空母に関する質問に10回も回答している。さらに国防部は、「就役時に命名する」という慣例を破って「進水時に命名する」ことを示唆して、注目を集めようとしている。

　中国では、中国海軍は4月23日の海軍記念日にこの空母を進水させると予想され、指導者が進水式に出席するとも言われていた。しかし、初の国産空母の進水は、中国が思うようにアピールできなかった。

　その理由は、北朝鮮の核兵器開発を主たる理由とした北東アジア地域の安全保障環境の変化にあるとも考えられる。中国が空母を進水させたのは、北朝鮮

の核実験を日本や米国が警戒していた 4 月 25 日（朝鮮人民軍建軍 85 周年記念日）の翌日である。25 日以前に中国が軍事力を誇示した場合、北朝鮮や米国に誤ったシグナルを送ることを恐れたように見受けられる。進水式への出席は制服組トップの范長竜・中央軍事委副主席に留まり、命名もされず、中国国内の報道も低調であった。

　北朝鮮が挑発行為を繰り返す中で行われた 4 月 6 日および 7 日の米中首脳会談において、習近平主席は、トランプ大統領がプレイしようとする新しいゲームに乗らざるを得なかった。6 日の夕食会の最中に、米国はシリアを攻撃した。トランプ政権は、自国の安全と理念が脅かされれば、躊躇なく軍事力を行使することを示したと言える。その一方でトランプ大統領は、中国が北朝鮮の核兵器開発解決に協力すれば通商問題で譲歩することも示唆していた。

　2016 年前半まで、中国は、オバマ大統領が軍事力を行使しないと見切って、南シナ海の軍事拠点化等を進めてきた。2016 年 4 月 26 日に米国防総省が発表した「Annual Report to Congress – Military and Security Developments Involving the People's Republic of China 2016（年次議会報告書）」によれば、中国による南沙諸島の埋め立て面積は約 13 平方キロメートルと、2015 年の約 6 倍に達している。

　しかし、トランプ大統領は、経済的問題で中国に譲歩を迫る際に、外交および安全保障の問題を取引材料として利用し、実際の軍事力行使もありうる姿勢を示した。

　大統領選挙に勝利したトランプ氏は 2016 年 12 月 10 日、FOX テレビの番組の中で「貿易関係などで合意を得られなければ、なぜ『一つの中国』政策に縛られないといけないのか」と述べて、すでに台湾問題を経済交渉の取引材料に用いる意図を示していた。

　中国は反発し、12 月 25 日、訓練空母「遼寧」が、駆逐艦 3 隻、フリゲート 2 隻を伴い、台湾の東側海域を通ってバシー海峡から南シナ海に入った。戦闘できない「遼寧」に台湾東側海域でファイティングポーズをとらせたのは、米国に対する牽制である。

　本来、トランプ大統領の最大の関心事は経済問題であったが、現在は、北朝

鮮の核兵器開発という安全保障の問題により高い優先順位が与えられている。一方で、経済問題はバーゲニング・チップとなっている。

中国の武器装備品開発の現状

　中国人民解放軍（以下、解放軍と略称）の発展計画は 1980 年代半ばには指示されており、米国の軍事力を凌駕する時間的ターゲットは、「二つの百年」の一つ、中華人民共和国成立 100 年の 2049 年頃である。しかし、中国指導部は、2049 年になっても、米軍に対抗できないのではないかと懸念している。2016 年 2 月 20 日、国防大学政治委員の劉亜洲上将が『環球時報』に「米国ははるかに先を行っている」という論文を発表した。中国は、いくら米国の後を追って軍備増強しても、永遠に米国の軍事力に追い付くことはできないという。劉亜洲の妻は、李先念・元国家主席の娘である李小林・中国人民対外友好協会会長であり、習近平主席の右腕と言われる。

　中国指導部が米軍に勝利できないと認識する理由は、解放軍の装備品の状況からも見て取れる。まず、中国の空母はいまだタイプが統一されていない。大連で進水した空母と上海の江南造船所で建造しているもう一隻の空母の形状は異なるようである。

　中国海軍は、2000 年代前半、大連造船所でソ連の三次元対空レーダーの技術を用いた「051C ／旅州」型駆逐艦を、江南造船所で中国版イージスと呼ばれる「052C ／旅洋Ⅱ」型駆逐艦を同時期に建造した。これら駆逐艦は、それぞれ北海艦隊と南海艦隊で同時に運用され、技術の優劣等を比較した。約 8 年間も新たな駆逐艦を建造しなかったことがその証左である。現在では、中国版イージスの発展型である「052D ／旅洋Ⅲ」型にタイプが統一され、大量建造に至っている。

　中国は、空母でも同様のことを行う可能性がある。大連造船所で建造した空母を北海艦隊、江南造船所で建造中の空母を南海艦隊に配備して、双方の空母の技術および運用性を分析し、本当に作戦が行える空母を建造するのだ。教師がいない中国海軍にとって、試行錯誤以外に方法がない。また、失敗から得られる技術の向上は馬鹿にならない。中国が急速に軍事力を高める背景には、こうした「無駄遣い」を許容するだけの経済力がある。試行錯誤で開発を進めるの

は戦闘機も同様である。特に、高出力の戦闘機用エンジンの開発は思うように進んでいない。

　中国は、ステルス戦闘機 J‐20 を開発しており、2017 年にも部隊配備されるとされるが、搭載予定であった国産エンジン WS‐15 の開発が難航している。2016 年 11 月 6 日に、珠海の航空ショーで初披露された際、高難度の飛行を行わなかったことも、動力性能に課題があることを示唆している。Su‐27 搭載の AL31F エンジンを参考に中国が開発した WS‐10 エンジンは、Su‐27 のライセンス機である J‐11 に使用されているが、空母艦載機 J‐15 に搭載した結果、技術的な問題が発覚した。現在、J‐15 は AL31F を搭載しているとされる。さらに中国が重点を置くのが無人機である。中国製無人機「翼竜」は、2012 年 11 月の珠海航空ショーで初めて公開され、その外見が米国の MQ‐9「リーパー」に酷似していることが話題になった。しかし、「翼竜」の性能は、巡航速度、最高速度および運用限界高度等において MQ‐9 にはるかに及ばない。それにもかかわらず、中国の「翼竜」が、カザフスタン、キルギスタン、パキスタン、UAE、サウジアラビア等の国々に導入されているのは、「翼竜」の価格が約 1.1 億円であり、MQ‐9 の約 15 分の 1 に過ぎないからである。中国は、米国の軍用無人機を意識して、無人機を開発している。前出の中国メディアの記事は、中東では、中国の「翼竜」は、米国の MQ‐9「リーパー」や MQ‐1「プレデター」と戦術場面で競合関係にあると述べている。

　中国が開発製造している武器装備品の性能はいまだ米国のそれに及ばず、中国指導部は、軍事衝突すれば米国に勝利できないと認識している。しかし、中国は対外的な経済活動の拡大を止める訳にいかず、米国の妨害に対抗できる能力を持たなければならない。それが、中国の非対称戦である。

中国が展開する非対称戦 − 宇宙とサイバー空間

　中国は 2016 年に 20 基以上の衛星を打ち上げた。現代の戦闘において、指揮通信情報ネットワークはオペレーションの基盤をなす。また、衛星を運搬する技術はミサイル技術そのものである。現在の中国の宇宙開発は、ミサイルの技術開発のためだけに行なわれている訳ではない。

　中国は、米国が中国に対する軍事攻撃の可能性を考慮する。このため、中国は、米国の GPS を利用せず、独自の「北斗」測位衛星航法システムの構築を進めてきた。2017 年 1 月の時点で、中国は 23 基の「北斗」衛星を運用している。「北斗」システムは、2012 年に、中国周辺で測位精度を 10 メートルにまで高めたとされるが、2020 年までに 35 基の衛星網を作り上げることで、GPS 同様、全地球型測位航法システムとして完成される。

　2020 年は、中国海軍が発展の第二段階を完了とする時期でもあり、空母打撃群を各地域に展開し、軍事プレゼンスを示すことを目標にしている。2020 年は、「二つの百年」のもう一つ、「中国共産党結党 100 年」の 2021 年を意識したものである。米海軍の中国侵攻を阻止する A2 ／ AD も衛星ネットワークに依存している。中国本土から離れた海域で米艦隊を攻撃するのが ASBM（Anti-Ship Ballistic Missile）である。ASBM が米艦隊を打撃するためには、本土から 3,000 キロメートル以上離れた海域における正確な目標位置情報を発射諸元として入力しなければならない。

　中国は、2016 年 5 月までの約 10 年間に少なくとも 30 基の「遥感」商用リモート・センシング衛星を打ち上げた。中国航天科技集団公司（CASC）は、2022 年に、解像度 0.5 メートルの商用リモート・センシング衛星網を整備する計画である。

　中国の軍用衛星網は、さらに高い解像度を有するという。中国は、衛星等によって、太平洋に 500 万平方キロメートルに及ぶ捜索範囲を有しているとする。中国は、偵察監視センサー・ネットワークを構築し、海空軍の活動範囲拡大を支援している。また、解放軍は、2016 年 1 月 1 日、「宇宙、深宇宙、ネットワーク、サイバー空間における優勢を確保し、人民解放軍の作戦を有利に進めること」を主要任務とする「戦略支援部隊」を新設した。具体的任務として、情報、技術偵察、電子戦、サイバー戦、心理戦を含む特殊作戦、整備補給（目標の捜索探知追尾、目標情報の伝達を含む）、日常的な航法援助活動、「北斗」および宇宙情報収集手段の管理業務、サイバー攻撃／防御、ネットワーク防御等が挙げられている。

　戦略支援部隊は、旧総参謀部第 2 部（情報、HUMINT 等）および第 3 部（技術偵察）、さらに旧総装備部の任務を統合継承し、新たに創設された部隊で、中国の宇宙開発に深く関わる組織である。実際の軍事攻撃の前にサイバー攻撃

等によって相手国の社会を混乱させるハイブリッド戦が戦われる現在、民間のネットワークに対するサイバー攻撃には関心が高まっており、独立した軍事用ネットワークを用いたサイバー・オペレーションも展開されている。

　それでも、中国の NCW（Network Centric Warfare）は米国に及ばない。複数のシステムを統合してさらに大きなシステムを構築する「システム・オブ・システムズ」のノウハウが十分でないからである。米国に勝てないと考える中国が米国に仕掛ける非対称戦の手段の一つが、衛星破壊兵器である。衛星の破壊によって、米国の偵察、通信、情報能力の低下あるいは無力化を狙う。DN‐2 は、米国の GPS や偵察用の高軌道衛星をターゲットにしている。中国は、24 基の衛星破壊用ミサイルで、米軍の通信、情報ネットワークを無力化できると豪語している。

　一方で、米国と競争する中国の宇宙開発もある。中国の有人宇宙開発も三段階の発展戦略に基づいている。1992 年 9 月 21 日に決定された有人宇宙開発の「三歩走」発展戦略（921 工程）は、1986 年に鄧小平が指示した「863 計画」に基づいている。第一歩は有人飛行船を発射して宇宙を往復する初歩的・実験的段階とされ、神州 6 号（2005 年 10 月）までがこれに当たる。第二歩は宇宙船と宇宙ステーションのドッキングおよび宇宙実験室での短期滞在を目標とし、第一段階と第二段階に分けられる。2016 年 10 月に、この第二段階として、天宮 2 号による 30 日間の滞在を行った。第三歩は、中期滞在型の「天宮」宇宙ステーションの建設であり、中国は、2022 年までに完成させるとしている。2024 年に運用を終える ISS（国際宇宙ステーション）に代わって、中国単独の宇宙ステーションだけが宇宙に浮かぶことになる。2004 年から開始された「嫦娥工程」と呼ばれる中国の月開発も三段階だ。「無人月探査」、「有人月面着陸」および「月面基地建設」である。この内、月探査のプロジェクトも、「繞（周回）」「落（着陸）」「回（帰還）」の三段階に分けられている。

　日本では、2016 年 8 月に中国の月面探査車「玉兎」が停止したことが科学関連のニュースとして報じられたが、中国の月開発は、米国とのエネルギー資源開発の主導権争いでもあり、軍事的な意味も含んでいる。

習近平主席の軍掌握の努力

　2012 年から 2015 年にかけて、江沢民派高級将校の失脚と処分が相次ぎ、習近平の軍掌握が進んでいる印象を与えたが、2016 年に入っても大規模な人事が行われている。2016 年 5 月には、海軍、空軍、ロケット軍の少なくとも 43 名を少将に昇任させた。また、2016 年夏の中期人事で、2 名を上将に昇任させ、陸軍、海軍および武装警察の少なくとも 16 名を中将に、50 名を少将に昇任させた。中国では、習近平主席による大量の将軍昇任人事は、中国共産党第 19 回全国代表大会（以下、19 大）における権力掌握のための布石であると報じられている。さらに、中央軍事委員会が突然、人事の慣例を破り、ロケット軍で 100 名を将軍に昇任させた。

　これだけ大規模な高級将校の入れ替えを行えば、軍内に不満も生じる。習近平主席は、こうした不満に対する牽制も忘れていない。元中央軍事委員会副主席の郭伯雄が収賄罪で無期懲役の判決を受けたのは、2016 年 7 月 25 日である。八一記念日（中国の建軍記念日）の直前に行われる将軍人事の直前に、習近平主席に反抗する高級将校の末路を見せつけ、軍の抵抗勢力を牽制したと考えられる。2016 年後半から、北京だけでなく、複数の地方で、退役軍人の待遇改善を求めるデモが発生している。習近平主席に対する地方や軍の牽制とも言われるが、党中央は、2016 年および 2017 年に、連続して軍人の給与を大幅に増額し、現役軍人に不満が広がらないよう対処してきた。

　また、2015 年 11 月以降、習近平主席が進めている解放軍の組織改編も継続中だ。2017 年 4 月 9 日、中国の新華社通信が、「2016 年の再編で中央軍事委員会の直属機関として発足した 15 組織のもとに、新たに 84 部門を設置し、これらを中心とする、より集約された体制に改編する」と報じた。19 大に向けて、習近平主席の軍掌握の努力は続く。人事や組織改編が、習近平主席の権力掌握のためという側面を有する一方、改革が実現すれば解放軍の戦闘能力が向上することも間違いない。また、人事は、中国の戦略および安全保障における考え方を示すものでもある。例えば、2017 年 1 月に行われた海軍の上級指揮官人事は、中国の戦略的重点とその理由を示している。

東シナ海および南シナ海における展開

　2017年1月17日、中国海軍司令員であった呉勝利上将が退任し、南海艦隊司令員の沈金龍中将が海軍司令員の職に就いた。呉勝利はすでに72歳で、2006年8月から10年5カ月もの長きにわたって海軍司令員の地位にあった。中央軍事委員会の海軍のポストには、引き続き呉勝利が就いている。順当にいけば、2017年秋の19大で交代する。しかし、この海軍司令員人事は順当ではない。沈金龍の階級が上将ではなく中将だからである。しかも、中将に昇任してわずか6カ月後に海軍司令員に任命されている。『中国人民解放軍将校階級条例』には、「階級の高い将校は階級の低い将校より上級である。階級の高い将校が、職務上、階級の低い将校に隷属する場合は、職位の高いものが上級である」という規定があるため、違法な人事ではないが、序列の飛び越し方は尋常ではない。異例の海軍司令員抜擢は、沈金龍より序列上位の者に、習近平主席が信頼できる者がいなかったことを示している。解放軍内に、江沢民派と見做される高級将校が残っていることを示唆している。しかし、今回の海軍司令員人事が示すのは、国内政治ゲームの存在だけではない。沈金龍は、南海艦隊司令員から直接、海軍司令員に抜擢され、ほぼ時を同じくして、中国三大艦隊の司令員もすべて交代した。

　一連の人事で注目すべきは、南シナ海を担当区域に含む南部戦区である。沈金龍の後任として南海艦隊司令員となった王海中将は、海軍副司令員からの異動であるが、南海艦隊での勤務が長く、生粋の水上艦艇乗りである。中国では、王海中将の南海艦隊への回帰が、南シナ海の戦略的重要性の現れだと捉えられている。さらに、慣例を破った人事は、北海艦隊司令員であった袁誉柏中将が、南部戦区司令員に昇格したことである。これまで、大軍区司令員はすべて陸軍が占めており、海軍三大艦隊の司令員は大軍区副司令員を務めるのが通例であった。南部戦区では、海軍の役割が重視されることを意味している。

　2017年1月の海軍指導部一斉入れ替えは、中国の南シナ海における米海軍対応の本気度を示すものである。さらに、すべての司令員が若い中将であることから、中国が長期にわたって南シナ海が戦略的に重要な海域になると考えていることが理解できる。南シナ海は、米国に対する核報復攻撃を最終的に保証する海域であるだけでなく、中国が西に経済活動を展開するにあたって海上輸送路の

要衝となる海域である。中国の戦略は、南シナ海だけに止まらず、さらに西に広がる地域・海域を考慮に入れる。特に、中東は中国の「一帯一路」イニシアティブにとって地理的および意義的な中心である。中国にとってエネルギー資源の獲得は重要な課題であり、地中海を通る海上輸送の安全を確保するためにも中東は重要な地域である。

　米国が軍事力を用い始めると、シリアを含む中東地域において米国とロシアが軍事力を背景としたゲームを展開することになる。軍事的なゲームとは、必ずしも米露が軍事衝突することを意味しない。限定的な軍事力を時に行使しつつ、相手に対して優位なポジションを得ようとするものである。中国は、現段階では、米露に対抗してプレゼンスを示すだけの軍事力を保有していない。中国が、軍備増強が間に合わないという危機感を抱き、軍備増強を加速させる所以である。一方で、中国は、東シナ海における行動を低減させる訳ではない。2016年の中国軍は、東シナ海から西太平洋にかけての海域で活発に行動した。

　6月9日未明、中国海軍フリゲートが初めて尖閣諸島周辺の接続水域に侵入した。このフリゲートは、尖閣諸島に近接したロシア海軍艦艇およびこの監視に就いていた海上自衛隊艦艇に対応するごとく行動した。中国にとっては、中国の領海に近接した外国艦艇への対処である。

　中国は、「航行の自由作戦」を行う米海軍と予期せぬ衝突を起こさぬよう、毎回、「追尾、監視、警告」という行動をとっていることから、標準化がなされていると考えられる。米海軍と衝突しないための標準化が、尖閣諸島周辺で適応されると日本に対する挑発行為になっている可能性がある。

　また、中国の建軍記念日である8月1日、中国海軍は、東シナ海において大規模演習を実施した。中国人民解放軍機関紙『解放軍報』は、「陸、海、空、宇宙、サイバー空間の五つの立体空間において、海軍三大艦隊から100隻余りの艦艇、数十機の航空機、沿岸部隊および一部のレーダー・監視通信・電子対抗兵力が東シナ海に集結し、大規模な実弾対抗演習を実施した」と報じている。大規模演習以外にも、中国海軍艦艇および航空機は、繰り返し、編隊を組んで、東シナ海から第一列島線を越えて西太平洋で訓練を行っている。こうした軍の行動範囲の拡大は、1980年代前半には、当時の海軍司令員によって海軍に指示さ

れていた。中国海軍は、まず 2000 年までに第一列島線を越えて西太平洋まで行動範囲を拡大することが求められたのである。

　一方で、発展戦略に沿ったものでありながら、それ以外の理由が考えられる行動も見られた。12 月 10 日、中国の Su‐30 戦闘機 2 機など軍用機 6 機が沖縄県の沖縄本島と宮古島の間の宮古海峡上空を通過し、空自の戦闘機が緊急発進(スクランブル)した。太平洋に抜けた後、戦闘機 2 機を除く 4 機は南西に針路を変え、台湾とフィリピンの間のバシー海峡の方へ向かった。これは、先述の空母「遼寧」の行動と同様、トランプ大統領が台湾問題や南シナ海問題をバーゲニング・チップにしようとすることに対する牽制であると考えられる。

　中国は、すでに 1980 年代半ばに指示された軍事力の発展計画の大きな流れを変えた訳ではなく、今後も変えることはない。その中で生じた、トランプ大統領の出現によって生じた安全保障環境の変化に対応しようとしている。

(小原　凡司)

香港

　中国の二つの特別行政区、香港とマカオで、「一国二制度」は大きく形骸化した。「一国二制度」とは、香港とマカオが社会主義の中国へ主権を返還された時に、返還から 50 年間資本主義制度と生活スタイルの維持や、外交と国防をのぞく分野での「高度な自治」を認めた「約束」である。

　現在の香港社会は三つに分断している。親中派／親政府派、汎民主派、そして、中国からの独立も選択肢に掲げる本土派である。汎民主派と本土派は一線を画している。汎民主派は、香港の民主化を目指している。一方、本土派は、中国や香港政府から何も引き出さない汎民主派に失望し、若者を中心に香港独立運動を展開している。香港民族党は 8 月、「中学政治啓蒙計画」プロジェクトを始めた。高校生らが 4 月に設立した「学生動源」は、多くの中学・高校に下部組織を設置して、香港独立運動を推進している。

　香港独立の動きに警戒する中国中央は、従来一括りにしてきた「穏健な汎民主派」と「本土派などの過激な勢力」を区別することにした。11 月 30 日以降は、

汎民主派議員に対する本土への入境規制を緩和した。

　「本土派」が過激な行動に走る背景には、香港社会の閉塞感や将来への不安がある。中国からの恩恵を受けているのは、一部の富裕層である。10月15日の扶貧委員会において、梁振英行政長官が発表したところによると、前年の香港の貧困人口は134.5万人、貧困率が19.7％であった。「最も裕福な10％の世帯」と「最も貧しい10％の世帯」の格差が28.6倍もあり、香港の貧富の差は拡大している。その格差額は過去5年間で2割も激増した。

　香港の若者は、閉塞した香港社会を正統な手続きで変えることも適わない。本来であれば、2017年から普通選挙が実施されるはずであった。しかし、行政長官選挙の民主化を訴えた平和的なデモ「雨傘運動」が2014年に挫折し、2015年には立法会が行政長官選出方法改正に関する議案を否決し、普通選挙は少なくとも2022年まで先送りとされてしまった。

　9月の立法会選挙では、汎民主派と本土派は、政府が提出する重要法案を否決するのに必要な1/3以上の議席を獲得した（投票率は香港返還後の最高の58％）。しかし、香港独立を訴えた6名は、立候補する資格さえ認められなかった。また、10月12日の就任式で、本土派「青年新政」の游蕙禎と梁頌恒の両議員が「香港は中国の一部」と定めた基本法を守るという宣誓を拒否し、「香港は中国ではない」と書いた幕を掲げたことをめぐり、11月7日、全人代常務委員会が香港基本法の解釈を示し、議員の資格を事実上剥奪した。12月3日には、香港政府は、独立志向の本土派や民主派の立法会議員4人の資格剥奪を求める訴訟を高等法院に起こした。

　2016年8月には、「雨傘運動」で中心的な役割を担った元学生団体リーダー3人が、違法集会への参加や扇動の罪で有罪の評決を受けた。2017年春には、中国に批判的な立法会の現職や前職や、「雨傘運動」の学生リーダーらで作る政党「香港衆志」の幹部らが、香港当局から相次いで逮捕されている。

　香港では、若者層を中心に中国中央への反発が高まっている。それに対して危機感を抱く中国側が香港への圧力を強めている。

　3月5日の全人代の「政府活動報告」で李克強首相は「香港独立に前途はない」と語っていた。同月26日の香港行政長官選挙で、世論調査の支持率が一番で

はなかった林鄭月娥・前政務長官が当選したことは、「一国二制度」がもはや形骸化したことを、世界に知ら示すことになった。

（三船　恵美）

台湾

対中関係が不透明な蔡英文政権

　2017年5月20日に、総統選挙で勝利した蔡英文が就任1周年を迎えた。中国は、馬英九政権時に復活した準公式対話メカニズムを維持する条件として、蔡英文に対して「一つの中国」に関わる「1992年コンセンサス」またはその「中核的意味」を受け入れるよう要求していた。注目された就任演説で、蔡英文は1992年に何らかの諒解に基づき中台双方が会談を行った「歴史的事実」を尊重し、「中華民国憲法と両岸人民関係条例」に基づいて中台の実務を処理すると表明した。

　蔡英文としては、中国の要求にぎりぎり応えたのであるが、中国は、これを「未完成の答案」であるとして批判し、後に中国は、台湾との対話メカニズムの停止状態を宣言し、台湾への圧力を高めた。5月の世界保健機構（WHO）の年次総会（WHA）に、台湾の代表団は参加できたが、10月の国際民間航空機関（ICAO）の総会の参加は実現しなかった。また、中国からの買い付け団はほぼなくなり、観光客が激減するなど、中国の揺さぶりは多岐にわたった。

　中国が台湾に加える圧力は増大しつつあるとはいえ、完全に台湾を追い詰めるものではなく、また蔡英文政権も中国を刺激しないよう自制している。蔡英文は、選挙期間中から習近平政権と意思疎通し、政権成立後の安定した関係形成を目指していたが、双方ともそれに失敗したと考えられる。中台間の「機会の窓」は完全に閉じてはいないと考えられるものの、中台関係は段階的に悪化しており、不確実な状態にある。

武器調達に関するトランプ政権の不確実性

　2016年11月の米大統領選挙で、反エスタブリッシュメントの先鋒である実業家のトランプが当選した。台湾当局は、民主党のヒラリー・クリントン元国務長官

の当選を前提に、米国との安全保障協力をどう進めるかを、クリントン陣営と事前交渉していたとされる。

　ところが、トランプの当選により、米台間の安全保障関係、特に米国から台湾への武器輸出の動向が不明確になってしまった。ところが、2016 年 12 月に、トランプはツイッターで台湾の蔡英文総統からの当選祝いの電話を受けたことを公表した。驚愕した中国政府は、「一つの中国」堅持を訴え、対米抗議を行った。トランプはさらに『ウォールストリート・ジャーナル』紙のインタビューで「一つの中国」政策を再検討することを示唆する発言に踏み込んだ。しかも、こうした「挑発的言動」は、貿易問題を中国と交渉するための手段である可能性が推測された。中国は一種の「報復措置」として、西アフリカの島国サントメプリンシペに台湾と断交させた。

　かつて、馬英九政権期には、武器売却などで米台関係が接近すると、中国の批判の矛先は台湾ではなく米国に向かった。しかし、蔡英文政権の場合に報復を受けるのは台湾になった可能性がある。このような中国の「弱者に報復する」行動により、トランプ政権のアプローチによっては総合的に見て「台湾に不利」になる可能性が出てきた。

　また、政治的経験がなく、米国経済しか念頭にないとされるトランプにとって、台湾は一種の「カード」に過ぎず、中国との「バーゲニング・チップ」にされかねないという懸念も指摘されている。実際に、北朝鮮の核兵器と大陸間弾道ミサイルの開発が進み、挑発行為が頻発するなか、4 月にフロリダで開催された米中首脳会談では、トランプ大統領の習近平国家主席に対する北朝鮮問題解決に対する強い期待が表明された。同時に、メディアは、F - 35 戦闘機など大型の対台湾武器輸出の可能性を報じたが、これは中国に圧力をかけるための仕掛けである可能性がある。

　トランプ政権には、台湾問題をめぐって米中関係をどこまで悪化させるか分からないという不確実性と、北朝鮮問題や米中の貿易問題での妥協さえ引き出せば、台湾を簡単に見捨てるかもしれないという不確実性がある。どちらの結果も中国や台湾の感情的な反応を引き出しやすく、次の不確実性を産む可能性がある。

「漢光32号演習」と「雄風Ⅲ型ミサイル」の誤射

　台湾最大規模の軍事演習である「漢光演習」は、通常何度かに分けて行われる。2016年の「漢光32号演習」は、まず4月にコンピューターを使った指揮所演習を行い、8月には蔡英文総統が検閲するなか、同系列の演習の中で最大規模の実動演習を挙行した。

　今回は、実動演習に合わせて、民間技術者まで動員して軍にサイバー攻撃をかけるなどして、より実戦に近い状況で演習が進められた。近年導入されたAH - 64EおよびUH - 60Mヘリコプター、P - 3C対潜哨戒機、および自主開発したUAS無人機、国産のCM-32雲豹型装甲車、鋭鳶無人機、ステルス機能をもつコルベットの沱江艦、盤石号補給艦、PAC - 3パトリオット・ミサイルなどの新しい装備が投入された。

　これら導入されて間もない兵器・装備の作戦能力が試されると同時に、三軍統合防空作戦能力および戦力保存による継戦能力の強化も図られた。米軍や米国の軍事専門家から指摘されている非対称戦能力についても、機雷敷設能力の向上などが実施された。空挺作戦および対空挺作戦、上陸作戦および対上陸作戦が行われ、初めてUH - 1Hヘリコプターが海軍陸戦隊の兵力を乗せて実施された。これらの演習では、特に統合能力の向上が図られ、その成果が大きく喧伝された。

　ところが、7月1日午前、高雄の左営港に停泊中の台湾海軍の艦艇から、艦対艦ミサイルである「雄風Ⅲ型ミサイル」が誤射され、澎湖島近海で操業中の台湾漁船に命中して死者が出るという事故があった。一歩間違えれば、中国の艦船に命中し、中台の偶発的な衝突に発展していた可能性もある危険な事故であった。何よりも、事故防止のため何重もの標準操作手順があったにも関わらず、軍港内に停泊中の艦船がミサイルを誤射するなどという事故は前代未聞である。台湾軍の士気や練度には計り知れない深刻な問題が潜んでいると言える。

（松田　康博）

コラム　サッカー大国への道

　中国でスポーツといえば、国技の卓球あるいは米国で活躍した長身の選手姚明のバスケットボールを思い起こすかもしれない。しかし、今の中国で最も旬なスポーツはサッカーである。中国でのサッカー人気は意外に思われるかもしれないが、習近平国家主席は大のサッカー好きで知られている。

　実際、習近平政権はサッカー強化を国策にしている。中国代表チームのワールドカップ本大会出場と中国へのワールドカップ誘致が目標である。そのために2016年3月には「中国サッカー中長期発展プラン（2016・2050年）」を発表し、サッカー強化のための短・中・長期計画を明らかにした。2020年までの短期目標はサッカーを校技とする学校数を2万、小中学生のサッカー人口を3,000万人以上にする。2030年までの中期目標では1万人当たり1カ所のサッカー場を設け、男子代表チームはアジアのトップチーム入りを果たす。そして2050年までの長期目標はサッカーの強豪国になることである。

　中国のサッカー強化は官民挙げての動きである。日本のJリーグに相当する中国のサッカーの1部リーグであるスーパーリーグは、有名監督の起用に積極的である。サッカー日本男子代表チームのザッケローニ元監督は、2016年に北京国安の監督をつとめた（成績不振のため年内に解任された）。現在アジア・チャンピオンリーグで優勝経験のある広州恒大はブラジル代表チームの監督をつとめたスコラーリ、杭州緑城は韓国代表チームの元監督の洪明甫が率いている。

　豊富な資金力で海外からスター選手も相次いで獲得している。2016年に広州恒大はコロンビア出身フォワードのマルティネスを約53億円で獲得し話題になった。2017年にはブラジル代表ミッドフォワードのオスカルが移籍金約73億円で上海上港に移籍した。中国のスーパーリーグからの破格のオファーは海外のスター選手には魅力的である。現在のチームとの交渉材料になるし、中国のチームに移籍すれば格段に収入が増える。しかし、移籍市場での選手の値段をつりあげることになる。

　中国による「爆買い」は日本ではひと段落したが、サッカーの移籍市場ではまだ続いている。「サッカー大国」を目指す中国の真価が問われている。

渡辺　紫乃
（上智大学教授）

第4章　ロシア

概　観

　なぜプーチン大統領の支持率は 80％以上と高いのか。一つは、「クリミア併合」などでプーチン氏がロシア国民の大国主義的ナショナリズムを満足させたからである。もう一つの説明は、ロシア国民における「ツァーリ（皇帝）崇拝」の伝統である。「皇帝の御心は正しいのに、彼の取り巻きや役人・政治家たちが私利私欲に走り、その結果国民が苦しんでいる」といった見方が帝政ロシア時代以来、今日まで連綿と続いている。これは「大統領と国民のテレビ対話」でも意図的に演出される。この対話は「プーチン皇帝」に様々な問題を「直訴」するというテレビ番組で、「皇帝」は即座に善処を約束し、それら諸問題がいかに見事に解決されたかが大々的に宣伝される。それゆえ毎年 4 時間余り続くこの対話には 80 人余りの国民が登場するが、申し込みは 500 万人にも上る。皮肉なことに、腐敗・汚職などで経済や社会が悪化するほど、国民は悪徳役人・政治家たちを懲らしめる「強い皇帝」を求め、政府や議会の信頼度だけが下がるのだ。

　大統領の高い支持率にもかかわらず、最近のプーチン政治で目立つのは、テロや下からの「カラー革命」に備え、治安維持機関が大幅に強化されていることである。

　経済・軍事面では、近年は油価の下落などで経済が悪化し、国家予算の面ではあらゆる項目が削減されている。しかし軍事費だけは聖域で、一貫して増加傾向を保ってきた。それが、2016 年の予算では、国防費も対前年実績の 1.3％減少とされ、ついに聖域もなくなったのかとの印象を与えた。しかし実際には、昨年 11 月の補正予算で軍事関連経費は 8,000 億ルーブルも追加され、国防費は対前年比で 18.7％も増加したという。「信頼できるのは軍事力のみ」というアレクサンドル 3 世の言葉は今も生きている。

　政府は、経済悪化も底をつきインフレ率も低下していると経済統計を示して強調する。しかし専門家の中には政府見解に懐疑的な者も少なくないし、国民の多くも政府発表を信じない。前述の「大統領との対話」で、ある国民が「政府はインフレ率低下を強調するが生活実感はまったく逆で、物価は大幅に上昇している。政府統計と買い物のレシートのどちらを信じるべきか」との痛烈な質問を出した。プーチン氏は「双方を信じるべきだ。政府統計は平均値だから」と苦しい答弁をしていた。国民の多くが同じ疑問や不信を抱いているので、この質問も意図的に取り上げられたのだろう。

　対外政策面だが、半年どころかひと月先も予見できない地殻変動の時代における

対外対応は、どの国にとっても大変だ。米国で「親露的」なトランプ大統領やティラーソン国務長官が誕生した時には、ロシアのある国営メディアの編集長は喜びの余り車の窓に米国旗とロシア国旗を掲げてモスクワ市内を走り回った。この後まもなく、「米露関係は史上最悪」という言葉がトランプ大統領の口から出ると誰が予想しただろう。

　中東、特にシリアに対しては、軍事面を含めてロシアが最大の影響力を有していると見られていた。59 発の米軍トマホーク巡航ミサイルが、この幻想をそしてプーチン氏の権威を打ち砕いた。「ロシアのムジーク（男）は、すり寄って来る者は喜んで利用するが内心は蔑視する。逆に、ぶん殴られたら、相手を恨む前に尊敬する」—プーチン氏が内心、トランプ氏をオバマ氏よりはるかに高く評価していることに間違いはない。

　北朝鮮の核・ミサイル開発にロシアは批判的態度を示しているが、一方では国際的に対北朝鮮制裁が発動される中で、ロシアと北朝鮮間に定期船万景峰号を新たに就航させた。

内政

プーチン人気の陰で首相・政府には不満

　2016‐2017 年のロシア内政は、表面的には安定している。その安定は、プーチン大統領に対する国民の高い支持率や 2016 年 9 月の下院選での与党の圧勝によっても裏付けられる。

　まずは、レヴァダ・センターによる一連の世論調査を見てみよう。「今度の日曜日に大統領選挙が行われるとしたらあなたは誰に投票するか」という質問で、プーチンと回答した者の比率の 2013‐2017 年の推移を見てみると、29%、49%、62%、53%、48% となっており（各年 4 月の数字、ただし 2016 年のみ 1 月の数字。以下、同様）、さらに特定の人物の名前をあげた回答者に限ると、プーチンと回答した者の比率は、64%、81%、82%、83%、83% となっており、2014 年以降、80% 台という高い数字が維持されている。また、「大統領としてのプーチンの活動にあなたは全体として賛成か反対か」という質問でも、やはり 2013 年以降、賛成と回答した者の比率が 63%、82%、86%、82%、82% と高い数字で推移して

いる。つまりプーチンに対する国民の支持率は非常に高く、2018 年に予定されている大統領選挙でも現時点ではプーチンに取って代わる可能性のある候補者は見当たらない。

　しかし、こうした高いプーチン人気の陰に隠れて目立たないが、メドヴェージェフ首相や彼の率いる政府に対する支持率は決して高くない。「首相としてのメドヴェージェフの活動にあなたは全体として賛成か反対か」という質問では、2013年以降、賛成／反対の比率は、52%／46%、60%／38%、66%／32%、54%／44%、44%／54% と推移しており、2017 年にはついに反対が賛成を上回っている。また、「政府の活動にあなたは全体として賛成か反対か」という質問に対する回答でも、賛成／反対の比率は、44%／55%、56%／42%、61%／38%、49%／50%、45%／53% と推移しており、過去 5 年間で賛成が反対を上回っていたのは 2014 年と 2015 年だけで、2013 年と 2016 年以降は、反対が賛成を上回っている。つまり、ロシア国民は、首相や政府の活動にはあまり満足していない。

　プーチン政権は、こうした表面的な安定に隠れた水面下の不安定要素の芽を摘むべく、2016‐2017 年も一貫して、国内治安を中心に引き締め策を継続し、以下に見るように、連邦国家警備部隊庁の設置、内務省の改編、「反テロ一括法」の制定などをおこなってきた。

連邦国家警備部隊庁の設置と内務省の改編

　2016 年 4 月 5 日付大統領令（2016 年 9 月 30 日修正補足）と 2016 年 7 月 3 日付「ロシア連邦警備部隊法」により、内務省内務部隊（内務省国内軍とも訳す）を母体として国家警備部隊（国家親衛隊とも訳す）が創設され、同部隊を擁する連邦国家警備部隊庁が設置された。連邦国家警備部隊庁には、①武器流通分野・民間警備活動分野の法令遵守に対する国家監督（監察）、庁外指定施設警備特別任務センターを含む庁外指定施設警備の実施機関、②地方機関即応特殊部隊、③地方機関機動特務部隊、④機動対応・航空部隊特務センターおよび航空部隊、などの内務省諸機関も移管された。

　連邦国家警備部隊庁の基本任務は、①内務機関と共同での、社会秩序維持、社会安全保障・非常事態体制の確保への参加、②テロ対策・反テロ作戦の法体

制確保への参加、③過激主義対策への参加、④国土防衛への参加、⑤重要国家施設および特殊貨物の警備、⑥連邦保安庁国境警備機関への支援、⑦武器流通分野・民間警備活動分野における法令遵守に対する連邦国家監督（監察）、庁外指定施設警備の遂行とされている。

　連邦国家警備部隊庁長官・国家警備軍総司令官には、ゾーロトフ内務第一次官・内務省国内軍総司令官が就任した。ゾーロトフは、1990 年代前半にサンクト・ペテルブルク市長の警護官を務めており、第一副市長だったプーチンと知り合ったとされている。

「反テロ一括法」の制定

　2016 年 7 月 6 日付「反テロ一括法」、正確には、「『テロ対策法』ならびにテロ対策および公安の補足的措置の導入に関するロシア連邦諸法令の修正法」と「テロ対策および公安の補足的措置の導入に関する『刑法典』および『刑事訴訟法典』の修正法」の制定により、「テロ対策法」、「刑法典」、「刑事訴訟法典」、その他の法律の修正が行われた。

　「テロ一括法」により、①反テロ作戦実施基準の明確化、②共和国・州等連邦構成主体の反テロ委員会の決定義務化の強化、③市町村等地方自治機関のテロ対策分野の権限の具体化、④輸送インフラ・燃料エネルギープラントに対する非合法的干渉行為に関する脅威情報の調査協力手続きの策定、⑤民間用銃刀・武器類似品の製造に際しての軍用・治安機関用銃火器の基本部分の利用の禁止、⑥「テロへの資金提供」概念の明確化、⑦連邦保安機関・対外諜報庁が国家機関および予算外国家基金（年金基金、社会保険基金など）から無償で情報システムおよびデータベースの提供を受ける権利の確立、⑧インターネットで情報配信を行っている通信事業者・ネット事業者、運輸配送事業者に対する追加的要請（接続情報・コンテンツの一定期間の保存義務づけなど）の策定、⑨宣教活動の規制強化、⑩テロ関連犯罪の刑事責任適用年齢の下限の 16 歳から 14 歳への引き下げ、⑪テロ関連犯罪の刑事責任の強化、⑫「国際テロ行為」に関する「刑法典」第 361 条の追加などがおこなわれた。

人事－知日派ナルイシキン、対外諜報庁長官に

　2016年7月28日、連邦国家警備部隊庁の設置と内務省の改編に関連して、一連の連邦管区大統領全権代表人事が発令された。まず、南方連邦管区にクリミア連邦管区が統合され、ウスチーノフ南方連邦管区大統領全権代表は留任、ベラベンツェフ前クリミア連邦管区大統領全権代表は北カフカス連邦管区大統領全権代表に任命され、前任のメリコフが連邦国家警備部隊庁第一副長官に任命された。また、ツカノフ前カリーニングラート州知事が北西連邦管区大統領全権代表に任命され、前任のブラヴィンは連邦税関庁長官に任命された。またニシャイロ前セヴァウトーポリ市知事がシベリア連邦管区大統領全権代表に任命された。

　2016年8月12日、在日ロシア大使館勤務経験もあるワイノ大統領府副長官が大統領府長官に任命され、前任のイワノフは自然保護・環境・運輸問題担当大統領特別代表に転出した。また9月22日、プーチン政権きっての知日派のナルイシキン前下院議長が対外諜報庁長官に任命された。

2016年下院選の結果－「統一ロシア」の圧勝

　2016年9月18日に実施された下院選挙の結果、各党の獲得議席数（増減）は、「統一ロシア」343（＋105）、ロシア連邦共産党42（－50）、ロシア自由民主党39（－17）、「公正ロシア」23（－41）、諸派2、無所属1となり、「統一ロシア」が下院の議席定数450の3分の2を大きく上回る圧勝となった。

　与党「統一ロシア」圧勝の要因は、今回の下院選挙が、2007年および2011年の完全比例代表制からそれ以前の小選挙区比例代表並立制に戻り、その225ある小選挙区のうち203選挙区で「統一ロシア」が議席を獲得したことである。他方、共産党と「公正ロシア」は、今回、比例区でも得票率を下げており、多くの議席を失う結果となっている。

　こうした下院選の「統一ロシア」圧勝に対し、反プーチン派からは選挙の公正さに対する疑念が示されたが、投票日1カ月前の世論調査結果と選挙結果に大きな違いはなく、選挙後の世論調査でも「選挙結果を本質的に変えるような選挙違反があった」と考える回答者は6％に過ぎず、選挙結果についても「非常に満足している」13％、「まあ満足している」37％、「あまり満足していない」18％、

「まったく満足していない」9% となっていて、ロシア国民の多くは選挙結果を受け入れている。しかし、今回の下院選の結果にまったく問題がなかったわけではない。第一は、投票率の低さである。グラフ 1 に見るように、2016 年の投票率は 47.88% に留まり、過去最低となったことである。第二は、低投票率の必然的な結果として、「統一ロシア」が圧勝したとはいえ、比例区における「統一ロシア」の得票数が減少していることである。「統一ロシア」結党後の 4 回の選挙の、獲得議席数 (2003 年および 2016 年は小選挙区の獲得議席を含む)、比例区得票数、比例区得票率は、グラフ 2 の通りである。かくして、実際に 2016 年の下院選に際して投票所に行って比例区の投票用紙の「統一ロシア」の欄にチェックを入れた有権者は、約 2,853 万人で、これは有権者総数約 1 億 1,006 万人のわずか 26% にしか過ぎないことになる。

グラフ1　下院選投票率の推移

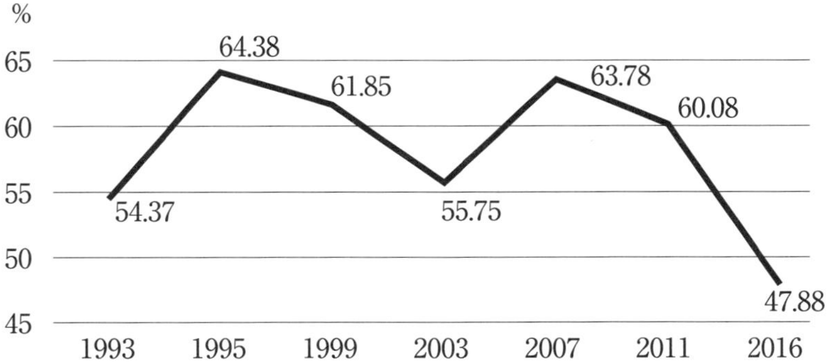

出所：ロシア連邦中央選挙委員会通報をもとに著者作成

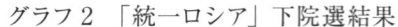

グラフ2 「統一ロシア」下院選結果

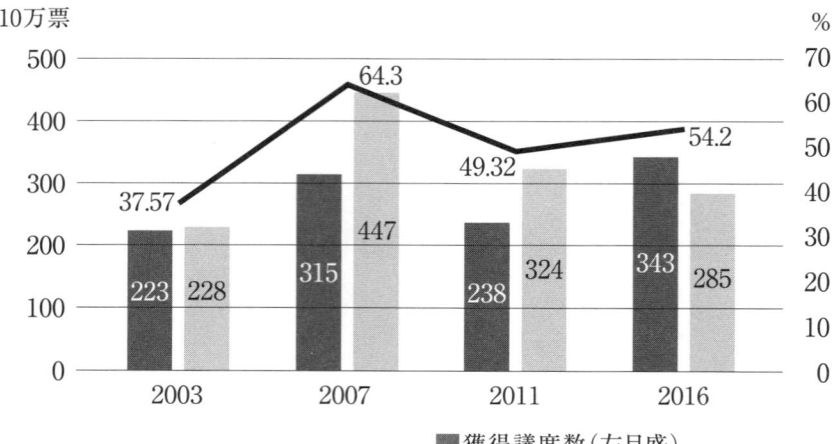

出所：ロシア連邦中央選挙委員会通報をもとに著者作成

　与党「統一ロシア」が下院の3分の2以上の議席を占めていることは、確か
に、ロシア内政が「表面的には安定しているように見える」大きな理由ではあるが、
その内実は、国民の政府への不満は強まっているものの、プーチンや「統一ロシア」
のオルタナティヴ（代わり／受け皿）も見当たらず、「統一ロシア」を積極的に支
持しているわけでもないということなのである。

（上野　俊彦）

経済

底を打った経済

　ロシア経済は、2015年からマイナス成長となっていたが、2016年にはGDPの
減少率が0.2％となり、底を打ったと見られる。四半期統計を見ると、2016年第
4四半期には、GDPは対前年同期比0.3％の増加を記録した。これには、油価
の下落が底を打ったことが寄与している。ウクライナ紛争に関わる欧米諸国によ

る経済制裁は続けられているが、ロシアの経済成長に対する直接的な影響はそれほど大きくない。

　GDP を生産部門別に見ると、2015 年に 4.6％減少した製造業において、2016年には 1.1％の増加となった。鉱工業統計によると、食品や化学は好調を維持しているが、近年の増産は輸入代替によるところが大きい。

　GDP を支出項目別に見ると、2015 年に 9.9％減少した総固定資本形成の減少が 2016 年には 1.8％の減少となった。投資統計によると、2016 年において投資を増加させる方向でもっとも大きく寄与したのは鉱業部門であり、対前年比14.4％の大幅な増加となっている。鉱業と運輸の投資の増加については、ヤマルLNG 関連の投資増加の影響が大きかった。

　2016 年における経済の大きな改善点は、2014 年から 2 年続けて 10％を超えていたインフレ率が 5.4％に下がったことであり、1991 年のソ連崩壊以降では、もっとも低い上昇率となった。これは、油価の底打ちとともに、ルーブル・レートの下落が止まったことによるところが大きかった。ルーブルの対ドル・レートは 2016年 1 月 22 日に 1 ドル＝83.6 ルーブルの最安値となったが、その後緩やかに上昇し、同年 12 月 31 日には 1 ドル＝60.7 ルーブルまで回復した。

続く油価低迷の影響

　以上のように、ロシア経済は多くの点で 2014‐2015 年よりは良い状況になったと言えるが、油価は依然として低い水準にあり、家計の所得や消費などの改善は遅れている。GDP 統計のなかの家計消費は、2015 年における対前年比 9.8％減少と比べると改善したものの、2016 年においても 4.5％減少した。

　油価の低迷は、対外経済関係の改善を遅らせている。輸出額は対前年比17.5％減少して 2,817 億ドルとなり、輸入額は 0.7％減少して 1,917 億ドルとなった。原油やガスの輸出は、数量では前年よりも増えたものの、金額では大きな減少となっている。輸入に比べて輸出の方が大きく減少したため、貿易黒字は 39.4％もの減少となり、900 億ドルとなった。この影響などにより、経常収支の黒字は63.7％も減少して 250 億ドルとなった。

　2014‐2015 年においては、経済制裁のもっとも大きな影響として、ロシアの銀

行・企業による国際金融市場での借換えのための資金調達が困難となり、銀行・企業は対外債務の返済を余儀なくされた。このため、銀行・企業の対外債務は2014年に1,034億ドル、2015年に709億ドルも減少したが、2016年には148億ドルの減少となっており、切迫感はいくらか緩んだと言える。

　輸出の中で武器輸出については、プーチン大統領によると、2016年のその輸出額は150億ドルであり、前年の145億ドルと比べて3.4%の増加となった。アルジェリア、ベトナム、中国、インドが主要相手国であったと見られる。

増加する国防費

　2016年の連邦予算の歳入は対前年比1.5%の減少、歳出は同5.1%の増加となった。対GDP比で見ると、歳入は、石油・ガス収入（石油・ガスの採掘税と輸出関税による税収）の減少により、近年では最低水準の15.7%となった。歳出は2015年をわずかに上回る19.1%となっており、財政赤字は2010年の水準に次ぐ3.4%という大きさとなった。歳出が増えたことには、2016年12月に国防費が8,000億ルーブルほど増やされたことが影響している。この追加支出のために、石油最大手の国有企業ロスネフチの株式19.5%が年末に慌ただしく売却され、その売却収入7,108億ルーブルが連邦予算の歳入に繰入れられた。

　ロシアの国防費は、ソ連崩壊以降、2009 - 2011年頃まで、連邦予算歳出総額に占める比重で見ても、対GDP比で見ても、傾向としては低下してきていたが、2012年頃から著しく増加した（グラフ3）。これには、2012年から軍人等の俸給の引上げがなされたこと、近代的な兵器の総合的な再装備を目的とする「2011 - 2020年の国家装備プログラム」が実施されたことなどが貢献している。

　一転して、2016年には超緊縮型の予算が立てられたことから、国防費も聖域とはならず、2015年実績と比べて1.3%の減少とされた。しかし、11月に連邦予算法の修正がなされ、12月に国防企業の債務負担を減らすというよく分からない名目で、8,000億ルーブルもの追加支出がなされた。月別の歳出実績によると、12月の国防支出は1兆4,274億ルーブルに達した。この結果、国防費は対前年比18.7%もの増加となり、連邦予算歳出総額に占める比重は23.0%、対GDP比では4.4%となり、ほぼソ連崩壊時点の水準になった（グラフ3）。

　2016 年 12 月 19 日に採択された 2017‐2019 年の連邦予算法では、2017 年
に歳入が対前年比 0.2％の増加、歳出は同 1.1％の減少とされ、財政赤字は対
GDP 比 3.2％となっている。その中で、国防費も 29.5％の減少とされているが、
上述の 8,000 億ルーブルの増額がなかったならば、4.7％の減少ということになる。
　2016 年の財政赤字の 7 割余りは、予備基金を取崩すことにより補填された。
予備基金は、2004 年以降、油価下落に備えて、石油・ガス収入を外貨建てで貯
めてきたものであるが、2016 年の 1 年間に年初残高の 3 分の 2 以上が取崩された。
財政赤字補填には、国有企業の株式売却収入も充てられた（ロスネフチの株式
売却は、同社の株式の 69.5％を所有する 100％国有企業のロスネフチェガスの所
有株式の売却であったので、ロスネフチェガスからの配当として、歳入に繰入れ
られた）。予備基金は 2017 年中に底を突く見込みであり、2017 年の財政赤字は、
石油・ガス収入で蓄えられてきたもう一つの基金である国民福祉基金（2017 年初
め現在、対 GDP 比 5.1％の大きさ）の取崩し、国有企業の私有化収入、国債発
行などで賄われることになっている。

グラフ 3　ロシアの国防費の推移

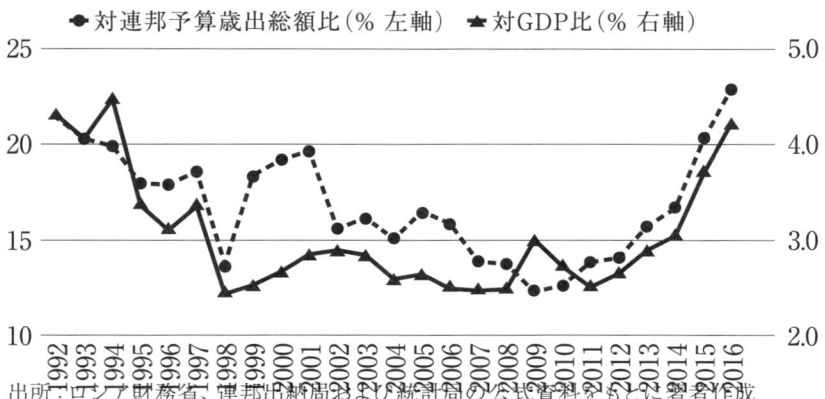

出所：ロシア財務省、連邦出納局および統計局の公式資料をもとに著者作成

足踏みする極東開発

　2016 年の地域別 GDP データはまだ得られないので、鉱工業生産データを見る

と、2016 年には極東連邦管区では 1.8%生産が増加しており、ロシア全体の伸び率 1.3%を少し上回る結果となった。2015 年には、ロシア全体が 0.8%の減少であったのに対して、極東では 7.4%の増加であったが、これは、サハリン州で 19.4%もの増加が記録されたためであった。2016 年におけるサハリン州の鉱工業生産増加率は 6.5%であった。

　投資については、2015 年にはロシア全体が 10.1%の減少であったのに対し、極東は 1.1%の減少に留まっていたが、2016 年にはロシア全体の 0.9%の減少に対し、極東は 2.9%の減少で、ロシア全体よりも悪いパフォーマンスとなった。極東における投資の 27.9%を占めるサハ共和国では投資が 28.8%増加したが、25.2%を占めるサハリン州において投資が 18.8%減少したほか、沿海地方で 17.2%、マガダン州で 38.8%減少したことが原因であった。

　小売商品売上高では、ロシア全体の 5.2%の減少に対して、極東は 2.5%の減少、平均賃金はロシア全体の 0.7%の増加に対し、極東は 0.3%の減少であった。

　極東連邦管区の人口については、2016 年に 1.2 万人の減少に留まり、これはソ連崩壊以降ではもっともよい実績であった。この内訳は、出生数から死亡数を差し引いた自然増加数が 0.5 万人、流出者から流入者を差し引いた人口の純流出者数が 1.7 万人となっている。

　国家プログラム「極東・バイカル地域の社会・経済発展」は 2014 年 4 月 15 日付政府決定第 308 号で承認されていたが、2016 年 8 月 9 日付政府決定第 757 号と 2017 年 3 月 30 日付政府決定第 365 号で全面改訂された。2015 年 8 月 4 日付政府決定第 793 号で採択された連邦目的別プログラム「2016 - 2025 年におけるクリル諸島（サハリン州）の社会・経済発展」は、現在では、この国家プログラムを構成するものとして位置付けられている。

　極東・バイカル地域の国家プログラムについては、2016 年に連邦予算から 353 億ルーブルの支出がなされた。内訳は、極東発展省が 179 億ルーブル、連邦道路局が 134 億ルーブル、連邦航空運輸局が 33 億ルーブルなどとなっている。極東発展省の内訳では、投資プロジェクト国家支援に 96 億ルーブル、先進社会経済発展区の創設・発展に 44 億ルーブルなどとなっている。

　クリル諸島（千島列島）の連邦プログラムについては、2016 年に連邦予算から

954 万ルーブル、サハリン州予算から 12 億 181 万ルーブル、これらの予算外から 23 億 7,067 万ルーブル、合計 35 億 8,208 万ルーブルの支出があったと報告されている。サハリン州予算からの支出のうち 5 億 7,516 万ルーブルは、就学前施設などの教育施設の建設に当てられた。予算外からの支出については、21 億 8,106 万ルーブルの民間投資が漁業の発展に向けられた。

（田畑　伸一朗）

対外政策

ロシア対外政策の基本方向

　2016 年から 2017 年にかけて、トランプ政権の登場、英国の欧州連合（EU）離脱、米軍のシリア基地攻撃、中東情勢の混乱、北朝鮮問題など予見不能の地殻変動で世界が振り回された。今日再び、18 世紀から 20 世紀前半の歴史時代に酷似した新たな地政学の時代が到来したとの感を否めない。今私たちは、「冷戦時代の安定」が、むしろ歴史の例外だと思い知らされた。この状況の中で、ロシアは米トランプ政権の誕生を当初は喜んだが、やがてトランプ大統領をして米露関係は「史上最悪」と言わしめる状況になり、EU との関係も厳しい状態が続いている。その背景はウクライナ問題、シリア問題で依然として欧米と激しく対立し、欧米による対露制裁も続いていることにある。この新たな地政学時代におけるプーチン政権の対外政策を説明したい。

　今日のロシアの対外政策の根底にある発想は、外部世界全体を「適性の世界」と見るロシア伝統の被害者意識あるいは被包囲意識である。近年ロシアでは 19 世紀末のアレクサンドル 3 世皇帝の次の言葉がしばしば想起されている。

　「我々は敵国や我々を憎んでいる国に包囲されているし我々ロシア人には友人はいない。我々には友人も同盟国も必要ない。最良の同盟国でも我々を裏切るからだ。ロシアには二つの同盟者しかいない。それはロシアの陸軍と海軍である。」

　2017 年 6 月にロシアのラブロフ外相もロシアのラジオで次のように述べた。「国外ではロシアは悪魔化されている。歴史上、ほんの例外を除いて、わが国のパートナーが我々に対して正直だったことはない。わが国の対外政策のコンセプトは、

すべてのパートナーと相互利益を基礎にすることを前提にしているが、しかし次のことを理解しておく必要がある。すなわち、我々にとって主たる同盟者は、陸軍、海軍さらに現代では空・宇宙軍である。」反動的皇帝とされているアレクサンドル3世の言葉を念頭に置いた言葉だ。つまり、反動的な時代の帝政ロシアと現在のロシアの対外政策は、その基本的発想法においてはほとんど変化がない。

　他方でロシアは、「クリミア併合」以来の国際的孤立や対露制裁から脱却する努力も行っている。プーチン政権はシリア問題がウクライナ問題を後景に追いやり、欧米との対テロ作戦での協力がそのきっかけになると期待した。アジアでは、潜在的には対立する中国と何とか折り合いをつけて戦術的には協力関係を世界にアピールしている。また日本とは安倍首相との関係を基礎に、外務・国防担当閣僚会議（2プラス2）の復活に「クリミア併合」以後初めて成功し、経済協力の約束も取り付けた。

　しかし実際にはシリアやウクライナをめぐる欧米との不信も解消しておらず、現実はラブロフ外相の言葉が示している。国際的に対露不信を大きく強めたのは2016年7月に大問題になったロシアのオリンピック選手の国家ぐるみのドーピング疑惑だ。世界反ドーピング機関（WADA）はロシア選手のリオデジャネイロ・オリンピックへの出場禁止を決定したが、国際オリンピック委員会（IOC）はパラリンピック選手団を除き大部分のロシア選手を出場させた。日露関係でも、2015年12月にプーチン訪日が実現したが、その直前にロシアは北方領土へのミサイル配備を公表し、北方領土問題は解決とは逆に、ロシア政権は軍事面を含めロシア化をますます進めている。日本国内では、プーチン訪日によってかえってロシアへの失望感が強まった。

期待から失望に転じた対米政策とロシアの欧州分断策

　2016年11月8日の米大統領選でトランプ氏の当選が決まった時、ロシア下院では歓声上がった。トランプ氏は選挙期間中プーチン氏を「偉大な大統領」と持ち上げていたし、彼はロシアによる「クリミア併合」といった主権侵害問題にも欧米の対露制裁にも関心がなかったからだ。その後、ティラーソン・エクソンモービルCEOが米国務長官に指名された時も、ロシア議会は沸いた。彼はロシアで

のエネルギー開発に長年従事してプーチン氏とも懇意で、ロシアの国家友好勲章も受けた人物だからだ。彼も「クリミア併合」を問題にせず、対露制裁にも反対していた。ロシアにとって好都合な人物が米国の指導者になり、プーチン政権は、対露制裁もロシアの孤立も終わると期待した。

　ロシア政府は、米大統領選挙期間中あるいはその前から、トランプ陣営の主要人物と接触していた。また、民主党ヒラリー・クリントン大統領候補へのロシアからのサイバー攻撃疑惑も米国で高まっていた。このような状況下、今年 2 月に、フリン大統領補佐官がロシアとの不適切な接触を理由に辞任に追い込まれた。陣営指導部の更なる疑惑も浮上する中、トランプ氏はロシアに対して毅然たる姿勢を示さざるを得なくなった。ティラーソン長官も 2 月の上院公聴会での宣誓で「ロシアは脅威」と断言し、2 月の NATO 国防相会議で、マティス新国防長官は、過激派テロやサイバーテロよりも「ロシアの軍事的侵略」を NATO の第一の脅威に挙げた。こうしてプーチン政権のトランプ政権への期待も急速にしぼみ、それは失望や反感に取って代わった。

　欧州へのプーチン政権の基本政策は、ロシアに最も厳しい英国の EU 離脱を歓迎し、やはり EU 離脱を唱えるルペン仏大統領候補やいくつかの国の親露派を支援して、EU が反露で結束することを防ぐことにある。ただ、ルペン氏は 5 月の大統領決選投票に敗れた。東欧・中欧政策では、バルト 3 国やポーランドが NATO との軍事結束を強化しスウェーデンも対露警戒を強めているが、ロシアは軍事演習の強化などで対抗している。またハンガリーなど一部旧東欧諸国の親露政策を支援して、EU のブルガリアへの圧力でガスパイプライン「サウスストリーム」建設が挫折した事態が再発するのを防ごうとしている。

守られない欧米とのウクライナ停戦合意

　「クリミア併合」で G8 から外され孤立したロシアは、2014 年 9 月の停戦合意「ミンスク 1」が事実上ロシア支援下の親ロシア派武装勢力によって直ちに反故にされた後、2015 年 2 月の「ミンスク 2」によって西側との対立を解消し新たな関係を構築するかに思われた。シリア問題などの先鋭化により、ウクライナでの停戦合意は一時期には守られているかに見えたが結局は破られ、欧米はロシアがクリ

ミアのロシア化と統制を強化し、ウクライナ東部に介入し続けていることを批判している。ウクライナ経由のガスパイプライン問題も未解決だ。この状況下で2016年12月のEU首脳会議で、今年1月まで延長されていた対ロシア制裁がさらに半年延長され、それが解除される見通しは立っていない。ロシアも欧米に対する食料品輸入禁止など対抗的逆制裁を続けている（2017年5月現在）。

　「クリミア併合」は力による国際秩序の変更だとして、主要な欧米諸国は今もウクライナへの返還を求めているが、ロシア政権にはその交渉に応じる姿勢はない。

中東政策─シリアでの打撃と複雑なトルコ、サウジアラビア関係

　プーチン大統領の対外政策および国際・国内的権威にとって強烈な打撃となったのが、米海軍のトマホーク巡航ミサイル59発による地中海からのシリアの空軍基地攻撃である。これは反体制派が支配するシリア北西部イドリブ県ハンシャイフンで4月4日に起きたアサド政権軍による化学兵器（サリン）使用が疑われる空爆（死者88人）に報復するものだった。トランプ大統領の指令により米軍は日本時間4月7日、ハンシャイフン攻撃の軍用機が発進したとされるシリアの空軍基地に対し、地中海からトマホーク巡航ミサイル59発を発射した。このときトランプ氏は訪米中の習近平中国主席と会談中で、中国にも大きな衝撃を与えた。アサド政権およびロシア政府は、サリン使用の事実を全面的に否定しているが、国際社会では大部分の国が、アサド政権が隠匿していたサリンを使用したと見ており、ロシアの複数の独立系メディアも、アサド政権のサリン使用を詳しく報じている。シリアにはS-400などロシアの最新ミサイルが配備され、アサド政権を支援するロシア軍が同国を防備し、シリアはロシアの影響圏と見られていた。

　プーチン政権にとって屈辱だったのは、米軍が攻撃した空軍基地はロシア軍も使用しており、トマホークの攻撃の2時間前に米国はロシア側に攻撃を通知してロシア軍人の被害を避ける余裕を見せており、またシリア軍もそれを支援するロシア軍も、何の対抗策も打てなかったことだ。トランプ氏はさらに、「米露関係は史上最悪」と言いながら、その発言の日（4月12日）に予定通りティラーソン国務長官をロシアに派遣し、ロシア首脳と会談をさせるという余裕も見せた。プーチン氏は一方では米国との関係維持に多少安堵するとともに、他方では屈辱感も

一層深まった。

　米国のシリア空軍基地爆撃により、プーチン氏のトランプ観は一変した。それまでは、トランプ大統領は内向きのビジネス取引志向だと内心みくびっていた。しかし、ロシアのムジーク（男）はぶん殴られると相手を恨む前に尊敬する。強烈なパンチを食らったプーチン氏のトランプ評は一変し、屈辱感を抱きながらもその後はプーチン氏の方からトランプ氏に対話を求める姿勢を見せている。内心は一目も二目も置いているのだ。これは「レッドライン」を宣言しながら何もできなかったオバマ大統領への態度と対照的である。

　ロシア・トルコ関係の変化も目まぐるしい。一昨年 9 月には両国は蜜月関係を演出したが、同年 11 月にトルコ軍によりロシア戦闘爆撃機が撃墜された。ロシアは NATO 加盟国トルコへの軍事対応はできず、強烈な経済制裁を発動した。これに音をあげたトルコのエルドアン大統領は、2016 年 8 月プーチンに詫びを入れて関係は修復した。しかし、米軍のシリア攻撃をトルコが支持して、両国関係はまた悪化し、ガスパイプライン「トルコストリーム」の行方も不透明だ。ロシアは 2017 年 1 月、カザフスタンのアスタナで、ロシア、イラン、トルコによるシリア問題解決の会議を主導したが、結論は出ていない。ロシアはシリア、イランだけでなくエジプトやサウジアラビアとも関係強化を図っている。しかし、シーア派で親露のイラン、シリアの指導部と真っ向から対立するスンニ派のサウジアラビアとの関係構築も複雑だ。

神経を尖らす中央アジアへの政策

　ロシアは中央アジア諸国の動向に神経を尖らせている。長期的には「一帯一路」政策に中央アジアを巻き込む中国との勢力圏争いが無視できないが、現在においてはそれ以上に深刻な問題がある。それは、経済基盤が弱く政権の不安定な中央アジア諸国から数千人（5 千人前後と言われるが正確な数は不詳）の若者がシリアなどのイスラム過激派支配地域に出国して訓練を受け、戦闘に加わっており、彼らの中央アジア諸国やロシア国内への影響が懸念されるからだ。事実、2017 年 4 月のサンクトペテルブルグにおける地下鉄爆破テロ事件（死者 14 名、負傷者四十数名）は、中央アジア系のロシア国民が首謀者だと発表された。このテロ

事件はプーチン政権とロシア国民に大きな衝撃を与えた。というのは、ロシアでは 2014 年のソチ・オリンピックに向けてテロ抑制に成功したと見られていたし、また今回の事件がプーチン訪問時に合わせて実行されたからである。ちなみに首謀者は、キルギスの南部オシ（フェルガナ盆地）生まれの 22 歳のウズベク系とされており、キルギス、ウズベキスタン、タジキスタンにまたがるフェルガナ盆地は、イスラム過激派の温床でもある。今後は、中央アジア諸国からロシアへの数百万人のイスラム系移民への対処が、ロシアの国内問題だけでなく対外政策の重要課題ともなる。

（袴田　茂樹）

極東政策

対中政策 ― ウクライナ危機で対中傾斜進む

　2014 年のウクライナ危機で欧米の経済制裁を受け、国際的に孤立するロシアは、中国との包括的パートナーシップと戦略的協力で苦境を突破しようとしてきた。プーチン大統領と習近平国家主席は 2016 年も計 5 回首脳会談を行い、国際舞台での協力や二国間関係の発展策を討議した。しかし、ロシアの経済苦境や中露両国の経済構造の非対称性などから、関係が停滞する動きもみられた。トランプ米政権の発足後、米中関係は一定の安定軌道に乗ったが、ロシアが期待した米露関係改善は後退した。アジア太平洋でも、ロシア外交は成果が上がっていない。

　中露は毎年 1 回公式首脳会談を行うが、プーチン大統領は 2016 年 5 月に中国を公式訪問し、習近平国家主席と会談。中国のシルクロード経済帯「一帯一路」構想とロシアのユーラシア経済同盟の連携を推進していくことで一致し、インフラ建設協力、エネルギーなど 30 以上の協力文書に調印した。9 月の杭州での会談で、プーチン大統領は南シナ海問題をめぐる仲裁裁判所の裁定を中国が拒否したことについて、「ロシアは領土紛争には中立だが、裁定については中国の立場を支持する」と述べた。

　両国海軍は 9 月に南シナ海北部で合同軍事演習を実施し、アジアで軍事的プレゼンスを高める米国に対抗する姿勢を示した。両国は米国による最新鋭地上

配備型迎撃システム「ターミナル段階高高度防衛ミサイル（THAAD）」の在韓米軍への配備に反発し、5 月にモスクワで弾道ミサイルなどの迎撃に向けた机上演習を初めて実施した。

ロシアは 2014 年のウクライナ危機で欧米諸国から経済制裁を受けると、中国に一段と傾斜したが、中国はウクライナやシリア情勢をめぐりロシアと欧米の間で一定の均衡を保ち、ロシアを優先しようとしなかった。中国はウクライナとも経済・貿易関係を強化し、ウクライナの最大の武器輸出相手国となった。ロシアが期待する天然ガス輸出でも、いったん合意したガスパイプライン敷設計画は 2016 年を通じて進展しなかった。中国はエネルギーの購入源を多角化しており、ロシアへの依存度を下げているのが実情だ。

ロシア国内では、中国のジュニア・パートナーに甘んじることへの懸念から、中国と矛盾を抱える日本、韓国、ベトナムなどと連携して中国の行動を抑制すべきだとの議論も出てきた。ロシアが 2016 年 5 月にソチで、ロシア・ASEAN（東南アジア諸国連合）首脳会議を開催し、ASEAN 首脳を初めてロシアに招いたこともアジア外交多角化の一環と見られた。プーチン大統領は会議で、ユーラシア経済連合と ASEAN の自由貿易圏を創設する構想を提案し、軍事、ビジネス、エネルギーの各分野で関係拡大を訴えた。しかし、双方の経済的利害関係は小さく、具体的な成果は得られなかった。

対朝鮮半島 － 北朝鮮制裁に異議

北朝鮮の金正恩政権が進める核実験やミサイル発射実験に対して、ロシアは安保理決議違反と非難しながら、追加制裁をめぐる国連安保理決議案の審議では、文言の修正を要求して引き伸ばし戦術を行い、制裁措置の緩和に動いた。北朝鮮問題で中国は 2017 年 4 月の米中首脳会談を経て、米国寄りの姿勢を見せたが、ロシアの抵抗は北朝鮮を擁護するというより、世界的に展開する反米外交の一環といえる。

2016 年 9 月の北朝鮮の 5 度目の核実験に対して、ロシア外務省は「安保理決議や国際諸法規に違反する」と非難したが、米側が提出した安保理決議案の審議で多くの修正を求め、北朝鮮へのモノやカネの流れを遮断するには至らなかっ

た。ロシアは最終的には追加制裁を承認したものの、決議採択まで2カ月以上要した。2017年4月の北朝鮮のミサイル発射に際して、安保理は「最大の懸念」を示す声明案を検討したが、ロシアが異議を唱え、採択されなかった。

プーチン大統領は2017年4月の日露首脳会談後の共同記者発表でも、日米韓三国が北朝鮮への強硬姿勢を貫いていることを念頭に、「落ち着いて対話を続けることが必要だ。6者協議の再開は共通の課題だ」と述べ、外交努力の継続を訴えた。ロシアと北朝鮮は2017年5月から、ウラジオストクと北朝鮮北東部の羅先経済特区を結ぶ定期航路を開設。日本政府が独自制裁で入港を禁止した北朝鮮の貨客船「万景峰号」を就航させた。ロシアで働く北朝鮮出稼ぎ労働者や物資の輸送が強化されることになり、国連安保理による対北朝鮮制裁の「抜け穴」になる可能性がある。

ロシアは従来、北朝鮮問題で中国と共同歩調を取ってきたが、中国は安保理決議を受けて北朝鮮の石炭輸入を禁止しており、中国よりも北朝鮮寄りの姿勢を鮮明にした。しかし、金正恩政権との政府間接触は2016年を通じてほとんどなく、ロシアの北朝鮮擁護は米国を妨害する外交工作の一環といえそうだ。

対日政策 ─ 4島の共同経済活動に前進

プーチン大統領の訪日は2017年12月15、16日にようやく実現し、首脳会談は安倍首相の地元・山口県長門市の温泉旅館に一泊して行われ、翌日東京で会談を続けた。両首脳は「プレス向け声明」の形で、北方4島での共同経済活動に関する協議開始と元島民の墓参など訪問拡大で合意したと発表した。しかし、共同声明は発表されず、領土帰属問題でも進展はなかった。

プーチン大統領の公式訪日は当初2014年に予定されていたが、ウクライナ危機のあおりで大幅に延期された。この間、安倍首相は4回連続して訪露し、本来の相互主義に反するとの指摘もあった。両首脳は2016年には、5月のソチ、9月のウラジオストク、11月のリマと首脳会談を重ね、必ず二人だけの会談を設定して平和条約交渉を協議した。首相はソチでの会談後、「アイスブレイクができた」と述べ、ウラジオストクでも「平和条約交渉の手ごたえを強く感じた」と発言した。メディアでは、ロシアが歯舞、色丹を引き渡し、国後、択捉は継続協議とする「2

島プラス α（アルファ）」論が有力視されるなど、期待感が高まった。

　しかし、プーチン大統領の姿勢は予想以上に硬く、事実上の「ゼロ回答」だった。大統領は共同記者会見で、領土問題の見解を詳しく表明し、「ソ連は第二次大戦の結果、サハリンだけでなく、南クリールを取り戻した」とし、ロシアにとって4島領有は領土返還だったとの認識を示した。また、「われわれは56年宣言の枠内で交渉を始めた」と述べ、歯舞、色丹両島の引き渡しだけが交渉対象になることを表明した。大統領は訪日前の読売新聞との会見で、「4島の要求は56年宣言の枠を逸脱している」とし、国後、択捉は交渉対象にならないことを強調していた。

　さらに、2島返還もすぐに実行されるわけではなく、「決着には経済活動や安全保障など多くの問題が存在する」と述べ、島の非武装化や日露の経済協力、4島での共同経済活動など信頼醸成が不可欠とし、引き渡しは信頼関係を築いた後になることを示唆した。記者会見での発言は強硬な新要素を含んでおり、今後は歯舞、色丹の引き渡しを叩き台にして、2島で厳しい条件闘争を挑むというものだった。「2島プラス α」ではなく、「2島マイナス α」の解決策ともいえる。

　安倍首相はこの厳しい発言を隣で微笑みながら聞き、「双方が自国の主張を繰り返していては、いつまでたっても解決できない」と抽象論を繰り返すだけだった。自民党の二階幹事長は会談結果について、「国民の大半が失望している」と冷淡だった。会談結果は、近年戦勝史観を掲げて愛国主義を高揚させてきたロシアが、領土問題解決のハードルを一段と高めたことを示した。首脳交渉の総決算となる大統領訪日で、安倍首相の外交努力は不調に終わった。

　両国はまた、安倍首相が提示した対露8項目協力方針に沿って、計82の経済協力プロジェクトの文書や覚書に署名した。欧米から厳しい経済制裁を受けるロシアにとって、G7議長国・日本との経済協力を打ち出したことは、「制裁の包囲網を突破した」（『コメルサント』紙）と評価されている。

　4島での共同経済活動が実現すれば、戦後初めて日本人や日本企業が島で経済活動に参画することになり、日本側は領土交渉進展を図る環境整備にしたい構えだ。安倍首相は「平和条約締結への重要な一歩だ」と強調した。しかし、ロシア側は「ロシアの法律に矛盾しない条件下で実現しなければならない」（モル

グロフ外務次官）としており、日本側の進出を可能にする「特別な制度」の構築は容易ではない。共同経済活動に関する第1回会合が2017年3月東京で行われ、日本側は漁業、観光、医療などの分野で具体案を提示した。

　安倍首相は関係改善のモメンタムを維持するため、2017年4月末にモスクワを訪れ、プーチン大統領と会談した。共同経済活動に向け官民合同調査団を島に派遣することを決め、また元島民が初めて航空機を使って特別墓参を行うことや、訪問を簡素化するため出入域拠点を拡充することを決めた。しかし、領土帰属問題が討議された形跡はない。ロシア側は共同経済活動の実施を平和条約交渉再開の条件と位置付けつつあり、領土交渉自体が遠回しになった形だ。

（名越　健郎）

軍事

軍事態勢全般

　2016年12月に実施された国防省拡大幹部会議によると、2016年度のロシア軍の人員充足率は93％であった。ロシア軍の定数はこの時点で100万人ちょうどとされていたことから、実際の兵力は93万人程度に達したと見られる。このうち、志願によって3年間勤務する有給の契約軍人（兵士または下士官）は38万4,000人となり、2015年よりも3万2,000人増加した。一方、徴兵は春と秋に約15万人ずつ、合計30万人が招集され、おおむね例年通りであった。このほかには将校の定数が22万人とされている（合計しても93万人に届かないが、残りは学校生徒等と見られる）。なお、2017年3月28日の大統領令第127号により、ロシア軍の定数は1万3,628人分増員され、101万3,628人となった。

　訓練・演習活動および実任務については、経済状況の厳しい中でも活発に実施された。国防省拡大幹部会議で報告された主要指標は次の通りである。

● 長距離航空軍による哨戒飛行（ノルウェー海、北海、黒海、日本海、黄海、西太平洋、太平洋北西部、北極海）：17回
● 海軍による長距離航海（北極海、大西洋中央部および北部、カリブ海）：121回

- アデン湾での定期的な対海賊作戦の実施
- 地中海作戦コマンド：平均 15 隻の艦艇を派遣
- 5 回の抜き打ち演習を実施（全軍管区、軍種、兵科が参加。その他の政府機関および地方自治体の機関の参加も増加）
- 戦略指揮参謀演習「カフカス 2016」を実施（4 個軍が最大で 2,500km 機動して再編成を行い、ロシア南方における国家安全保障上の脅威に対する対処能力を実証）
- 作戦級および戦術級演習を合計 3,630 回実施（うち、1,250 回が軍種間合同演習）
- 年間飛行時間が 21%、水上艦および潜水艦乗組員の航海時間が 1.7 倍、空挺部隊隊員の降下回数が 5% 増加
- 1 日あたり 130 カ所の演習場が使用され、演習場稼働率は 89% から 98%

　組織面に着目すると、2016 年中は軍種や兵科の統廃合といった大きな動きは見られなかった。一方、個別の戦闘単位に着目すると、陸軍において師団が復活しつつある。2008 年以降にセルジュコフ国防相が進めたロシア軍改革では、原則的に師団を廃止し、より小規模で機動性の高い旅団が地上兵力の主力となった。ところがセルジュコフ国防相の失脚後は西部軍管区を中心に師団が復活する傾向がみられ、2016 年 5 月には 3 個師団の新設が明らかにされた。これに先立つ 2015 年には、西部軍管区内に第 1 戦車軍が設置されており、ソ連崩壊後初めて戦車軍が復活していた。ウクライナ危機をめぐって欧州との軍事的対立が高まる中、一度は廃止された重編制が見直されつつあるものと言えよう。

　2016 年度連邦予算法の当初の規定では、同年度の国防予算（ここでは予算項目 02「国防」に含まれるものを指し、その他の軍事関連支出は含まない）は 3 兆 1,450 億 9,070 万ルーブルとされていた。2015 年度に比べて 1,400 億ルーブルほどの削減であり、昨今の苦しい経済状況を反映した緊縮予算であったと言える。ところが、その後の予算補正によって 2016 年度の国防予算は 3 兆 8,889 億ルーブルとなり、対 GDP は 4.9% にも達した。政府保証のもとに軍需産業各社が銀行から借り入れていた資金のうち、焦げ付いていたものを臨時予算で一気に返済したためとされるが、今後も同様の補正が行われるようであれば、経済危機の影響が軍需産業にも広がりつつある証左として注目されよう。

軍事支出

表 - 1 2015 - 2019 年度の国防費および内訳（単位：ルーブル）

項目	2015 年	2016 年		2017 年	2018 年 （計画）	2019 年 （計画）
		当初予算	補正後			
ロシア連邦軍	2 兆 5,725 億	2 兆 2,334 億	2 兆 8,847 億	2 兆 1,504 億	2 兆 1,698 億	2 兆 1,805 億
動員準備および軍以外での訓練	59 億	54 億	69 億	53 億	54 億	53 億
経済の動員準備	55 億	38 億	36 億	34 億	33 億	32 億
核兵器コンプレクス	420 億	484 億	456 億	452 億	452 億	452 億
軍事技術協力分野における国際的義務の履行	64 億	95 億	94 億	101 億	102 億	105 億
国防分野における応用技術研究	2,932 億	3,112 億	4,326 億	3,469 億	2,139 億	17,643 億
国防に関するその他の諸問題	3,613 億	5,331 億	5,062 億	2,745 億	2,806 億	3,949 億
合計	3 兆 2,868 億	3 兆 1,451 億	3 兆 8,890 億	2 兆 8,353 億	2 兆 7,283 億	2 兆 8,160 億
対 GDP 比	4.2%	3.99%	4.9%	3.27%	2.95%	2.85%

出所：各年度の連邦予算法をもとに筆者作成

　一方、2017 年度から 2019 年度までの国防予算は 2 兆 7,000 - 8,000 億ルーブル台とされており、3 兆ルーブルを下回る見込みとされている。これをどのように解釈するかは、基準をどこに置くかにもよって大きく異なる。例えば 2015 - 2016 年の国防費が 3 兆ルーブルを超えていたことを考えればかなりの減額であるが、ウクライナ危機以前の水準（2 兆ルーブル内外）と比較すれば、依然として巨額の支出である。一方、対 GDP 比で見た場合には、2018 年以降には 3% 以下というグルジア戦争前の水準まで低下することが見込まれており、マクロ経済に対

する軍事負担の軽減が意図されていることが読み取れよう。

　なお、国防費の使途については表‐1に示した通りであり、大部分が「ロシア連邦軍」向けとなっている。これ以上の細かい使途については機密扱いとされている部分が多く、判然としない。かつてのロシア軍では装備調達費は微々たるものであり、予算の大部分が人件費や日常の運用予算で消化されていたために問題とならなかったが、2016年度予算では「秘」の部分が全体の72%（約3兆9,000億ルーブル中の約2兆8,000億円）にも達した。また、2016年度の連邦予算法では、従来のように直接的に国防に関わる予算項目だけでなく、住宅、教育、社会保障、国家経済、文化等の項目でも予算が秘匿されるようになった。これは各予算項目のうち、国防や保安に関連する部分（例えば軍・保安機関向けの住宅建設や教育費用等）が新たに秘匿対象とされた結果と見られ、これらの国防関連費を含めた実際の軍事支出の総額は4兆2,000億ルーブル（GDPの5.3%）にも達するという推定もある。

装備近代化の動向

　国防省拡大幹部会議での報告によると、2016年中に実施された装備調達によって、ロシア軍（常時即応部隊のみ）における装備近代化率は58.3%、装備稼働率は94%に達した。また、ここで報告された数字を各種の報道を総合すると、主要な調達項目は以下に示す表‐2の通りと考えられる。

表‐2　2016年中の主要な装備調達（判明分のうち、主要なもの）

	項目	国防省拡大幹部会議報告	報道から推測される内訳
戦略核戦力	長距離弾道ミサイル	41基	・RS-24 ヤルス大陸間弾道ミサイル23基 ・RSM-56 ブラワー潜水艦発射弾道ミサイル18基
	弾道ミサイル原潜	1隻	・955型弾道ミサイル原潜1隻（太平洋艦隊）
	戦略爆撃機（近代化改修）	4機	・Tu-95MS 長距離爆撃機2機 ・Tu-160 長距離爆撃機2機

陸軍	2個ロケット旅団、2個防空ロケット旅団、2個防空ロケット連隊、1個特殊任務旅団、12個自動車化及び戦車旅団、3個砲兵大隊向け新型・近代化改修型装備	2,930点	・イスカンデル-M戦術ロケット・システム2個旅団分 ・T-72B3戦車（近代化改修） ・BTR-82A装甲兵員輸送車
航空宇宙軍	「近代的な飛行機材」	139機	・MiG-29SMT多用途戦闘機 12機 ・Su-30SM多用途戦闘機13機 ・Su-30M2多用途戦闘機2機 ・Su-35S多用途戦闘機12機 ・Su-34前線爆撃機16機 ・Yal-130高等練習機10機 ・Il-76MD-90A大型輸送機1機 ・ヘリコプター　不明
	防空システム		・S-400長距離防空システム 4個連隊分 ・パンツィリ-S短距離防空システム25輌 ・各種レーダー74基
海軍	水上艦艇	24隻	・11356R型フリゲート 2隻（黒海艦隊） ・12700型掃海艦1隻 ・1164型巡洋艦1隻（修理。北方艦隊） ・1155型大型対潜艦1隻（修理。太平洋艦隊）
	多用途潜水艦	2隻	・636.3型通常動力潜水艦2隻（黒海艦隊）
	海軍航空隊		・Su-30SM多用途戦闘機4機
空挺部隊	新型及び近代化改修型装甲車両	188輌	・BMD-4M空挺歩兵戦闘車 ・BTR-MDM空挺装甲兵員輸送車 ・2S9ノーナ空挺自走砲
その他	無人航空機	105セット（無人機240機含む）	

出所：著者作成

　このうち、注目されるのは航空機の調達数で、243機であった2015年度と比べると大幅に減少している。これは主としてヘリコプターの調達減が響いているものと考えられよう。ロシア軍の主力汎用ヘリコプターであるMi‐8MTV‐5/AMTShや、攻撃ヘリコプターであるMi‐28NやKa‐52等は、ウクライナ製エンジンの搭載を前提として設計されており、ウクライナ危機後にこれらが入手不能となってしまった。この結果、ロシア軍向けヘリコプターの調達は全盛期であった2014年（1年間に135機が調達された）に比べてかなり減少していると考えられる。ただし、2015年も2016年もヘリコプターの調達数が公表されていないため、実際の落ち込みがどの程度であるかは明らかでない。固定翼機の調達数もやや減少している模様である（主としてMiG‐29K/KUB艦上戦闘機の調達が完了したことによるところが大きい）。

　ロシアのエンジンメーカーであるクリモフ社はウクライナ危機以前からサンクトペテルブルグで新工場の建設を進めており、すでに部分的には操業が開始されている。当初の発表によると、同工場でのヘリコプター用エンジンの生産数は2014年が10発、2015年が60発で、2017年にはロシアのヘリコプター製造数に見合ったエンジンを生産できるとしていた。しかし、2016年末のボリソフ国防次官の発言では、同年中におけるVK‐2500の生産数は60発であり、2017年はその60％増（計96発）とされていることから、実際にはロシアが必要とするエンジン生産数（年産500発内外）を確保するには到底足りていない。

対外軍事活動 ― パキスタンとの共同演習等

　シリアにおけるロシア軍の活動は依然として活発に実施されており、2015年9月の介入開始から2017年4月末までの時点で2万3,000回の戦闘飛行と7万7,000回の爆撃が実施された。さらにロシアは特殊部隊や1,000人規模の北カフカス出身者から成る地上部隊を投入して限定的に地上戦にも関与している。空爆拠点となっているラタキアのフメイミム空軍基地の拡張作業も続いており、今後は地中海に面したタルトゥースの物資補給拠点をより本格的な海軍基地とする計画も伝えられる。シリア政府軍に対しては武器弾薬のほか、戦車や戦闘爆撃機の供与を行っていると見られる。ただし、2017年4月に米国が初めて実施したシリ

ア政府軍への巡航ミサイル攻撃では静観の構えを見せ、米露直接対決へのエスカレーションを回避した。

　さらにロシアはエジプトとの合同演習や武器供与を通じて安全保障協力の強化を図っているほか、エジプトを拠点として特殊部隊を内戦中のリビアに展開させ、旧カダフィ派軍閥への支援を開始した。

　南アジアにおいてはパキスタンとの関係強化を2014年ごろから図っており、2016年9月から10月にかけてはカシミール地方で初の露パ合同地上演習も実施された。ロシアはアフガニスタン情勢の悪化に強い関心を払っており、パキスタンとの協力強化に加えてタリバン勢力に武器・訓練を提供し、台頭するISに対抗させる意図があると思われる。

　中国との安全保障協力も引き続き継続・拡大しており、2016年に実施された「海洋協力2016」は初めて南シナ海北部が舞台となった。係争海域である南沙諸島付近には踏み込まなかったものの、これまでロシアが関与を避けていた南シナ海問題に関してロシアがやや中国寄りの姿勢を示すようになった契機として注目されよう。

　さらに2016年末には、Su‐35S戦闘機の中国への供与が開始され、2017年にはS‐400長距離防空システムの供与も開始される見込みと伝えられる。

北方領土における軍事力強化および日露安全保障協力

　2016年11月、ロシアは北方領土の国後島および択捉島にバールおよびバスチョン地対艦ミサイルを配備したことを明らかにした。基地施設の近代化も進展しており、今後は防空システムや攻撃ヘリコプターの配備も予想される。

　一方、2017年4月には日露外交・防衛閣僚会合が4年ぶりに実施されるなど、ウクライナ危機後に停滞していた日露の安全保障協力再開に向けた動きも見られる。

（小泉　悠）

コラム　プーチン大統領と日本を結ぶ武道

　ロシアではソ連時代、いや帝国の時代から、教会も文化もスポーツも国の強い関与のもとにある。特にスポーツはソ連時代、その科学的な身体作り・練習方法の開発等、国家による丸抱え、ヒトラーのベルリン・オリンピックよろしく、国威発揚に使われたのである。オリンピックでは、ソ連はメダル獲得数で常に米国と覇を競い、各種世界選手権でもソ連のチーム、そしてアスリートは常に脚光を浴びた。

　その頂点は1980年夏のモスクワ・オリンピック。ソ連は、オリンピック村や米国風の大ホテルまで建設して準備していたのだが、西側は1979年、ソ連のアフガニスタン侵攻への制裁としてこれをボイコットし、ソ連は赤恥をかかされた。

　ソ連崩壊後の混乱は、スポーツ界にも及ぶ。潤沢だった資金は枯渇し、わずかに残った資金はエリツィン大統領のテニスのコーチなど少数の側近が牛耳り、利権化した。有能なコーチ、選手は世界に四散した。日本ではスケート・コーチのタラソワ女史がよく知られていた。オリンピックでのメダル獲得数でロシアは、中国等に2位の座を譲り、世界選手権でのロシア・チーム、そしてアスリートの影もめっきり薄くなった。スポーツはロシア人の愛国主義を鼓舞するものから気落ちさせるものとなったのである。

　プーチン大統領は原油価格の高騰に乗ってロシアを安定化させ、スポーツ支援体制も徐々に復活しつつある。オリンピックでのメダル獲得数も、2008年の北京オリンピックでは3位につけた。しかし近年のロシアの国際的孤立は、ロシアのスポーツの権威回復も妨げている。2014年2月、ロシアは約5兆円とも言われる資金をつぎこみ、ソチの冬季オリンピックを賑々しく開催したが、その最中に勃発したウクライナ騒動の結果、西側から制裁をくらい、効果は無に帰した。しかも2016年には、国家組織ぐるみのドーピングが指摘され、ロシアのスポーツの権威は再び打撃を受けた。ロシア・スポーツは女子フィギュア・スケートでも復活の勢いを見せているが、2018年にロシアでの開催が予定されるワールド・カップを首尾よく乗り切れるか、ロシア・チームが上位に食い込めるかが、当面の試金石となる。

　日露関係では、武道が大きな役割を果たしている。柔道は、プーチン大統領を日本に結びつける心の架け橋となっている。空手、合気道等も人口に膾炙している。東京オリンピック開催決定の際には、ロシアの支持が大きな意味を持った。

河東　哲夫
(Japan and World Trends代表)

第5章　朝鮮半島

概　観

　北朝鮮は、2016年5月に39年振りとなる第7回党大会で党の体制を整備したのに続き、同年6月には憲法改正を実施して「国防委員会」を「国務委員会」に改編し、金正日政権末期に始まった統治体制の正常化を完了させた。他方、北朝鮮の核・ミサイル開発に対する国連安保理の制裁は、有力な収入源である鉱物資源の貿易制限にまで及ぶようになった。

　オバマ政権の「戦略的忍耐」で米朝対話の道を閉ざされた北朝鮮は、その政権末期を迎えて核実験とミサイル発射を繰り返し、核・ミサイル開発に拍車を掛けた。新たに発足したトランプ政権が北朝鮮を「外交政策の最優先事項」と位置付けたことを、北朝鮮は、危機であると同時に大きな機会として捉えていると考えられる。北朝鮮は、米国が警戒する新たな核実験とICBM発射をカードに、トランプ政権に交渉を迫るものとみられる。

　韓国に対しては、南北軍事会談や「統一大会合」の開催を提案したものの、北朝鮮の核放棄と体制転換を求める朴槿恵政権が応じず、膠着状態を打開できなかった。しかし、朴槿恵大統領が「崔順実ゲート」を契機に任期途中で罷免され、南北対話を志向する文在寅政権が発足したことにより、南北関係が動き出す可能性が出てきた。

　韓国の朴槿恵大統領は、友人の崔順実氏に対する便宜供与や秘密文書の提供等が明らかになった結果、国会によって弾劾され2017年3月に罷免された。5月9日に行われた大統領選挙では、野党候補の文在寅氏が当選した。

　韓国はこれまで、中国との関係を考慮し、THAADミサイルの配備に消極的であったが、北朝鮮によって繰り返される核実験とミサイル発射を受け、配備を決定した。トランプ政権は対韓コミットメントを維持することを確約した。一方、蜜月関係にあった中韓関係は、THAAD配備決定を機に、中国が韓国に対する経済制裁ととれる動きを見せ、防衛交流・協力も停止するなど悪化の一途をたどった。

　日韓関係は、高まる北朝鮮の脅威を背景に、GSOMIAに署名するなど安保協力で進展があった。しかし、慰安婦問題をめぐっては状況が悪化した。

　韓国軍は、北朝鮮の高まる核・ミサイルの脅威に対し、「キル・チェーン」と「韓国型ミサイル防衛」の構築を進めてきたが、さらに北朝鮮の指導部を狙った「大量膺懲報復」を加えた「韓国型3軸体系」の構築を推進することを明らかにした。

　米韓連合軍は、北朝鮮との全面戦争、局地戦への対応だけでなく、高まる北朝鮮の核・ミサイルの脅威への対応として、北朝鮮指導部および核・ミサイル施設に対する精密攻撃、特殊作戦にも重点を置くようになった。

北朝鮮（朝鮮民主主義人民共和国）
内政

「国務委員会」の構成 ― 金正恩は体制の脆弱点を懸念か

　北朝鮮は、2016年6月、最高人民会議第13期第4回会議を開催し、金正日時代に国家機構の中枢機関と位置付けられていた「国防委員会」を「国務委員会」に改編する憲法改正を実施した。

　同会議に関する北朝鮮側発表によれば、まず、国家の最高指導者である「国防委員会第一委員長」が「国務委員会委員長」に改称された。また、「国防委員会」が「国家主権の最高国防指導機関」と位置付けられ、「先軍革命路線を貫徹するための国家の重要政策を樹立する」とされていたのに対し、今次改正により、「国務委員会」は「国家主権の最高政策的指導機関」となり、「国防建設事業をはじめとする国家の重要政策を討議決定する」とされた。

　同改正を受けて、会議では、金正恩が国務委員会委員長に推戴され、表‐1のとおり副委員長、委員が選出された。金正恩体制が発足した2012年4月に選出された国防委員会メンバーは、その多くが軍や軍需工業部門の幹部で占められていたのに比べ、国務委員会では、党中央委の副委員長や内閣総理、外相が入っており、国政全般を指導する機関としての位置付けが窺える。

　北朝鮮では、金正日政権下の2010年9月の党代表者会以降、軍優先の非常体制から党を中心とする体制へと統治体制の正常化の流れが見受けられていたが、5月の第7回党大会に続く今次憲法改正による統治機構の改編により、統治体制の正常化はひとまず完了したとみられる。

　なお、2017年4月の最高人民会議第13期第5回会議では、最高人民会議の部門委員会である外交委員会のメンバーが約19年ぶりに選出され、李洙墉党中央委副委員長（国際担当）が委員長に、李善権祖国平和統一委員会委員長や金桂官外務省第一副相らが委員に就任した。最高人民会議の部門委員会は、それ自体として特段の活動はほとんど伝えないのが常であるが、この時期に外交委

員会のメンバー選出を行った背景には、米国や韓国における政権交代を踏まえて、交渉責任者の存在をアピールし、対話の用意を示す狙いがあるとも考えられる。

表-1　国務委員会の構成

役職	氏名	備考
委員長	金正恩	朝鮮労働党委員長、朝鮮人民軍最高司令官
副委員長	黄炳瑞	軍総政治局長
〃	朴奉珠	内閣総理
〃	崔竜海	党中央委副委員長（勤労団体）
委　員	金己男	党中央委副委員長（宣伝）
〃	朴永植	人民武力部長
〃	李洙墉	党中央委副委員長（国際）
〃	李萬建	党中央委副委員長（軍需）
〃	金英哲	党中央委副委員長（統一）
〃	金元弘	国家安全保衛部長（現「国家保衛相」）
〃	崔富日	人民保安相
〃	李容浩	外相

出所：北朝鮮側報道などにもとづき著者作成

金正男殺害事件

　2017年2月13日、マレーシアのクアラルンプール国際空港で、金正恩委員長の異母兄にあたる金正男が猛毒のVXを浴びて死亡する事件が発生した。

　マレーシアの警察当局は、実行犯とみられるベトナムとインドネシア籍の女性2人を逮捕・起訴し、北朝鮮籍の男1人を逮捕する（ただし、証拠不十分で拘留期限後に釈放・出国）とともに、北朝鮮側に対し、事件当日に同空港から出国した北朝鮮籍の男4人の身柄引き渡しと、重要参考人として現地の北朝鮮大使館職員ら2人の聴取を要求した。しかし、北朝鮮側は要求に応じず、死亡したのは北朝鮮公民の「キム・チョル」なる人物であり、死因は心臓発作であってVXが使用された根拠はないと主張した。事件は、北朝鮮・マレーシア双方が互いの大使を「ペルソナ・ノングラータ（好ましからざる人物）」として国外追放し、さら

に両国国民の出国を禁止する事態に発展したが、自国民の安全を優先したマレーシア側が北朝鮮国籍者の出国と遺体の引き渡しを認め、3 月 31 日、重要参考人の 2 人は金正男の遺体とともにマレーシアを出国し、平壌に入った。

　同事件における北朝鮮の国家的関与の有無は必ずしも明らかではないが、北朝鮮内部の体制が固まる一方、近年、韓国など国際社会で北朝鮮の体制転換に関する論議が浮上するなか、北朝鮮のいわゆる「ロイヤル・ファミリー」の内実を知り、反体制運動の求心点として担ぎ上げられる可能性のある金正男の存在が金正恩体制の脆弱点となり得るとの認識が高まっていた可能性が考えられる。

国連制裁の強化

　北朝鮮の核実験および衛星打ち上げに対する制裁強化を定めた国連安全保障理事会決議 2270 号（2016 年 3 月）は、北朝鮮の主要な輸出商品である石炭など鉱物資源の輸入を原則禁止とし、北朝鮮の経済に影響を及ぼし得る措置として注目されたが、北朝鮮の対外貿易の約 9 割を占め、北朝鮮の不安定化を嫌う中国の反対で「民生目的」の輸入が例外となったことから、石炭など主要鉱物の2016 年の対中輸出は 14 億 5,000 万ドルに上り、むしろ前年より 11.1% 増加した。中朝貿易の総額も 53 億 7,200 万ドルと、前年と同水準を維持した。

　このため、北朝鮮の「核弾頭」実験（9 月）などを受けて 11 月に新たに採択した安保理決議 2321 号では、鉱物資源の輸入禁止の範囲を銀、銅、ニッケル、亜鉛に拡大するとともに、石炭については、年間約 4 億ドルまたは 750 万トンの上限を設定した。これにより、2016 年比で 7 億ドル以上の石炭輸出が減少することとなり、北朝鮮に対する制裁効果が期待されている。ただし、北朝鮮は元来、石炭を主要なエネルギー・工業原材料とする自給自足型経済体制であり、石炭の対中輸出が活発になったのは 2010 年頃からのことである。今回上限とされた 4億ドルはその 2010 年頃の水準に止まるものであることや、住民や企業の自生的な経済活動が拡大しているなかで、北朝鮮経済に決定的な影響を与えるまでには至らない可能性もある。

外交

対米関係 ― トランプ政権との交渉を模索

　北朝鮮は、米国の政権交代を見据え、相次ぐ核実験やミサイル発射で核・ミサイル開発を印象付けつつ（後述）、新政権との交渉を模索した。

　2016年5月、中距離弾道ミサイル「ムスダン」の発射実験を繰り返すなかで開催された朝鮮労働党第7回大会において、金正恩委員長は、米国の軍事的圧力に核・ミサイル開発で対抗するとともに、「（米国は）核強国の前列に立っている我が共和国の戦略的地位と大勢を直視し、時代錯誤の対朝鮮敵視政策を撤回するとともに、停戦協定を平和協定にかえ、南朝鮮から侵略軍と戦争装備を撤収しなければならない」として、平和協定の締結と在韓米軍の撤収を要求する対米基本方針を提示した。

　一方、北朝鮮の非核化問題については、2016年7月6日に「政府代弁人声明」を発表し、「朝鮮半島の非核化は、偉大な首領（金日成）と父なる将軍（金正日）の遺訓であり、敬愛する金正恩同志の領導にしたがって進んでいく我が党と軍隊、人民の隙のない意志である」とした上で、米国と韓国に対する「原則的要求」として、①韓国内における米軍の核兵器の公開、撤廃、検証、②朝鮮半島および周辺に核戦力を投入しないことの担保、③北朝鮮に対する核不使用の確約、④在韓米軍撤収の宣布、を提示し、これら「安全の保証」が得られれば、「相応の措置をとる」「朝鮮半島非核化の実現に画期的な突破口が開かれる」と表明した。北朝鮮側の「相応の措置」の内容が曖昧で、完全な核放棄に応じるかは疑わしい内容であったが、一方で、北朝鮮が、その定義は別として、自らの「非核化」の条件として挙げていた「世界の非核化」ではなく「朝鮮半島の非核化」に関連付けたことは、非核化に向けた対米交渉の可能性を示唆したものとみられる。在韓米軍の撤収ではなく、その「宣布」としたことも、交渉への誘い水とする思惑を窺わせた。

　しかしながら、同声明はオバマ政権の注意を引くことがまったくなかったばかりか、発表同日に米財務省が処刑や強制労働などの人権侵害に関与したとして金

正恩委員長を制裁対象に指定したことから、北朝鮮はこれを「最高尊厳」に対する侵害であるとして、国連本部における米朝間の連絡通路、いわゆる「ニューヨーク・チャンネル」の遮断を米国側に通知し、事実上、オバマ政権との関係を打ち切ることとなった。北朝鮮はその後もミサイル発射を繰り返し、9月9日には5回目となる核実験を強行した。

　しかし、米大統領選挙が近づいた2016年10月20日以降、北朝鮮はミサイル発射を一時終息させ、新政権の対北政策を見守る構えを見せた。共和党のトランプ候補が当選を決めた直後、朝鮮中央通信は、クラッパー国家情報長官が講演で「北朝鮮を非核化しようという試みは、おそらく見込みがない」として、非核化から核戦力の制限へと方針を転換することが現実的であると発言したことを取り上げ、「選択を変える時になったのではないか」と呼び掛けた。また、外務省の崔善姫米州局長が11月、ジュネーブで米国の元政府官僚らと接触し、トランプ政権が北朝鮮との交渉に出てくるか探るとともに、同政権の対北朝鮮政策の策定を見守り、その輪郭が明らかになる前には米国との交渉の門を閉ざすいかなる行動もとらない、ただし3月の米韓合同軍事演習は自制の例外になるなどと、北朝鮮側の当面の対応を明らかにした。

　このようななかで、金正恩委員長が2017年元日の「新年辞」で「大陸間弾道ロケット（ミサイル）試験発射準備事業が最終段階に達した」と述べたのに対し、トランプが翌2日、「そうはならない！」とツイートしたことは、北朝鮮に大きな鼓舞を与えた可能性がある。北朝鮮にしてみれば、前任のオバマ政権は、核実験をしようと対話を提案しようと、「戦略的忍耐」を掲げ、北朝鮮との交渉には関心を向けなかったからである。その意味では、2月12日早朝、フロリダで日米首脳会談が行われている最中に行った新型中距離弾道ミサイル「北極星2」型の試験発射や、米韓合同軍事演習「フォール・イーグル」開始（3月1日）直後の3月6日、スカッドERを秋田県沖の日本海に撃ち込み、在日米軍基地への攻撃を想定した訓練であることを公表したことなどは、トランプ政権を米朝間の外交戦に引き出すための、まさに「挑発」であったとみられる。

　他方で、北朝鮮は、米韓合同軍事演習の実施を強く非難し、軍事攻撃の可能性を強調して威嚇しながらも、そこには「わが国の自主権が行使される領域に一

点の火花でも散らすなら」（3月2日総参謀部代弁人談話）、「米国が仕掛けてくる挑発の種類と水位に見合うわれわれ式の超強硬対応」（4月14日総参謀部代弁人声明）といった条件を付けていた。また、2013年の同演習で米軍の戦略爆撃機が朝鮮半島に飛来した際には、弾道ミサイル部隊を含む全砲兵部隊に最高度の警戒態勢（「1号戦闘勤務態勢」）に置いたのに比べ、今回は、戦略爆撃機の飛来にもかかわらず、軍の緊張を高める特段の措置を見せなかった（米国もまた、戦略爆撃機の訓練参加については殊更強調しなかった）。さらに、同演習に参加した後、シンガポールに寄港していた米海軍の原子力空母「カール・ビンソン」を中心とする第1空母打撃群の朝鮮半島再派遣が伝えられる（4月8日）なかで行われた4月15日の金日成生誕105周年慶祝閲兵式では、新型ICBMを登場させるなどしてミサイル開発を誇示しつつも、金正恩委員長は背広姿で登場して平時の行事であることを印象付け、軍創建85周年記念日である25日に行った長距離砲部隊による示威活動においても、前線から離れた東部・元山で行い、海岸に密集して整列した長距離砲を一斉に発射させる（実戦に向けた訓練としての意義は乏しいとされる）など、あくまでセレモニーとしての側面を強調した。

　この間に、北朝鮮は2017年4月16日と29日の2回にわたり、KN‐17（対艦弾道ミサイル）とみられるミサイルを発射した。いずれも発射後数秒あるいは数分で爆発したとされ、失敗との評価が大勢であるが、このような文脈から見れば、米空母の接近に対する「警告射撃」の水準に止めるべく、発射後に自爆させた可能性もあろう。一方の米国もまた、空母打撃群を朝鮮半島近海に進入させたのは、北朝鮮の挑発の可能性が高いとして懸念されていた金日成生誕記念日の4月15日と朝鮮人民軍創建記念日の25日が過ぎた後であり、平壌に近い黄海や軍事境界線付近への北上は伝えられず、在韓米軍の防衛準備態勢（デフコン）の引き上げもなかった。こうした米朝の一連の動きは、半世紀以上にわたって休戦状態のまま本格的な軍事衝突が起きていない朝鮮半島の特殊な関係を改めて窺わせるものであったと言えよう。

　トランプ政権は、「過去20年間の対北政策は、北朝鮮への13億5,000万ドルの支援を含めて失敗」（ティラーソン国務長官）と評価した上で、政権の対北朝鮮政策については「あらゆる選択肢がテーブルの上にある」として、北朝鮮への

軍事介入の可能性を必ずしも否定していなかったが、2017 年 4 月 6、7 日にフロリダで行われたトランプ大統領と習近平国家主席の米中首脳会談以降、トランプ大統領や政権の要人からは、中国の北朝鮮への圧力に対する期待と楽観が表明される一方、適切な状況のもとで北朝鮮との対話に応じるとの発言が伝えられるようになった。ティラーソン国務、マティス国防、コーツ国家情報の 3 長官は、4 月 26 日に発表した対北朝鮮政策に関する共同声明を通じ、経済制裁の強化や、同盟国および地域パートナーとの外交手段の行使によって、北朝鮮が核・ミサイル計画を放棄するよう圧力を掛けるとする一方、朝鮮半島の安定と平和的非核化の目標に向け、交渉にはオープンであると表明した。米マスコミは、こうした方針を「最大限の圧力と関与」政策として伝えた。

　これに対し、北朝鮮は、「われわれの核戦力高度化措置は最高首脳部が決心する任意の時、任意の場所で、多発的、連発的に引き続き進行される」（5 月 1 日付け外務省代弁人談話）として、米国や中国の圧力に核抑止力の強化で対抗する旨強調した。北朝鮮は、米国が警戒する 6 回目の核実験や ICBM の試験発射をカードとし、北朝鮮との対話を志向する韓国新政権の動向や中国の出方を見ながら、トランプ政権との交渉実現に向けた駆け引きに臨むものとみられ、当面、ARF 閣僚級会合や米韓合同軍事演習「ウルチ・フリーダム・ガーディアン」が予定されている 2017 年 8 月が山場として考えられる。

　北朝鮮は 2017 年 5 月 14 日、北西部の亀城付近から弾道ミサイル 1 発を発射し、2016 年 6 月のムスダンの 1,400 キロメートルを越える高度 2,000 キロメートルのロフテッド軌道で約 30 分間飛翔し、約 800 キロメートル東方の日本海に着弾させた。ミサイルの種類は不明ながら、通常角度で発射したならば数千キロメートルの飛距離を出した可能性がある。トランプ政権の対北政策の概要が明らかになり、韓国の新政権発足に伴う各国首脳との一連の電話会談が終了したタイミングでの発射は、米本土に到達しうるミサイルの完成にまた一歩近づいたことを誇示し、米国や韓国などの関係国に対応を迫る狙いがあるものとみられる。

対中関係 ─ 中国の対米接近に危機感

　中国との関係については、2016 年 5 月末、李洙墉党中央委副委員長が訪中し

て中国共産党の宋涛中連部長や習近平総書記（国家主席）に朝鮮労働党第7回大会の結果を通報し、友党としての儀礼を果たした。また、一部報道によれば、北朝鮮は、9月の核実験に際し、1月の「水爆」実験時とは異なり、金聖南党副部長を北京に派遣して中国側に事前通告したとされる。同9月、中国当局が米国の司法協力を受けて、ウラン濃縮用遠心分離機に必要な金属を北朝鮮に提供していた疑いで中国企業「鴻祥実業発展有限公司」に対する調査に乗り出したことが報じられた際には、北朝鮮からは、強い反発は示されなかった。一方、中国もまた、咸鏡北道北部で発生した水害に対し、2,000万元（約3億円）相当の緊急人道支援の実施を決定した。

このように、北朝鮮と中国は、核開発をめぐって対立しつつも、中朝関係の維持に配慮してきたが、中国が2017年2月に北朝鮮産石炭の年内輸入停止を発表すると、北朝鮮は、朝鮮中央通信に個人名義（「正筆」）の論説を出し、中国の名指しを避けながらも、「人民の生活向上に関連する対外貿易も完全に遮断する非人道的な措置をためらわずに講じている」などと強く非難した。朝鮮中央通信が個人名義の論説を配信するのは異例である。国連安保理決議2321号が定めた石炭輸入の上限（4億ドルまたは750万トン）に対し、中国が輸入停止を決定した時点の実績が金額で約55％、重量では約36％に止まっていたことや、中国側の発表に先立って行われた習近平国家主席とトランプ大統領の電話会談で「一つの中国」原則に合意していたことなどから、北朝鮮は、中国側の措置に「米中接近」の影を感じたものとみられる。

その後、2月末に北朝鮮の李吉聖外務次官が訪中し、中国の王毅外相との会談で「中朝友好関係の強化発展で見解をともに」することによって、対立はひとまず収まったかに見えたが、4月の米中首脳会談以降、人民日報社の国際情報紙『環球時報』が、北朝鮮が6回目の核実験を断行した場合、中国の北朝鮮への原油供給を中断すべきなどとする論陣を張り、『人民日報』が北朝鮮に安保理決議の遵守を求める論説を発表するなど、中国内で北朝鮮批判が公然化したことに対し、北朝鮮は、再び朝鮮中央通信「正筆」名義の論説（4月21日付）を出して、「彼ら（中国を指す）がわれわれに対する経済制裁に執着するなら、われわれの敵（米国）からは拍手喝采を受けるかも知れないが、われわれとの関係に及ぼす

破局的結果も覚悟すべき」と警告したのに続き、朝鮮労働党機関紙『労働新聞』（5月4日付）が個人名義（「キム・チョル」）の論説ながら、「朝中関係の『レッドライン』を中国が乱暴に踏みにじり、ためらいなく越えている」などと中国を公然と非難し、「朝中親善がいくら大切なものであるとしても、命と同じ核と交換してまでもの乞いするわれわれではない」として、中国の説得を拒否する姿勢を強調した。

　2017年4月下旬、平壌でガソリン販売が制限され、ガソリン価格が急騰したと米 AP 通信と中国中央テレビが報じた。これが中国による北朝鮮への圧迫であるとすれば、北朝鮮の中国への強い反発は、中国の対米接近に対する強い危機感の現れとも考えられる。いずれにせよ、北朝鮮の核問題は、中国の説得と北朝鮮の対応が当面の焦点となっている。

対日関係 － 関係悪化し、残留日本人問題頓挫

　対日関係では、2016年2月、日本政府が北朝鮮の核実験や衛星打ち上げに対して独自制裁措置を決定したことに反発して、2014年5月のストックホルム合意で定められた日本人調査の全面中止と特別調査委員会の解体を発表して以降、特段の動きを見せていない。6月に北京で開催された学術会議において、外務省の金杉アジア大洋州局長が北朝鮮外務省の崔善姫米州局長に接触し、すべての拉致被害者の一日も早い帰国が重要との立場を伝達したほか、一部報道では、9月と10月に日朝の政府関係者が中国で接触したとも伝えられたが、その後も北朝鮮側からは特段の動きは現れなかった。

　北朝鮮側は、日本政府がストックホルム合意に基づいて解除した独自制裁措置を一方的に復活させたとして問題視した。2016年9月17日の平壌放送は、日朝平壌宣言（2002年）から14年に際して発表した論評で、「日本反動らの平壌宣言に対する背信行為により、朝日関係は最悪の事態に突き進んでいる」と強調した。また、李洙墉党副委員長が訪朝したアントニオ猪木参議院議員に対し、「今は（日本に）制裁されている状況であり、日本側に問題があるのではないか」と述べた（9月）ほか、対日担当の宋日昊大使も、民間団体の訪朝に同行した報道機関に対し、「日本が制裁にこだわり続けるなら取り返しのつかない安保危機に

陥る」と強調し（10 月）、日本政府の対北措置を非難した。

　このようななか、宋日昊大使は、2017 年 4 月、金日成生誕 105 周年記念行事の取材のために招請した日本の報道陣と会見し、日本が独自制裁を解除するなら北朝鮮への政策変更と受け止めるとの立場を表明した。また、残留日本人の問題について、「日本側から要望があれば、人道問題として残留日本人問題に取り組む用意がある」と指摘した。北朝鮮は、報道陣を咸興に案内し、現地の残留日本人女性や日本人妻らで作ったとする「咸興にじの会」との会見をセットし、残留日本人問題の存在をアピールした。ただし、特別調査委員会はすでに解体されたとの北朝鮮側の立場には何ら変化がなく、宋日昊大使の発言も日本側の出方次第という姿勢がにじむものであり、対日関係における北朝鮮の対応の変化は依然見えない状況にある。

軍事・安全保障

　北朝鮮は、2016 年 1 月の第 4 回核実験（「水爆」実験）および 2 月の衛星打ち上げ以降も、核・ミサイル開発に拍車を掛けた。金正恩党委員長は 3 月、「核攻撃能力の信頼性をより高めるため、早期に核弾頭爆発試験と核弾頭が装着可能な各種弾道ロケット試験発射を断行する」と表明した。その言葉通り、2016 年から 2017 年 4 月の間、北朝鮮は 5 回目の核実験を断行し、約 30 発に上る各種ミサイルの発射試験および訓練を実施した。

核開発 ― 6 回目の核実験準備進む

　北朝鮮は、2016 年 9 月 9 日午前 9 時 30 分頃（平壌時間午前 9 時）、咸鏡北道の豊渓里核実験場で 5 回目となる核実験を実施した。地震の規模はマグニチュード 5.1、爆発の規模は TNT 換算で 11 ないし 12 キロトン程度と推定された。これは、2006 年 10 月の 1 回目の核実験（0.5 - 1 キロトン）以降、最大の出力である。北朝鮮は同日、これが弾道ミサイル搭載用の「標準化、規格化された核弾頭」の爆発実験であり、「国家核戦力の質量的強化措置は続く」として、核弾頭の開発にさらに邁進することを予告した（「共和国核兵器研究所」声明）。豊

渓里核実験場では、その後も車輌や要員などの動きが継続的に観察されており、いつでも 6 回目の核実験が行える状態が維持されているとの見方が大勢である。なお、米国のジョンズ・ホプキンス大学高等国際問題研究大学院の米韓研究所は、2017 年 3 月、核実験場の地下トンネルの掘削状況などから、6 回目の核実験では最大で 282 キロトン規模の実験が可能との分析を発表した。

　平安北道寧辺の核施設については、プルトニウムを生成する黒鉛減速炉の稼働が 2015 年 10 月頃に停止し、2016 年 3 月までに再処理施設が稼働している兆候があることが伝えられた。兆候は 7 月頃まで続いていたとされ、この間に黒鉛減速炉から使用済み核燃料棒を取り出し、再処理施設でプルトニウムを抽出したものとみられる。北朝鮮の原子力研究院は 8 月、共同通信の取材に対し、使用済み核燃料棒の再処理を行ったことを認めた。その後も、2017 年 1 月までに黒鉛減速炉が再び稼働を開始した兆候が認められており、北朝鮮は、核兵器用プルトニウムの生産・蓄積に引き続き取り組んでいるものとみられる。韓国国防部は 2016 年版国防白書において、北朝鮮のプルトニウム保有量を 2014 年版より 10 キログラム増えた 50 キログラムと推定している。また、高濃縮ウラン（HEU）については、2013 年に寧辺の既存の濃縮施設を約 2 倍の規模に拡張し、2015 年初めに稼働を開始したと伝えられる。米国の研究機関「科学国際安全保障研究所」（ISIS）は、2017 年 4 月、北朝鮮の兵器級ウランの保有量を 175 ないし 645 キログラムとする推定を発表している。

弾道ミサイル開発 ― 大型運搬ロケットによる衛星打ち上げか

　弾道ミサイルの開発については、日本を射程圏に収める準中距離弾道ミサイル（MRBM）のノドンやスカッド ER、グアムに到達しうる中距離弾道ミサイル（IRBM）のムスダンの発射を繰り返したほか、2015 年 1 月から開始された潜水艦発射型弾道ミサイル（SLBM）KN - 11（「北極星」）の試験発射を継続し、さらに KN - 11 を輸送起立発射機（TEL）に換装した KN - 15（「北極星 2」）の試験発射を行った。

　このうち、ノドンおよびスカッド ER については、2 ないし 4 発のミサイルを同時発射し、ミサイル防衛網をかいくぐる攻撃能力の習熟に取り組んでいることを

窺わせた。また、飛翔距離を最大限に伸ばした結果2016年8月にノドン1発が約1,000キロメートル飛翔した後、秋田県男鹿半島の西約250キロメートルの日本の排他的経済水域(EEZ)内に落下したのに続き、翌9月にはノドンおよびスカッドER3発が北海道奥尻島の西約200キロメートルのEEZ内に、さらに2017年3月にはスカッドER4発が男鹿半島の西約300‐350キロメートルの範囲に扇状に着弾、うち3発がEEZ内に落下した。これを受けて、日本政府は2016年8月から自衛隊に対する破壊措置命令を常時発令された状態に置いている。なお、北朝鮮が2017年4月に行った3回のミサイル発射については、スカッド改良型の地対艦弾道ミサイルKN‐17であったとみられており、北朝鮮が米空母の接近阻止戦略を構想していることを窺わせている。

　一方、ムスダン(「火星10」)については、2016年4月から東海岸の元山で試験発射を繰り返したが、いずれも発射時あるいは発射直後に爆発するなど、失敗を重ねたとみられる。しかし、6月に行った6発目の発射で高度約1,413.6キロメートルに打ち上げ(北朝鮮発表)、400キロメートル飛翔して日本海に落下させた。通常の軌道ならば、かねてムスダンの射程距離とされた2,500から4,000キロメートル飛翔するものであったと推定されている(『防衛白書』2016)、高仰角で打ち上げ・落下させる「ロフテッド軌道」は、一般的に迎撃を困難にさせるものとされるが、飛距離を抑えることができることから、国土が狭く、遠距離に射爆場を確保できない北朝鮮としては、他国への攻撃との誤解を避けるために選択したものとみられる。北朝鮮は、この発射が「今後の戦略兵器システム開発のための確固たる科学技術的保証」をもたらしたと報じ、KN‐08やその改良型のKN‐14などの大陸間弾道ミサイル(ICBM)への応用の可能性を示唆したが、10月に場所を北西部の亀城に移して行った2発の試験発射は、いずれも発射直後に爆発したとみられており、信頼性に問題を抱えていることを窺わせた。

　SLBM「北極星」(KN-11)については、2016年4月の試験発射の映像から、液体燃料式から固体燃料式への転換、コールド・ローンチの採用などの設計変更が明らかとなった。さらに8月には、咸鏡南道新浦沖から東方約500キロメートルの日本の防空識別圏内の日本海上に落下させ、開発の進捗を示した。北朝鮮はさらに、2017年2月、「北極星」を地上型に転換したとみられる「北極星2」

型（KN‐15）の試験発射を実施した。同ミサイルは、戦車の車台に装備した発射管からコールド・ローンチ方式で打ち出され、ロフテッド軌道で約 500 キロメートル飛翔したが、通常の軌道であれば 2,500‐3,000 キロメートルの射程距離を持つとみられている。

　2017 年 4 月 15 日の金日成生誕 105 周年慶祝閲兵式では、既存のムスダンと KN‐08 改良型とみられる ICBM のほかに、KN‐15 と 2 種類の新型 ICBM とみられるミサイルを登場させた。新型 ICBM は、ロシアのトーポルと中国の DF‐31（東風 31）の外形に酷似していると指摘されている。いずれも固体燃料・発射管方式の射程 1 万キロメートル前後の ICBM であり、北朝鮮が既存のムスダン・KN‐18 とは別に、固体燃料・発射管方式の ICBM 開発を目指していることを示唆している。

　なお、人工衛星運搬ロケット「光明星」、「銀河」として開発されている「テポドン」型ミサイルについては、2016 年 9 月に平安北道の東倉里衛星発射場内の施設で「新型の静止衛星運搬ロケット用大出力エンジン」の噴射試験が行われた。試験を視察した金正恩党委員長は、「数年内に静止衛星保有国になるべき」として衛星打ち上げの準備を進めるよう指示しており、今後、より大型の運搬ロケットによる衛星打ち上げの機会を狙うものとみられる。

南北朝鮮関係

南北軍事当局会談開催提案

　北朝鮮は、2016 年 5 月の朝鮮労働党第 7 回大会において、南北統一問題に関し、連邦制統一を目指し、当面の課題として南北軍事当局間会談を開催する方針を提示した。活動報告を行った金正恩委員長は、「われわれは、朝鮮半島の平和と統一のために、まず北南軍事当局間の対話と交渉が必要であると認めます。北南軍事当局間の会談が開かれたら、軍事境界線一帯での衝突の危険を解消し、緊張状態を緩和するなど、互いに関心を持つ諸問題を包括的に協議、解決することができるでしょう」と述べた。

　これを受けて、北朝鮮の国防委員会は 5 月 20 日、韓国側に南北軍部対話の開

催を呼び掛ける「公開書簡」を発表し、「提起されたすべての関心事を軍部対話のテーブルに上げて虚心坦懐に論議し、解決」すると主張した。さらに翌21日には、人民武力部が韓国軍に対し、5月末ないし6月初めに南北軍事当局会談に向けた実務接触の開催を提案する通知文を送付した。しかし、韓国側は、北朝鮮の核問題に対する言及のない会談提案は遺憾だとする通知を北朝鮮側に送り、会談開催に否定的な立場を示した。

このようななか、朝鮮人民軍が5月27日、韓国軍の艦艇が同日、北朝鮮が黄海に設定している海上軍事境界線を越境し、北朝鮮側艦艇に砲撃を加えてきたと発表（韓国側は、北朝鮮の取締船と漁船が北方限界線（NLL）を越境したと主張）、翌28日には、韓国側が黄海の軍事境界線を越境すれば警告無しに直接照準射撃を加えるとの警告を発表した。北朝鮮側が実際に射撃を行うことはなく、軍の一連の発表は、南北軍事当局会談の必要性を印象づけるための示威活動であったと考えられる。その後、6月25日に国防委員会政策局が「公正で客観的な海上軍事境界線の設置」や「西海（黄海）ホットスポットにおける衝突の危険防止」によって「北南関係を改善し、緊張緩和をするための軍隊と人民の意志に隙はない」と主張したが、それを最後に南北軍事当局会談に向けた北朝鮮側の動きは止まった。

「統一大会合」開催提案

北朝鮮はまた、2016年6月9日の共和国政府・政党・団体連席会議において、8月15日の解放71周年に際して全民族的な「統一大会合」（正式名称「朝鮮半島の平和と自主統一のための北・南・海外の諸政党・団体・個別人士の連席会議」）の開催を提案した。韓国統一部は「旧態依然の宣伝攻勢」として提案を一蹴したが、北朝鮮側は、同月、青瓦台の各室長や閣僚、国会議長、各政党・民間団体、南北首脳会談の縁故者など、「朴槿恵大統領以外」の各界関係者に会合開催を呼び掛ける書簡を送ったと発表した。

同会合の8月15日前後の開催は実現されなかったものの、北朝鮮側は、韓国や海外の親朝団体を集めて準備委員会の結成を進め、いわゆる「崔順実ゲート」で韓国市民による朴槿恵大統領退陣要求デモが激化するなか、北朝鮮は12月1

日、会合の名称を「祖国の平和と統一、北南関係発展のための全民族大会」と改め、引き続き会合実現に取り組む姿勢を強調した。金正恩委員長は、2017 年元日の新年辞において、「北南当局を含めて、各政党、団体と内外の各界各層同胞が参加する全民族的な統一大会合を実現すべき」としたうえで、「われわれは、民族の根本利益を重視し、北南関係の改善を望む人ならば、誰とでも喜んで手をとって進む」と述べ、韓国との関係改善に意欲を示した。

文在寅政権発足と南北関係 ─ 南北対話再開か

　2017 年 5 月 9 日、朴槿恵大統領の罷免によって前倒しで実施された韓国大統領選挙において、野党・ともに民主党の文在寅元代表が当選、第 19 代大統領に就任した。文在寅大統領は、盧武鉉政権で大統領秘書室長を務め、「平和繁栄政策」を掲げ、北朝鮮との和解・協力を推進した盧武鉉大統領を支えた人物である。

　文大統領は、就任演説において「朝鮮半島の平和のために東奔西走する」、「緊張緩和の転機を作る」と強調し、「条件が整えば平壌にも行く」と述べ、まず南北間の軍事的緊張緩和に取り組む姿勢を表明した。また、国家情報院院長に過去 2 回の南北首脳会談に関与した徐勲元国家情報院第三次長を指名したが、これは、南北対話再開に向けた体制作りへの布石とみられている。

　これに対し、北朝鮮は、大統領就任翌日の 5 月 11 日、「ともに民主党候補の文在寅が 41％の得票率で第 19 代『大統領』に当選した」と報じた。その報道ぶりを見ると、名前を示して速報した点で 2002 年の盧武鉉大統領当選時に類似し、当選そのものを報じなかった李明博大統領や、当選を報じたものの「セヌリ党候補」として報じた朴槿恵大統領との差別化が図られている。また、韓国大統領に「第 19 代」と明示したのは初めてとみられ、文在寅大統領の正統性を認定する姿勢を窺わせた。さらに、同日付『労働新聞』は、北朝鮮と盧武鉉政権との間で合意した「10.4 宣言」（2007 年）を含め、6.15 南北共同宣言（2000 年）、7.4 共同宣言（1974）の三つの合意を「民族共同の大綱」として改めて取り上げ、韓国に対し、その認定と履行を求めた。また、「北と南は、軍事的緊張状態を緩和し、すべての問題を対話と協議の方法で解決すべきである。軍事境界線と西海

（黄海）熱点地域から軍事的緊張と衝突の危険を減らすための措置をとり、信頼の雰囲気が造成されるのにしたがってその範囲を拡大すべきである」と主張し、南北軍事会談への意欲を示唆した。

　このように、南北ともに軍事問題から対話を再開する意向を示唆しており、今後、北朝鮮が前述のような南北軍事会談を提案する可能性が考えられるが、5月から6月にかけてカニ漁の最盛期を迎える黄海NLL付近の海域で軍事的紛争を引き起こすなど、2015年の「8.25合意」のように、軍事的挑発を仕掛けることによって、韓国を軍事対話に引き入れようとするシナリオも考えられる。また、2017年は、上述の「10.4宣言」から10周年となる年であり、これを契機とした民間交流や南北当局間の対話などの動きが出る可能性も考えられよう。

　さらに、北朝鮮の核問題と関連して、文在寅大統領は選挙運動中のテレビ討論会で、核開発の凍結を優先する「段階的アプローチ」を主張し、北朝鮮が核開発を凍結すれば「米韓合同軍事演習を調整したり、縮小したりできる」と表明した（『日本経済新聞』2017年4月28日）。就任演説でも「核問題を解決する土台を準備する」と言明した。文大統領の主張は、北朝鮮の主張にかなうものであるだけでなく、中国およびロシアが2017年4月28日の北朝鮮問題をめぐる国連安保理閣僚級会合で支持を表明した内容に近い。北朝鮮との関係改善に前向きな文在寅政権の発足により、南北関係が北朝鮮の核問題の大きな変数となる可能性が浮上した。

（瀬下　政行）

韓国（大韓民国）
内政

　朴槿恵大統領は2013年の就任時、中小企業支援、雇用創出、福祉向上等によって、多くの国民が「幸福」を感じる「希望」の新時代を開くと表明していた。しかし、就任以降、経済において特段の成果はなく、成長は鈍化し、失業率はむしろ増加した。特に若年失業率は過去最高の9.8%（2016年）に達し、若者

は恋愛・結婚・出産・マイホーム・夢などを放棄しなくてはならないといわれるようになるなど、朴大統領が約束した「幸福」や「希望」とは程遠い状況に置かれた。一部政治家や大企業だけが利益を得る社会は、朴政権でも改善されず、若者をはじめ多くの国民に不満が蓄積していた。

　そのような中、JTBC テレビが 2016 年 10 月 24 日、朴大統領の友人である崔順実（チェ・スンシル）氏の事務所から廃棄予定のタブレット端末を入手し、大統領の演説文、閣僚会議、人事資料等を大統領自身が崔氏に見せて相談していた可能性があることを報道した。さらに、その崔氏の親族や側近らが大統領の権威を利用して、便宜を図る見返りに大企業からスポーツ財団の設立などに関して多額の寄付を得ていたことや、崔氏の娘が高校の出席日数も足りないなか難関名門大に不正入学し、授業に出席せずに単位を取得していたことが報じられた。その結果、多くの韓国国民は、苦しい生活の中で、受験、就職、生活のために努力しているにもかかわらず、大統領とその周辺の人が権力を利用して利益をむさぼってきたことに対する怒りが一気に噴出した。一日も早く状況を変えたいという思いから、大統領の弾劾を求めるデモ（主催者発表で 100 万人以上）がソウルをはじめ、各地において、連日行われた。

　弾劾には国会の 3 分の 2 に相当する 200 議席以上の賛成が必要であったが、デモの盛り上がりとともに、野党 172 議席に加えて、与党「セヌリ党」内の朴大統領と対立する「非朴派」も弾劾に賛成する意向を表明し、12 月 9 日、韓国国会は朴大統領の弾劾訴追案を賛成 234、反対 56、無効 7 で可決した。

　可決を受けて憲法裁判所は大統領を罷免するか否かを判断することとなった。憲法裁判所は 2017 年 3 月 10 日、朴大統領が崔氏の利益のために大統領の地位と権限を濫用したことは憲法、国家公務員法、公職者倫理法等に違反しているとし、これらの「違憲・違法行為は国民の信任を裏切るもので、憲法保護の観点から容認できない重大な法律違反行為」であると断じ、「大統領・朴槿恵を罷免する」との判決を全員一致で決定した。弾劾による大統領の失職は初めてである。

　同判決を受けて、2017 年 5 月 9 日に韓国大統領選挙が実施された。革新系の最大野党「ともに民主党」の文在寅（ムン・ジェイン）氏が約 1,342 万票（約 41%）、与党「セヌリ党」から党名を変更した「自由韓国党」の洪準杓（ホン・ジュ

ンピョ）氏が約785万票（約24%）、中道系の「国民の党」の安哲秀（アン・チョルス）氏が約700万票（約21%）、「セヌリ党」から分裂した非朴派で構成された「正しい政党」の劉承旼（ユ・スンミン）氏が約221万票（約6.8%）、革新系の「正義党」の沈相奵（シム・サンジョン）氏が202万票（約6.2%）で、文在寅氏が当選し、9年ぶりに革新政権が誕生した。

　文氏は、学生運動に参加した後、弁護士となって、後に大統領となる盧武鉉（ノ・ムヒョン）氏と出会い、盧武鉉政権期に最側近の秘書室長として大統領を支えた。

　文新大統領は5月10日、国会で行った就任宣誓式で、権威主義的な大統領文化をなくして権限を分散させ、市民と同じ目の高さで対話し、雇用創出と財閥改革を進め、政経癒着をなくし、平等で公正な社会を作る旨、表明した。また、朝鮮半島の平和のため、必要であれば、ワシントン、北京、東京に行き、条件が整えば平壌に行くと表明したほか、自主国防力および米韓同盟の強化、米中との交渉によるターミナル段階高高度防衛ミサイル（THAAD）問題の解決に言及した。

外交

米韓関係 － THAAD を導入し関係改善

　韓国政府はこれまで、THAAD の在韓米軍への配備に関して、反対する中国との関係を考慮し、米国との公式協議や決定はないとしていた。しかし、北朝鮮による2016年1月6日の第4回核実験および2月7日の長距離弾道ミサイル「光明星（クァンミョンソン）」発射を受けて、同日、米国との協議を開始すると発表した。その後も北朝鮮は、潜水艦発射型弾道ミサイル（SLBM）「北極星」（KN‐11）や中距離弾道ミサイル「火星10号」（ムスダン）などを発射した。柳済昇（リュ・ジェスン）国防政策室長とベンダル在韓米軍司令部参謀長は7月8日、記者会見を開き、北朝鮮の核とミサイルの脅威に対処するため、在韓米軍にTHAAD ミサイルを配備することを決定したと発表した。

　韓国政府が北朝鮮の核の脅威を深刻に受け止める一方、大統領候補であったトランプ氏が選挙戦で、米軍が駐留している日本や韓国が駐留経費を全額負担すべきであり、受け入れない場合、米軍を縮小・撤退させるとの旨の発言を繰り

返した。そのため、韓国ではトランプ政権の対韓コミットメントに対する不安が高まった。

　朴槿恵大統領は 11 月 10 日、米大統領選に勝利したトランプ氏と電話会談し、米韓同盟が直面している最も深刻な脅威が北朝鮮の核とミサイルの脅威であると強調し、米韓同盟の強化・発展を期待すると述べた。そして 11 月 16‐19 日に趙太庸（チョ・テヨン）国家安保室一次長を団長とする代表団を、2017 年 1 月 8‐11 日に金寛鎮（キム・グァンジン）国家安保室長を米国に派遣し、北朝鮮問題の深刻さと米韓同盟の重要性を米新政権に繰り返し訴えた。その間、政権引き継ぎに際してオバマ政権からも北朝鮮問題の深刻さについて説明がなされた。また、金正恩が「新年辞」で ICBM 発射実験準備が最終段階に至ったと言及した。これらを受け、トランプ政権は北朝鮮問題の深刻さについて徐々に言及するようになった。

　マティス国防長官は 2017 年 2 月 2‐3 日、就任後初の外国訪問地として、韓国を訪問した。そして、トランプ政権においても米韓同盟が「アジア太平洋地域の平和と安定を支える要 (linchpin)」であり、引き続き強固な米韓同盟を維持・強化し、北朝鮮の核・ミサイルには効果的かつ圧倒的対応を取り、拡大抑止を維持・具体化させ、THAAD の年内配備を進めることを再確認した。マティス長官は、訪問期間中、在韓米軍の駐留経費問題に表立って言及することはなく、韓国側の不安を払拭し、米韓同盟の維持・強化を再確認することに専念した。また、ティラーソン国務長官は、議会に提出した指名承認公聴会の答弁資料で、韓国と日本について「すでに米軍の支援に多額の寄与をしている」と評価したことが 2 月 9 日までに判明した。

　尹炳世（ユン・ビョンセ）外交部長官は、ティラーソン国務長官との 2 月 7 日の電話会談や 2 月 16 日の外相会談（ドイツ・ボン G20 外相会議）を通じて、北朝鮮の核武装の完成が迫っていることを強調し、北朝鮮に対する制裁圧力を強化する必要性を訴え、中国の役割が重要であることで一致した。また、3 月 17 日、ソウルにおいて外相会談を行ない、ティラーソン国務長官は、過去に行われた北朝鮮に対する支援やオバマ政権の「戦略的忍耐」政策は失敗であったとし、北朝鮮に対して軍事攻撃を含むすべての選択肢を検討すると厳しい姿勢を見せた。

さらに、THAADの韓国配備をめぐって中国が韓国に対して経済的報復を行っていることについて不適切であるとして韓国を擁護した。4月16・17日にはペンス副大統領が訪韓し、米韓同盟の強化を確認した。

これらの結果、韓国では、不安視されていたトランプ政権の対韓コミットメントや在韓米軍の駐留経費の問題は大きな問題とはならないとの安心が広まった。

しかし、THAADや米韓FTA（2012年発効）をめぐって対立がみられた。3月6日、THAADの発射台等、一部が在韓米軍の烏山（オサン）空軍基地に到着し、4月26日未明、レーダーや発射台等が配備先の星州（ソンジュ）に搬入された。韓国では未明の搬入について、THAADに批判的な左派政権が誕生する前に配備を既成事実化しようとしているとの非難が出た。また、トランプ大統領がTHAAD配備の費用10億ドルを韓国が負担すべきと発言したことについて、韓国では、THAADが必要だと主張する米国の求めに応じ、敷地やインフラを提供し、中国からの報復を受けるなど莫大な代価を払っているのに、なぜ費用まで払わなくてはならないのかとの反発が出た。さらに、トランプ大統領が米韓FTAの破棄に言及したことについては、突然の要求で相手を動揺させるテクニックを同盟国にまで持ち出して韓国を手なずけようとしており、「深刻な問題」だと受け止められた（『朝鮮日報』社説2017年4月29日）。

中韓関係 ― 中国の対韓制裁進む

蜜月関係にあった中韓関係は、北朝鮮による第4回核実験以降、悪化の一途をたどった。朴大統領はこれまで、中国の巨大な経済力や北朝鮮に対する影響力に期待して、米国等で反対の声があるにもかかわらず、中国主導のアジアインフラ投資銀行（AIIB）に加盟し、北京での「抗日戦勝70周年記念式典」に参加しただけでなく、中国が反対するTHAADの配備についても曖昧な態度をとってきた。

しかし、朴大統領は、第4回核実験に対する中国の消極的な対応に失望し、北朝鮮が「光明星」を発射した2016年2月7日、THAADの配備に関して米国と協議を開始することを正式に決定した。韓国政府は、国民の生命を守るための自衛的措置であり、第三国に向けたものではなく、北朝鮮の核・ミサイル脅威

に対してのみ運用されると繰り返しと説明した。

　しかし、中国では THAAD 配備のための用地を提供した韓国のロッテグループに対する中国での営業停止・不買運動のほか、韓国の音楽・ドラマ・映画などの規制、食品・化粧品等の一部通関拒否、韓国観光の縮小などが行われた。

　防衛交流・協力に関しては、中韓国防部は 2011 年以降、両国の関係を国防分野戦略的協力パートナーシップ関係に格上げし、2015 年 12 月には国防相間のホットラインも開設していたが、THAAD の配備決定以降、ホットラインや防衛交流は中断した状態である。中国は 2016 年に予定された韓国国防長官の訪中要望に応じず、2011 年から毎年開かれていた次官級国防戦略対話にも応じていない（『中央日報』2017 年 1 月 9 日）。

日韓関係 ― 慰安婦問題で関係悪化

　日韓関係は、高まる北朝鮮の核・ミサイルの脅威を背景に安保協力に関して進展があった。日韓両政府は、2012 年に反日世論の影響を受けて締結直前で延期されていた日韓秘密軍事情報保護協定（GSOMIA）に 2016 年 11 月 23 日に署名した。韓国国防部は、北朝鮮の核・ミサイルの脅威に直面し、それらへの対応を情報面から強化するため、日本と GSOMIA を締結する必要があると判断し、協議再開を 10 月 27 日に決定したと明らかにした。日本との協力のメリットについては、日本は韓国よりも多くの防衛予算を投入し、優れた監視・探知装備、多様な情報収集・分析能力を有しており、特に日本海における北朝鮮の潜水艦・SLBM 関連の情報獲得に役立つと説明した。反日感情の存在や国内政治状況の混乱の中での署名については、国家安保と国民の生命を最優先し、安保と政治を分離して推進するとの原則に基づき推進したとし、今後も理解を得る努力をすると説明した。

　また、韓国は日米韓の枠組みで日本との防衛協力を進めた。日米韓の弾道ミサイル情報共有訓練が 2016 年 6 月に初めて行われ、次いで 11 月、2017 年 1 月、3 月に実施された。同訓練は、弾道ミサイルが発射されたとの想定のもと、各国のイージス艦等が探知・追跡し、情報を共有し、対処能力を向上させるものである。2017 年 4 月には日米韓の対潜訓練が初めて実施された。韓国国防部は、北朝鮮

の SLBM など核・ミサイルの脅威に対応するためと説明した。

　他方、慰安婦問題に関しては、韓国政府が国民を説得できない状態が続いており、状況が悪化した。日韓は 2015 年 12 月 28 日の外相会談を通じて、慰安婦問題が「最終的かつ不可逆的に解決される」ことを確認した。同発表に基づき、元慰安婦への支援を目的とした「和解・癒し財団」が 2016 年 7 月 28 日に設立され、日本政府が 8 月末に 10 億円程度とされる資金を提供した。しかし、韓国政府が解決への努力を表明した在韓国日本大使館前に設置された慰安婦像の撤去は、撤去阻止のために韓国の学生らが交代で泊まり込みを行うなど、韓国国民の強い反対によって進まず、さらに 12 月 30 日には在釜山総領事館前にも市民団体によって慰安婦像が設置された。

　これを受け、日本政府は 2017 年 1 月 6 日、長嶺駐韓国大使および森本在釜山総領事を一時帰国させたほか、日韓スワップ協議の中断、日韓ハイレベル経済協議の延期、釜山市関連行事への参加見合わせを発表した。

　しかし、岸田外相は 4 月 3 日、長嶺駐韓国大使および森本在釜山総領事を翌 4 日に帰任させることを発表した。同決定の理由については、韓国で朴大統領が罷免・逮捕され、大統領選を迎える中で情報収集等を通じて次期政権の誕生に備える必要があること、また北朝鮮問題に対処するうえで韓国政府と緊密な連携を図る必要があること、そして慰安婦問題に関して長嶺大使から黄教安（ファン・ギョアン）大統領権限代行に働きかける必要があることを挙げた。

軍事・安全保障

韓国軍 ― 加速化するミサイル配備

　韓国軍は、北朝鮮の高まる核・ミサイルの脅威に対し、「キル・チェーン」と「韓国型ミサイル防衛（KAMD）」の構築をこれまで進めてきた。韓国軍は 2016 年、これらに「大量膺懲報復（KMPR）」を加えた「韓国型 3 軸体系」の構築を推進することを明らかにした。「韓国型 3 軸体系」は 7 月 11 日の国会国防委員会で韓民求（ハン・ミング）国防長官がその計画に初めて言及し、北朝鮮による 9 月 9 日の第 5 回核実験を受け、核・ミサイルへの対応方針として国防部から発表され、

その後、構築目標が 2020 年代中盤から 2020 年代初めに前倒しされた。

　第 1 の軸である「キル・チェーン」は、北朝鮮のミサイル攻撃の兆候が明らかな場合、30 分以内にミサイルの移動式発射台や関連施設を先制攻撃して破壊するというものである。「キル・チェーン」構築のため、韓国軍は、弾道ミサイルである「玄武 2A」（射程 300km）、「玄武 2B」（同 500km）および巡航ミサイルである「玄武 3A」（同 500km）、「玄武 3B」（同 1,000km）、「玄武 3C」（同 1,500km）、艦対地巡航ミサイル「海星（ヘソン）2」（同 1,000km）、潜対地巡航ミサイル「海星 3」（同 1,000km）のほか、戦闘機から発射される SLAM‐ER、バンカーバスター等の各種誘導爆弾・ミサイルの装備増強を推進している。2016 年 12 月に実戦配備が開始された長距離空対地巡航ミサイル「タウルス」は、北朝鮮領域に入らなくても北朝鮮全域を射程圏内に収める 500km の最大射程を有し、2017 年末までに約 170 発が実戦配備される予定である。ドイツとスウェーデンが共同開発したものを購入したものであるが、2018 年から独自開発する計画である。

　他方、聯合ニュースによると、韓国軍関係者は 2017 年 4 月 6 日、開発中の弾道ミサイル「玄武 2C」（射程 800km、弾頭重量 500kg）の発射試験を「最近」初めて行い、成功したと明らかにした。同ミサイルは 2017 年内の実戦配備開始を目指している。

　第 2 の軸である「KAMD」は、「キル・チェーン」で破壊できずに北朝鮮から発射されたミサイルを弾道弾早期警戒レーダーや軍事衛星等で探知し、迎撃するものである。20‐25 キロメートルの低高度ではパトリオットミサイル（PAC‐3）および中距離地対空ミサイル（M‐SAM）「天弓（チョンクン）」（2018 年実戦配備予定）が、40‐60 キロメートルの中高度では長距離地対空ミサイル（L‐SAM、2023 年実戦配備予定）が、100 キロメートル以上の高高度では米軍の THAAD ミサイルが迎撃する。ミサイル探知のため、韓国軍は新たに軍専用の偵察衛星を 2020 年代前半までに 5 機投入する予定である。また、北朝鮮の SLBM の脅威に対応するため、弾道弾早期警報レーダーを追加で投入する。

　第 3 の軸である「KMPR」は、北朝鮮が核兵器で攻撃を加えた場合、北朝鮮の指導部を狙って、報復するというものである。「KMPR」には、「キル・チェーン」と同じく、地上、海上（海中）、空中から発射される各種ミサイルによる報復のほ

か、特殊部隊の投入が想定されている。2019年創設予定の「特殊任務旅団」(准将級)は2017年中の創設に前倒しされる。同旅団は、有事の際に北朝鮮指導部を「除去」し、戦争指揮施設を麻痺させる任務を負うとされる。また2個ヘリ大隊で構成される「特殊作戦航空団」(大佐級)が2017年内に創設される。

陸軍は、2016年5月、初めて攻撃ヘリ「アパッチ」4機の引き渡しを受けた。計36機が2017年中に実戦配備される。「世界最強ヘリ」といわれる同ヘリの実戦配備により、北朝鮮の局地挑発に昼夜間・全天候においてさらに迅速に対応できるようになるほか、有事の際、戦車や装甲車等をより効果的に破壊することが可能となる。また、陸軍は、北朝鮮の長距離砲を破壊するため、最大射程80キロメートルの多連装ロケット「天槍(チョンム)」の配備を進めている。他方、陸軍は東西前線の1、3軍司令部を2018年末までに統合して「地上作戦司令部」を創設する予定であるが、統合は将官ポストの削減が伴うため、陸軍は消極的である。

海軍は、イージス艦3隻の追加確保計画に伴って2025年に1個戦団を機動戦団に追加する。また、弾道ミサイル発射用垂直発射管6本を搭載した張保皐(チャンボコ)III潜水艦(3,000トン級)3隻が建造中である。

空軍は、無人偵察機「グローバルホーク」を2019年までに計4機導入し、2020年を目途に「偵察飛行団」(准将級部隊)を創設する計画である。空中給油機の戦力化を通じて、空軍機の作戦行動半径・時間を拡大する。2018年から2021年までにステルス戦闘機F-35Aを40機導入する。また、米国の軍用GPSの利用承認を受けた韓国型GPS誘導爆弾(KGGB)の配備を2016年9月頃、開始した。KGGBの最大射程は110キロメートルであり、低空飛行することなく、山の裏側や坑道等に隠された長距離砲等を攻撃することが可能となる。2018年末までに1,200発を配備し、F-4およびF-5戦闘機等に搭載する予定である。

海兵隊は、2021年を目途に北朝鮮指導部「除去」等を任務とする「上陸作戦航空団」を創設する。

2017年の国防予算は、前年比4%増の40兆3,347億ウォンとなった(グラフ-1)。

グラフ - 1　韓国の国防費

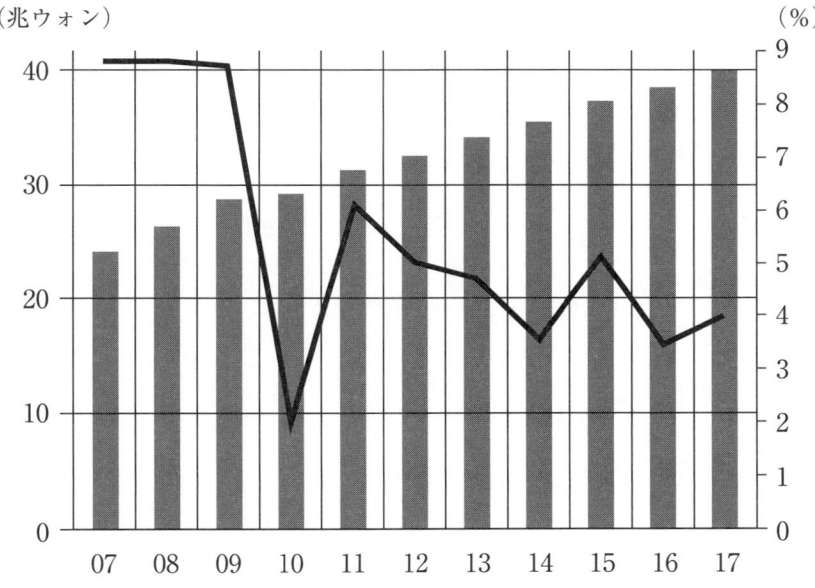

（兆ウォン）　　　　　　　　　　　　　　　　　　　　　　（%）

■国防予算　━増加率

出所：韓国『国防白書 2016 年版』および国防部報道資料をもとに筆者作成

在韓米軍・米韓連合軍 － 拡大米韓合同演習

　米韓連合軍は 2016 年 8 月 22 日 - 9 月 2 日までの間、毎年定例の米韓連合演習「ウルチ・フリーダム・ガーディアン」を実施した。9 月 9 日の第 5 回核実験に対しては、北朝鮮への警告として 13 日にグアムから 2 機の B‐1B が韓国上空を飛行した。21 日にも 2 機が飛来し、うち 1 機が烏山基地に着陸した。また、KMPR の概念を適用し、米韓両海軍の海上訓練は従来の対艦・対空戦から米海軍の巡航ミサイル「トマホーク」や韓国海軍の巡航ミサイル「海星 2」等による対地精密打撃演習へと重点を移した。

　米韓連合軍は 2017 年、毎年定例の野外機動演習「フォール・イーグル」（3 月 1 日から 4 月 30 日まで、韓国軍 29 万人、米軍 1 万人参加）および指揮所演習「キー・リゾルブ」（3 月 13 日から 24 日まで、韓国軍約 30 万人、米軍 1 万 3

千人参加）を実施した。同演習には、原子力空母「カール・ビンソン」、ステルス戦闘機Ｆ‐35Ｂ（初）、戦略爆撃機Ｂ‐1Ｂ、原子力潜水艦「コロンバス」、大型強襲揚陸艦「ボノム・リシャール」が参加した。さらに、ウサマ・ビンラディンを射殺した米海軍「シールズ」をはじめとする米特殊部隊が参加し、金正恩を含む北朝鮮指導部の「除去」と大量破壊兵器の破壊を想定した訓練を実施した。在韓米軍は3月12日、優れた偵察力だけでなく攻撃力も有する無人偵察機「グレー・イーグル」の配備を開始したと明らかにした。さらに4月14‐20日に米韓両空軍による「マックスサンダー訓練」で、北朝鮮重要施設を想定した精密攻撃演習が実施された。これらを鑑みると、米韓連合軍は、北朝鮮との全面戦争、局地戦への対応だけでなく、現実化する北朝鮮の核・ミサイルの脅威への対応として、北朝鮮指導部および核・ミサイル施設に対する精密攻撃、特殊作戦にも重点を置くようになったといえる。

　米太平洋艦隊は2017年4月8日、米韓演習を終えてシンガポールに寄港していた原子力空母「カール・ビンソン」を北上させ、西太平洋に派遣すると発表した。トランプ政権が北朝鮮に対する軍事オプションを排除しないとの立場を強調する中、シリアとアフガニスタンに対する攻撃を実行に移したため、朝鮮半島でも軍事的緊張が高まるとの見方が強まった。同空母は29日、日本海において韓国軍と演習を実施した。また、5月1日にはＢ‐1Ｂがグアムから飛来し、韓国空軍および同空母艦載機と共同で演習を実施した。

（平田　悟）

コラム　スポーツ統一チームが生む南北和解ムード

　「表彰台の高さは国の地位を示す」。2015 年に北朝鮮で発刊された金正恩朝鮮労働党委員長の「名言集」に、このような一節がある。社会主義国全般に言えることだが、北朝鮮でも国際競技大会は国力を誇示する重要な場となっている。2018 年に韓国・平昌で開催される冬季五輪、2020 年の東京五輪も当然、国威発揚の舞台と位置付けられ、選手の育成・強化を進めているとみられる。

　一方で、国際競技大会は北朝鮮と韓国にとって、政治的な交渉だけでは追求の難しい「民族統一の一体感」を実現する機会を提供してきた。南北統一チームの存在だ。スポーツの政治利用は忌避されるのが国際的な常識だが、こと南北については政治的和解の流れを補完する役割を果たしてきた。国際競技大会での南北統一チームの議論は、1964 年の東京五輪からとされているが、その時々の国際情勢も背景に交渉は難航を重ねてきた。

　南北統一チームが初めて実現したのは 1991 年、舞台は日本の千葉県で開催された世界卓球選手権だった。女子団体では強豪中国を下し優勝、表彰式では朝鮮半島全体が描かれた旗がたなびき、民謡「アリラン」が国歌の代わりに使われた。冷戦崩壊を背景にした南北和解の流れが、この卓球統一チームを後押しした。同年 6 月には、ポルトガルでの世界青少年サッカー選手権（20 歳以下）で統一チームを結成、ベスト 8 まで進んだ。しかし、その後は北朝鮮の核開発問題が表面化したこともあり、統一チーム結成の気運は急速に後退した。

　韓国で金大中、盧武鉉と 2 代にわたり革新政権が続いた時期には、2000 年のシドニー五輪、2004 年のアテネ五輪の開会式で南北合同入場が行われた。2000 年 6 月に初めて行われた南北首脳会談で生まれた平和共存の流れが合同入場を後押しした。その意味で、2018 年の韓国・平昌冬季五輪と 2020 年の東京五輪で、南北がどのようにスポーツを媒介させた対話を展開するのか、さらには日本や中国など周辺関係国がどのように関与していくのかが、緊張が続く朝鮮半島の行方を左右する変数の一つとなりそうだ。韓国では 9 年ぶりとなる革新政権、文在寅体制が発足した。南北対話を通じ合同入場や統一チーム結成の気運が生まれる可能性も排除できない。東京五輪が南北和解の舞台を提供することになるかもしれない。

磐村　和哉
（共同通信社編集委員）

第6章　東南アジア

概　観

　2016 年度の東南アジアの国際関係は、国内政治の影響を軽視できない 1 年となった。ドゥテルテ・フィリピン新大統領の就任は、南シナ海問題をめぐる国際関係に変化をもたらした。同大統領は、これまでの米比同盟強化・対中強硬姿勢の外交姿勢を変え、南シナ海の仲裁裁判所裁定を棚上げし、対中批判を抑制する方針をとった。ASEAN は、対中経済依存の強い議長国ラオスやカンボジアの反対により共同声明で同裁定への言及や対中批判を手控えた。

　ミャンマーでは、2016 年 3 月に国民民主連盟（NLD）主導の新政権が発足したが、国内外で課題が山積している。最優先課題として掲げている国内の少数民族武装集団との和平交渉は難航し、政府軍と特定の武装集団との戦闘が再発した。また、ロヒンギャとみられる武装集団と治安部隊との間でも戦闘が始まり、有効な手立てを打てないミャンマー政府に対して近隣諸国のインドネシア、マレーシア、タイなどで抗議デモが発生した。マレーシア外務省は非難声明を発表するなど、国家間問題へと発展している。

　地域協力の進展においても、国内政治の影響が大きく出た。2017 年 1 月に就任したトランプ米大統領が環太平洋経済連携協定（TPP）からの離脱を表明したことで、これを地域経済秩序のルール作りの柱と位置づけていた国々にとって大きな打撃となった。ポスト TPP 世界を危惧するのは日本のみならず、日本とともにその設立と発展に協力を進めてきた APEC 加盟国も同様である。「開かれた地域主義」を旗印に地域経済協力を推進してきた APEC にとって、保護主義の広がりはその理念への挑戦となる。実際、米大統領選挙後に開催された APEC 首脳会議では、あらゆる形態の保護主義に対抗する旨の宣言が採択された。APEC が実現を目指すアジア太平洋自由貿易圏（FTAAP）の両輪の一つである TPP が失われたことで、もう一方の、中国が主導する東アジア地域包括的経済連携（RCEP）の存在感が増すであろう。

東南アジア主要国の動向

フィリピン
ドゥテルテ大統領の就任と高い支持率に後押しされる麻薬撲滅対策

2016年6月30日、南部ミンダナオ島のダバオ市元市長であったドゥテルテ氏が大統領に就任した。ドゥテルテ大統領は、麻薬犯罪取締りと治安改善を最大の公約に掲げ、取締り過程で麻薬犯罪者に対する超法規的な殺害を容認するなど、過激な政策や発言によって国連や人権団体からの強い非難を受けているが、高い支持率を背景に麻薬犯罪対策を継続している。大統領就任100日の時点で、警察によって麻薬関連犯人3,500人以上が捜査中に殺害され、加えて密売人同士の殺し合いで2,250人が死亡したといわれる。このような強硬的な対策から、自首した麻薬犯罪者も73万人に上っている。

国民のドゥテルテ大統領への支持率は高い。フィリピンの世論調査機関パルス・アジアが行った2016年7月の世論調査によれば、支持率は91%で、10月の調査でも86%であった。また、別の世論調査機関であるSocial Weather Stations（SWS）の調査によれば、ドゥテルテ大統領の就任後100日間の功績を「大変良い」（very good）と解答した人は64%であった。

米比関係 − トランプ政権下の不安定な米比同盟

フィリピンは、中国の台頭を背景に、アキノ前政権下では米国との協力関係を強化してきた。それは、2014年に締結された防衛協力強化協定（EDCA）によって端的に示されよう。同協定によって、米国はフィリピン国内に軍事施設を設置、使用することが可能になり、また米軍をローテーション配置できるようになった。フィリピンは、当初、同協定についてフィリピン議会の承認を要しない行政協定であるとの位置づけとしており、協定は政府間で調印された。ところが、フィリピンの元上院議員らが、同協定は上院での批准が義務づけられている「条約」に該当するとして提訴したため、協定の発効までに要する手続きが止まっていた。2016年1月、フィリピン最高裁判所は、提訴に対し、「大統領が決めた協定であり、

裁判所は立ち入ることができない」として訴えを退け、EDCA の合憲性が認められた。

　ドゥテルテ氏が新大統領に就任した後の米比関係は、不安定なものとなった。それはドゥテルテ大統領の発言に端的に表される。例えば同大統領がオバマ大統領を侮辱した結果、予定されていた米比首脳会談がキャンセルとなってしまったり、上述の EDCA の見直しを示唆したり、米国統治時代にミンダナオ島で米兵が住民を殺害した事件を引き合いに「米国と一緒にいる限り平和は訪れない」と主張したり、テロ対策のために同島にローテーション駐留している米軍部隊は「出ていかなくてはならない」と発言したりした。さらに、ドゥテルテ大統領は、就任後に訪問した中国で、米国との軍事的・経済的「別離」（separation）を宣言した。この発言は、米側からの真意説明の要求といった事態までに発展し、混乱を深めた。ドゥテルテ大統領は、同発言は外交関係を断つということではなく、独自の外交政策を貫くという意味だと説明した。その後、ラッセル米国務次官補（東アジア・太平洋担当）がマニラを訪問し、ヤサイ外相と会談した。ラッセル氏は、米比関係の揺るぎない信頼関係を再確認したと述べたが、同時に懸念を伝えたことも明らかにした。ヤサイ外相も、米国との関係強化を目指す旨述べたが、米国へ依存せず、独立した外交政策を目指すとして、従来の米比関係と異なることを強調した。フィリピン政府は「米国との別離」に則した具体的な行動はとっておらず、米国との合同軍事演習や米比相互防衛委員会および安全保障委員会も予定通り実施された。しかしながら、米国との別離宣言釈明後も、ドゥテルテ大統領は外国軍の支配を受けないよう、国外に出て行って欲しいなどと発言し、今後の米比関係は前政権のそれより不安定化する可能性が十分にある。

対中関係 – 南シナ海問題を棚上げし経済政策を優先

　2016 年 7 月 12 日、南シナ海問題をめぐって常設仲裁裁判所が裁定を出した。この訴訟は、同海域における中国の主張および行動が国際法において合法であるか否かを問うべく、2013 年 1 月にフィリピンが提訴したものである。引き金となったのは、2012 年 4 月に中国がフィリピン沖のスカボロー礁に公船を派遣し、実効支配したことである。1994 年にも、中国はフィリピンが実効支配していたミ

スチーフ礁に建造物を設置した。フィリピンは中国に抗議をし続けたが受け入れられず、軍事力では対抗できないために提訴に踏み切った。フィリピンの訴えは、主に次の4点に集約されよう。①中国が主張する「九段線」は法的根拠がないこと、②中国が築いた人工島は本来は低潮高地ないし岩であり、排他的経済水域（EEZ）や大陸棚などの権利は発生しないこと、③人工島などの建設は国連海洋法条約の環境保護義務に違反すること、④フィリピンEEZ内における中国船の行動は、フィリピンの漁業および航行の権利に対する妨害行為であること、である。

　常設仲裁裁判所の裁定内容は次の通りである。すなわち、①中国が南シナ海で独占的な管理を行ってきた証拠はなく、同国が歴史的権利を主張する「九段線」には法的根拠がないこと、②中国が岩礁を埋め立てた7つの人工島は島とは認められず、したがってEEZや大陸棚の権利は生じないこと、③埋め立てと人工島造成は環境に悪影響を及ぼし、国連海洋法条約に違反すること、④中国船がフィリピンのEEZ内などで展開する行為は、フィリピンの石油探査や漁業を不法に妨害していること、である。

　これにより、フィリピンの主張がほぼ全面的に認められた。この裁定は法的な拘束力を持つが、中国はフィリピンが裁判所に提訴した時から裁定には従わないことを明言しており、同時に、中国は国家主権と海洋権益を断固守ることを強調し、今後もこれまでの主張のもとに行動することを示唆した。実際、米戦略国際問題研究所（CSIS）は裁定の翌8月の報告書で、中国がファイアリー・クロス礁、スビ礁、ミスチーフ礁で埋め立てた人工島に格納庫を建設していると指摘した。また、同報告書は、これら諸島を軍事拠点化する意図はないとの中国の主張を疑問視せざるを得ないと批判し、格納庫が短期間で建設されたことは現状変更の意図があることを示唆していると論じた。

　自国の主張が全面的に認められたフィリピンは、中国の主張と行動には正統性がなく、国際法違反であることを国際社会に広く知らしめ、行動を抑制するよう中国に圧力を強める絶好の機会となるはずであった。しかし、裁定が下される約2週間前の6月30日に新大統領に就任したドゥテルテ氏の外交方針は、アキノ前大統領とは大きく異なるものであった。就任5日後の演説で、ドゥテルテ新大

統領は常設仲裁裁判所で自国に有利な裁定がされた際、中国と対話を通して柔軟に向き合う構えを見せた。これ対して中国も様々な懐柔策を展開している。例えば、アキノ前政権時代にフィリピンが中国漁船の取締りを強めた報復措置として中国が課していたフィリピン産バナナの禁輸措置を解除した。

　ドゥテルテ大統領は、前政権で悪化した中比関係の改善を図った。同大統領は、2016年10月に約400人の財界人を引き連れ訪中し、習近平国家主席との首脳会談を行い経済関係の重視を強調した。この際、同大統領は、常設仲裁裁判所の裁定を自ら取り上げず、南シナ海問題をあえて棚上げし、経済支援を優先させた。同会談の結果、ドゥテルテ大統領は、習近平国家主席から鉄道・道路・港湾などのインフラ設備のため、計90億ドル（約9,300億円）の融資を取り付けた。

　また、ドゥテルテ大統領は、麻薬中毒者更生施設建設費に対する融資も獲得した。麻薬犯罪撲滅を最大の公約に掲げるドゥテルテ大統領は、麻薬犯罪対策の過程で犯人の殺害をいとわない発言をしており、こうした同大統領の方針に対して米国や国連などは人権問題として批判を強めているが、中国は支持を表明した。ウビアル保健相は、フィリピン政府は麻薬中毒者のリハビリのため14億5千万ペソ（約31億円）の予算案を計上したが、これは治療対象者の約1割に相当する8万人分しか相当せず、あらたな融資によって治療対象者を拡大することができると述べ、中国の貢献を強調した。

　フィリピン国内のメディアは、圧倒的な国内人気を背景に、対中経済政策では現実路線として評価する報道もあるものの、他方で、ドゥテルテ大統領の外交方針は、南シナ海でのフィリピンの立場を弱体化させ、その結果、日米との連携強化の機会を逸したとの批判もある。

インドネシア
対中関係 - 経済面における協力と政治面における対立

　インドネシアと中国の関係は、経済面における協力と、政治面における対立が特徴的である。ジョコ・ウィドド大統領が2015年に訪中した際、中国の国家開発銀行より500億米ドルのインフラ融資を取り付けた。中国の融資を受けるに至ったことで、インドネシアにとって、中国は米国を抜いて投資国第3位となった。他方、

政治面では、南シナ海南部のナトゥナ諸島近海において対立が顕著となった。インドネシアが設定するナトゥナ諸島沖のEEZは、中国が南シナ海のほぼ全域の管轄権を主張する、いわゆる「九段線」と一部重複している。このナトゥナ諸島沖で、2016年3月、5月、6月と相次いで中国との衝突が発生した。例えば3月には、インドネシア海洋水産省警備艇がインドネシアのEEZ内で違法操業していたとして中国漁船を拿捕し、これに対し、中国海警局の海警船がインドネシア漁船に体当たりしてこれを奪還した。マルスディ・インドネシア外相は中国大使館代理公使を呼び出し、①インドネシアのEEZにおける主権侵害、②EEZ上における法執行の妨害、③インドネシア領海侵犯、の3点について抗議した。プジアストゥティ・インドネシア海洋水産相も、中国が強硬姿勢をとるのであれば、国際海洋法裁判所へ訴えてもよいと述べた。6月には、インドネシア海軍が中国漁船を拿捕し、乗員7名を拘束した。この事件後、ジョコ大統領はナトゥナ諸島沖の軍艦上で閣議を開き抗議を表明した。さらに10月には、ジョコ大統領視察のもと、インドネシア空軍がナトゥナ諸島のラナイで軍事演習を実施し、同域のインドネシアの主権を中国に対して強く示した。インドネシアは南シナ海における島々の領有権を主張していないことから係争国ではなく、ナトゥナ諸島をめぐって中国とは対立していないとの立場を保持してきたが、これらの事件はインドネシアも南シナ海を巡って、中国との対立が進化する可能性が高くなったことを示唆している。

キリスト教徒ジャカルタ州知事が起こした政治大混乱

　2016年のインドネシアの一大政治事件はキリスト教徒であるジャカルタ州知事のイスラム教聖典に対する冒涜疑惑による政治的混乱であった。中華系のバスキ・ブルナマは2012年の知事選で副知事として当選し、2014年の当時の知事ジョコ・ウィドド氏が大統領になったがために知事に昇格していた。行政改革や汚職追放で成果を上げていたバスキ知事は2016年9月27日に経典コーランの一節への言及がコーラン並びにイスラム教徒への冒涜とされ、10月4日には5‐10万人の参加による一大反バスキ・デモとなり、宗教冒涜罪として知事の逮捕要求となった。一部のデモ参加者には政権転覆を狙った過激派もいたため、事態は深刻であった。

　デモ組織らはさらに大きなデモを計画したため、ジョコ大統領も調整に入り、

バスキ知事の法的手続きに入ることで鎮静化を図り、12月2日に予定されていた大規模デモを昼時間の祈りの集会に代えることに成功した。

2017年4月19日の州知事選挙にバスキ知事も再選を目指して立候補したが、対立候補アニス・バスウェンダンに敗北した。その後、5月9日にバスキは禁錮刑2年の実刑判決を下された。後任は5月9日の知事選で当選したイスラム教徒、アニス・バスウェンダンになった。インドネシア政治におけるイスラム教の重要性や敏感性を示したケースとなり、2018年の大統領選挙への影響が注目されている。

「ホームグロウン・テロリスト」集団の台頭

インドネシアの安全保障上の脅威は、ホームグロウン・テロリスト集団(国内で生まれ育った者が過激派組織に共鳴して自国内で起こすテロ集団)、地方の分離主義勢力(アチェの分離運動、自由パプア運動など)、周辺海域の航行と漁業の安全といったところである。したがって国防費は国土の大きさに比べて小さく、2016年度はGDPの0.8%である。しかし近年の脅威の増大を踏まえて、ジョコ大統領は「数年以内に少なくともGDPの1%にしたい」と述べている。

インドネシアには国内産テロリスト集団がいくつかあるが、その中で代表的な集団が「東インドネシア・ムジャヒディン」(MIT)というテロ組織でジャワ島およびスラウェシ島に本拠地を置いている。2011年に結成された同組織の頭領はサントソという男で、陸軍と警察の合同作戦のターゲットになっていたが、2016年7月18日、ついに警備隊との銃撃戦の末死亡した。

サントソはインドネシアでISに忠誠を誓った最初のリーダーの一人で、それは2014年であった。それまでのMITはさらにウイグル武闘派に戦闘訓練を提供していたが、彼らは中部スラウェシ島のポソに基地を持っていた。サントソの部下たちは地方警察や市民を小火器で攻撃していた。サントソの死亡でMITは急速に弱体となったと言われる。2016年9月にはMITのメンバーは9人だともいわれた。しかしMITは歴史的にはジャワで根強い勢力を持っていたダルルイスラムの系統の組織で、今後も勢力を回復する可能性がある。

これ以外に、スマトラ北部のアチェを中心に組織されたグループがあり、リーダーはスナキム(別名アフィフ)。彼はインドネシアで最も強力なIS支持者でテロ

のかどで 9 年間の受刑中であるアマン・アブドゥルラハマンの手下とされている。また 7 月 5 日に中央ジャワのソロの警察署に自爆弾を投げ込んだ事件、8 月 28 日に IS 支持者とされるものが北スマトラのメダンの教会に爆発物を仕掛け、牧師をナイフで襲った事件、10 月 20 日にジャカルタ西部のタンゲランで警官 3 人が刺傷された事件などがあった。

　これらの事件は「一匹オオカミ」的なものによるものと判断され、組織だった大掛かりな事件に至っていない。しかしイラクやシリアで戦闘経験を積んだインドネシア人戦士が帰国すれば、事態は変わると思われる。

海洋安全保障上の低強度脅威

　海洋安全保障の点では、2016 年前半にはフィリピン南部のスールー海でハイジャックや誘拐事件が頻発した。例えば、6 月 20 日、インドネシアのタグボートの乗組員 7 人がアブサヤフ所属と思われる暴漢に誘拐される事件が起きた。こうした身代金目当ての誘拐事件を取り締まるため、6 月 21 日インドネシアはフィリピンおよびマレーシアと共同で対処する計画を発表した。しかしフィリピンやマレーシアは南シナ海の問題で忙殺されており、スールー海のパトロールに手が回らない難点がある。またインドネシアも南シナ海での中国漁船の違法漁業問題に直面している。3 月 19 日、インドネシアの沿岸警備艇がインドネシア領のナトゥナ島海域で中国の漁船と漁民 8 人を拿捕し、漁船をえい航し始めたが、中国の公船がその漁船に体当りしインドネシア人の乗組員を追い払い、漁船を連れ帰ったという事件が起きた。インドネシアは中国側の抗議を退けて 8 人の中国漁民を違法漁業で起訴することを決めた。

　これはジョコ大統領の強い姿勢を表したものである。ジョコ政権が 2014 年に発足以来、すでに政府は 150 隻以上の船を撃沈しているが、そのうち中国の漁船で撃沈されたのは 1 件のみであるという。中国はナトゥナ諸島が中国領であることは認めているが、中国の主張する九段線とナトゥナ諸島の EEZ との境界線に関しては明確にしていない。

新国防白書で「海洋外交」を強調

インドネシア政府は 2016 年 5 月 31 日に新しい国防白書を発表した。白書はインドネシアの目指す信頼醸成や紛争予防に関しての周辺国の理解を得ることを目的としており、その観点で 4 つの主要点を掲げている。それらは、①グローバル海洋体制の支柱的役割（インド洋と太平洋をつなぐ海域の安全とインドネシアの安全）の推進、②海域境界の明確化と複雑化した紛争への対処、③積極的防衛戦略（「攻勢的自衛」戦略）の採用、および④「海洋外交」の重視、にある。

インドネシアは伝統的に米中の双方ともに友好関係を維持しようとしており、今後米中対立が厳しくなった場合、難しい選択に迫られる。

ミャンマー
難航する少数民族対策

国民民主同盟（NLD）政権の最優先課題としてアウン・サン・スー・チー国家顧問兼外相が掲げた少数民族武装勢力との和平交渉は難航している。2016 年 8 月にはカチン州を含む北部地域で政府軍がカチン独立機構（KIO）への攻撃を再開、3 カ月後の 11 月には KIO と他の 3 組織で構成される北部同盟が政府軍に反撃し、戦闘が激化した。このような状況下、2017 年 2 月に予定されていた 2 回目となる和平会議は延期された。和平会議に参加するには、政府との停戦協定を結ぶことが条件となっているが、国内にある約 20 の武装勢力のうち協定を締結しているのは 8 組織に留まっている。スー・チー氏は、未署名の武装勢力に協定への署名を呼びかけたが、実現できていない。その理由の一つは、軍事政権下で制定された現在の憲法では、軍部は政府の指揮命令を受けないことになっている。そのため、政権トップのスー・チー氏も軍の行動を制御できないことがある。

加えて、ロヒンギャ難民へのミャンマー政府の対応においても、インドネシアやマレーシアなどから非難を受けている。ミャンマー政府への反発が広まる契機となったのは、10 月上旬にミャンマー西部ラカイン州とバングラデシュの国境地帯で、ロヒンギャとみられる武装集団と治安部隊との間で戦闘が始まったことである。これまでに 80 人以上が死亡し、戦闘では治安部隊によるロヒンギャ住民の殺害

や性的暴行、住居の焼き打ちが相次いでいると報告されている。国際人権団体「ヒューマン・ライツ・ウォッチ」は現地調査を要求したが、ミャンマー政府は人権侵害を否定し、その要求を拒んだ。イスラム教徒であるロヒンギャの迫害に対して何の行動もとらないミャンマー政府に対して、インドネシアのジャカルタ、マレーシアのクアラルンプール、タイのバンコクなどでスー・チー氏を非難する抗議デモが起き、マレーシア外務省は非難声明を発表した。マレーシアが特に強い懸念を抱くのは、ロヒンギャが難民として同国に入国しているためである。

　こうした状況を受け、ミャンマー政府は ASEAN 諸国の外相をヤンゴンに招き、ASEAN 非公式外相会議を主催した。スー・チー氏は各国外相に時間と裁量の余地を求めたと同時に、加盟国への定期的な報告と人道支援の受け入れを約束した。ミャンマー政府は、コフィ・アナン前国連事務総長をトップとする諮問委員会を設置して問題解決を目指しており、ASEAN 外相は同諮問委員会が提出する中間報告書を踏まえたうえで対応を検討することで合意した。

　2017 年 3 月 30 日で NLD が政権を握って 1 年が経ったが、スー・チー氏への期待が過大であったためか、期待と実績のギャップに国内外で失望感が広がっているようである。事実、2015 年の総選挙では NLD を支持した民主化勢力のなかから、3 月上旬に新党が結成された。

対米政策 – 経済制裁の全面的解除後の期待

　2016 年 9 月、スー・チー氏は最初の公式の米国訪問を行った。会談したオバマ大統領は、1997 年から課していた経済制裁の全面的解除を明らかにした。ミャンマーに対する制裁については、2011 年の民政移管で就任したテイン・セイン大統領の改革路線を踏まえ、欧州連合は武器禁輸を除くすべての制裁を解除していた。米国も多くの制裁を解除したが、軍や旧軍政に近い人物や企業との商取引の禁止や宝石類の輸入禁止などは維持していた。しかし今般、麻薬取引などに関与した疑いがある人物を除き、ほぼ全面的に解除された。また、途上国からの輸入関税を減免する優遇措置も復活させた。制裁解除は時期尚早との声もあるが、オバマ政権のレガシーになり得るうえ、米経済界の強い要望も背景にある。最近 5 年間の中国の対ミャンマー投資額が約 85 億ドルなのに対して、米国

のそれは制裁の影響で456万ドルに留まっていた。経済制裁の全面的解除により、今後、米企業による直接投資が大きく増加することが見込まれる。

対中政策 - 少数民族対策に不可欠な支援

　スー・チー氏は、ASEAN諸国域外の初の外遊先として8月に中国を訪問した。この背景には、少数民族武装勢力との和平でスー・チー氏は、ミャンマー国内の少数民族武装勢力との和平を政権の最優先課題に掲げ、全勢力が参加する和平会議を同月末に開くこととなっており、これに中国の協力が不可欠なことがある。実際、中国国境地帯を拠点とし武装勢力で最大勢力のワ州連合軍が、初めて会議への参加を表明した背景には、中国の孫国祥アジア問題特使がワ州連合軍代表者と面会し、和平会議に参加するよう促したようである。（ただし報道によれば、ワ州連合軍の代表者は会場のネピドーには赴いたものの、政府側の態度に不快感を示して結局和平会議には参加しなかったようである）。

マレーシア

ナジブ首相の汚職疑惑は一応収拾

　2016年前半までのマレーシアの政治はナジブ首相の汚職疑惑で揺れたが、年後半には一応収拾し、首相は乗り切った形となった。とはいえ2018年の総選挙に向けて権力闘争は続きそうである。汚職疑惑とは2015年7月2日の『ウォールストリート・ジャーナル』紙が、ナジブ首相が政府系会社ワン・マレーシア・デベロップメント（1MDB）から個人口座に7億米ドルの送金を受けたと報道された公金横領疑惑の件である。同年8月には大規模の反対デモが起きたが、2016年1月、法務長官が「それはサウジアラビアの王族からの献金である」としたので、騒動は収束していった。マハティール元首相が2016年3月に汚職疑惑と職権乱用でクアラルンプールの高裁に提訴した。11月にはマハティールも加わった大きな反ナジブ運動となった。しかしナジブ首相は事態を掌握しているようである。

　外交面では、ナジブ首相は10月31日から訪中し、14件の資金供与を受ける覚書に署名した。国内では対中依存を懸念する批判を受けた。次いでナジブ首相は11月15日から訪日し、巡視艇2隻他の支援を受けた。2017年は日本・マレー

シアの国交樹立 60 周年になり、両国の関係はさらに深まりそうである。

金正男暗殺事件で両国関係は悪化

　2017 年 2 月 13 日、突然北朝鮮の金正恩労働党委員長の異母兄である金正男がクアラルンプール国際空港で毒物を顔に塗られて殺害されるという事件が起きた。この暗殺事件で、マレーシアは事件の解明に北朝鮮の協力を求めたが得られず、そのうえ暗殺に関与した疑いのある大使館員らを尋問しようとしても、北朝鮮はその関係者を尋問なしで帰国させることを主張した。しかも、平壌にいるマレーシア大使館の館員およびその家族 8 名の帰国を条件にしたため、実際にその線で交換が実施されたのは 3 月 30 日となった。

　さらに北朝鮮は金正男の遺体を持ち帰ったが、その遺体はパスポートにある人物（実は金正男の偽名）であると主張し、金正男の遺体ということを最後まで認めなかった。こうして暗殺事件は詳細が解明されずにうやむやになってしまった。このため、マレーシアは報復策として、姜哲駐マレーシア大使を 3 月 6 日を期限に国外追放とした。

　両国の関係が改善されるには時間がかかるであろうが、この事件がマレーシアで起きたのは同国が北朝鮮の関係者の出入国を比較的自由にしていたために逆に利用されたためであろう。北朝鮮が国交関係を持っている国は 166 カ国、もっていない国は 35 カ国とされている。ASEAN10 カ国はすべて濃淡はあれ、北朝鮮を承認している。

安全保障では領土侵犯とISテロが懸念

　マレーシアの安全保障上の主たる挑戦は、国防白書（毎年発表されない）で強調するように、領土侵犯に対する防衛、過激派勢力の取り締まり、および国民統合の推進にある。このうちで、国境防衛が最も差し迫った課題である。

　フィリピン領のスールー諸島からサバ州に侵入する準過激勢力アブサヤフ（その多くは身代金目当ての誘拐犯）に対抗するため、マレーシア政府は東サバ安全保障司令部（所在地はラハドダトゥ）の機能向上を図り、2016 年には不法流入者やテロその他の犯罪の取り締まりを強化し、2017 年にはヘリコプター、装甲車、ホー

ク戦闘機の配備、海軍への海中探知システムの配備を行う予定である。

　マレーシアの2016年度国家予算の中の安全保障の項目への配分は1.9%、2017年度は2%になる。また国防の項目は2016年度が6.3%、2017年度が5.8%で、2016年度の国防予算のGDPに占める割合は1.39%で比較的低い数字になっている。

　また、マレーシアの国境問題としては、南シナ海のマレーシア領のルコニア礁および周辺の岩礁のEEZ（排他的経済地域）への中国艦船の出入りがある。2016年3月には80‐100隻の漁船が中国の公船に守られてルコニア礁海域に入った。7月のハーグの常設仲裁裁判所の裁定以降は安定している。マレーシアはハーグ裁定で中国を批判することはしていない。静かな姿勢が得策と考えている。しかしEEZを守るため、ナジブ首相は11月に中国と日本を訪問し、それぞれの訪問先で警備船の供与を要請した。両国から警備船を得ることで、マレーシアの中立の立場を保持している。

　マレーシアにとってはテロの脅威も大きい。2016年7月首都クアラルンプールの郊外のナイトクラブに投げ込まれた爆弾で8人が傷害を負ったが、警察はISとのつながりがあると断定した。2016年には、テロ未遂事件が14件、逮捕者115人が報じられた。またマレーシア人約60人がシリアのISに加わっていると言われる。

　マラッカ海峡の海賊の取り締まりでは、長年マレーシアはシンガポール、インドネシア、それにタイとのマラッカ海峡パトロールを実施してきたが、近年のISの動きに対処するために連携を強めている。またマレーシアはインドネシアとフィリピンとの3カ国でスールー海の合同パトロールの構想を進めている。

シンガポール
対中関係の悪化

　2016年のシンガポールの外交関係は対中関係の悪化が目立った。12月23日シンガポール軍（SAF）が台湾での通常の訓練の帰途香港に寄港した際、香港の税関が9台の装甲車の差し止め措置をとった。その後北京の外務省スポークスマンは、中国と正式な関係にある国が台湾と公式の交流をすることに反対すると述べた。シンガポールが中国との国交を開いた1990年には、中国はシンガポー

ルと台湾との交流について何も言わなかった。中国はこれまでシンガポールに台湾ではなく海南島の使用を提案してきたが、シンガポールが断ってきた。

　シンガポールでは、鄧小平とリークアンユーが長年にわたって築いてきた両国の「特別の関係」は終わったという空気が強い。中国はシンガポールの装甲車を差し止めることで、台湾を訓練地として使用することに不快感を表し、かつ蔡英文台湾総統にも中国と一線を画す外交政策にも不快感を伝えたいのであろうと解釈されている。

　南シナ海問題でも中国はしばしばシンガポールが南シナ海に領有権を主張していないのに介入していることを批判してきた。しかし、中国がASEAN諸国との間で南シナ海の行動規範の枠組みを2017年6月までに作成することに同意していることに、シンガポールは懐疑的ではない。

友好国との関係は強化

　このシンガポールの対中関係とは対照的にシンガポールの対米、日、豪関係は良好に展開した。リー・シェンロン首相は2016年7月に訪米し、また8月に訪日した。同国首相のワシントンへの公式訪問は1985年以来初めてであった。そして10月にはシンガポール軍がオーストラリアの訓練地を借用する覚書に署名した。さらにシンガポールは2016年12月にマレーシアとの間でシンガポール・クアラルンプール間に高速鉄道を建設する覚書に署名した。またインドネシアとの間では12月にシンガポール海峡東部海域における両国間の境界線協定に批准した。

テロの脅威増大

　この年もテロ容疑者の摘発が進み、テロの脅威が増大した。2016年1月公安当局は、シンガポールで働くバングラデシュ国籍の過激派分子27人を本国ないしは中東でのテロを計画していたとして逮捕した。8月にはシンガポールのマリナベイをインドネシアのバタム島からロケットを打ち込むことを計画していたとして、インドネシア警察が6人のテロ容疑者を拘束した。また同月、内務省はシンガポール人18人、バングラデシュ人4人を拘留中でさらにシンガポール人24人を拘束中と発表した。

シンガポールの外国人家事労働者は23万7千人いると言われ、全労働者の17%に当たる。そのうち、インドネシアからは約半分の12万5千人になるという。そうした家事労働者の過激化の例もあり、潜在的にテロ容疑者の発生地帯になることを当局は警戒している。

国防費の増大

シンガポールの2016年の国防費は139億7千万シンガポールドル（約102億米ドル）で、前年比6.4%の増加である。増加率は2011年以来最大であった。これは地域安全保障環境の厳しさを反映したものとされている。

タイ
新憲法案の承認

タイでは、2014年5月に軍事クーデタによって政権に就いたプラユット・ジャンオーチャー元陸軍司令官を首相とする国家平和秩序評議会が、新憲法案を起草し、2016年8月7日の国民投票で61%の賛成で承認された。しかし、投票率は59%であり、毎回70%に達する総選挙と比較すると低いものであった。新憲法案では、軍人議員6名を含む上院議員は非公選とされる。国民の選挙で選ばれない上院や憲法裁判所の権限が強く、総選挙で選ばれた下院議員の権限を制限できるとしている。新憲法案は、実権を握り続けたい軍部の意向が強く反映されており、タクシン元首相派の影響力の弱体化を図る狙いがある。61%の賛成で承認されたが、当初は否決されると予測する人が少なからずいた。にもかかわらず承認された理由の一つは、新憲法案の内容が十分に国民に知り渡らなかったことがあると考えられている。新憲法案は279の条文があるが、その内容を説明する資料などはごく一部にしか配布されず、主要テレビ局も憲法案を批判することはしなかった。軍部は、反対派への厳しい取締りも行っていた。2016年10月13日にプミポン国王が逝去し、12月に即位したワチラロンコン新国王により2017年4月6日に署名され、新憲法は即日発布、施行された。国家平和秩序評議会の民政復帰に向けたロードマップによれば、総選挙の実施は新憲法施行から570日以内となっており、2018年11月までに総選挙が行われる予定である。

ベトナム

強化される米越防衛協力

　米越安全保障協力は、年々強化されている。まず、2010 年には年次防衛政策対話を開始し、2011 年には防衛協力に係る覚書に調印した。2013 年には包括的パートナーシップを確立させ、2014 年には対ベトナム武器禁輸の一部を解除、米越国交正常化 20 周年にあたる 2015 年には防衛協力推進についての共同ビジョン声明に署名した。そして 2016 年 5 月、オバマ大統領はベトナムを訪問した際、1975 年のベトナム戦争終結後から続いたベトナムに対する武器禁輸措置を 40 年ぶりに全面解除することを明らかにした。米国はベトナムの人権状況が改善されないことを理由に武器禁輸を継続していたが、2006 年に殺傷能力のない兵器に限定して禁輸を解除し、2014 年 10 月には海洋の安全に関する防衛装備に限って禁輸を一部解除していた。米国議会内には武器禁輸の全面解除は時期尚早との声があったが、オバマ大統領は米越関係は一定レベル以上の信頼と協力を確立したと説明した。全面解除によって、ベトナムは殺傷能力の高い武器についても米国から調達できるようになる。さらに、オバマ大統領はチャン・ダイ・クアン国家主席に、ベトナムにおける平和維持活動訓練センター設立への支援などを約束した。10 月には、米越海軍間協力の一環として、米潜水艦母艦フランク・ケーブルとミサイル駆逐艦ジョン・マケインがカムラン湾に寄港した。

カンボジア

　中国が重要な貿易相手国であるカンボジアは、常設仲裁裁判所の裁定を受け入れられないといち早く表明した。フン・セン首相は、この表明の数日後の 7 月 16 日、中国から約 6 億ドルの資金援助が予定されたと明らかにした。その後も、カンボジア・中国関係はさらに強化された。10 月、習近平国家主席がカンボジアを訪問した際、同主席は 2.4 億ドルの貸与、9,000 億ドルに上る中国への債務の帳消し、1,400 億ドルの軍事援助などを約束した。

　カンボジアにとって、中国は最大の直接投資国であり、対中貿易額も増加している。カンボジアは約 7% の経済成長率を遂げており、この数字は経済成長を遂げる多くのアジア諸国の中でも高い。2016 年 7 月、世界銀行は、同国の 2015

年の1人当たりの国民総所得（GNI）が1,070ドルに達したため、低所得国から下位中所得国に格上げしたと発表した。また世界銀行によれば、今世紀初頭のカンボジアの貧困率は50％程度であったが、今日は20％以下にまで減少した。カンボジアの縫製産業は、輸出の約7割を占め、同国経済を支えている。同産業に従事する労働者の最低賃金をひと月あたり153ドルまでに上昇させ、過去3年で倍増させた。また、労働賃金上昇を求めるストライキの数は2015年1月から8月に85件あったが、2016年の同期間で33件にまで減少した。

日本の対東南アジア協力

防衛協力

　日本は、南シナ海の軍事化を進める中国を牽制するため、東南アジア諸国との防衛協力体制を様々な枠組みを通して深化させている。

　第一に、防衛省・自衛隊が実施する東南アジア諸国の軍に対する能力構築支援である。この事業は、他国による能力構築支援と異なり、人道支援、災害救援、軍医療などの非伝統的安全保障に限定した分野において、自衛隊・防衛省の専門家派遣や日本への招聘を通した研修やセミナーを実施し、南シナ海に進出する中国を牽制する各国の軍の能力向上に間接的に結びつけているところに大きな特徴がある。自衛隊はこれまで、ASEAN10カ国中8カ国に対して潜水医学、飛行安全、国際航空法、人道支援・災害救援および平和維持活動に関する研修やセミナーを実施してきた。このうち、タイに対しては、2016年4月、国際航空法の分野における人材育成セミナーや招へい事業を初めて実施した。6月には中谷防衛大臣がタイを訪問し、二国間防衛協力の強化に合意した。

　第二に、東南アジア諸国に対する自衛隊装備品等の提供である。日本はODAの枠内で東南アジア諸国に対して巡視船の供与を行ってきた。これまで、ベトナム海上警察には13隻、フィリピン沿岸警備隊には12隻、マレーシア海上法令執行庁には2隻、インドネシア海上保安機構（BAKAMLA）には3隻の巡視艇供与について各国と合意している。このうち、フィリピンに関しては、日本は2013年度にフィリピン沿岸警備隊に巡視船10隻の供与を決定し、すでに数隻

が引き渡しを開始している。これに加え、2016 年 9 月の日比首脳会談において大型巡視船 2 隻の購入として 165 億円を円借款供与が決定され、フィリピンはこの融資で日本で建造された巡視船を購入することになった。また、2017 年 1 月に安倍首相が訪越した際、フック首相との会談で、ベトナムの海上保安能力強化のため巡視船 6 隻（累計 13 隻）の整備費を含む 1,200 億円の円借款を表明した。

　第三に、防衛装備品供与のための法改正である。自衛隊の中古の防衛装備品を無償で貸与や譲渡を可能にするよう、2017 年 1 月に財産法の改正案が国会に提出された。現行の財産法では、装備品を含め自国財産の他国への無償提供を禁じているため、2016 年 10 月にフィリピンに海上自衛隊の中古の TC - 90 練習機を有償で貸与したが、この改正案が可決されれば、今後、東南アジア諸国への無償供与が可能となる。

　日本は東南アジア諸国と共同訓練・軍事演習にも力を入れている。2016 年 4 月には、2014 年に続いて海上自衛隊がインドネシア海軍の主催による多国間訓練「コモド 2016」に参加し、インドネシア周辺海空域において人道支援・捜索救難に関する訓練を実施した。また、同年 4 月、海上自衛隊は米比合同軍事演習「バリカタン」にオブザーバーとして参加した。同演習前日には、練習潜水艦「おやしお」と 2 隻の護衛艦「ありあけ」および「せとぎり」がフィリピン海軍と合同演習を実施するためにスービック湾に寄港した。2 隻の護衛艦は、その後カムラン湾国際港への歴史的寄港を果たし、ベトナム海軍と合同演習を行った。また、日本は、前述のフィリピンに有償貸与した TC - 90 練習機に対する飛行訓練を実施している。2016 年 12 月にはインドネシアのパンジャイタン海洋担当調整大臣が訪日し、岸田文雄外相と会談した際、「日・インドネシア海洋フォーラム」の設置に合意し、インドネシアの海洋安全保障分野における協力強化に合意した。

経済協力

　経済協力の分野においては、ASEAN 全 10 カ国が加盟する中国主導のアジアインフラ投資銀行（AIIB）が本格的なスタートを切る中、日本は東南アジア諸国に対してインフラ投資に力を入れている。2016 年 10 月下旬、日比首脳会談にて、安倍首相は、フィリピンに対しダバオを含む地方部と首都圏の両方でインフラ整

備を支援していくことを表明した。安倍首相は、2017年1月にもドゥテルテ大統領とマニラで会談し、今後5年間でODAおよび民間投資を含めた1兆円規模の支援を打ち出した。またドゥテルテ大統領が国内政策として重視する麻薬犯罪対策に対して麻薬依存症治療施設の整備や関連医療に関する人材育成支援も約束した。

　タイ、ミャンマー、カンボジア、ラオスおよびベトナムに対しては、2016年から3年間の7,500億円（70億ドル）規模のODAについて、2016年5月に各国を歴訪した岸田外務大臣は、各首脳に対し、同支援による交通インフラおよび国造りに関する人材育成などを強化することを強調した。

　特に、日本は対ミャンマー経済支援を強化した。安倍首相は、9月のラオス・ビエンチャンで開催されたASEAN関係閣僚会合で、アウン・サン・スー・チー国家顧問兼外相と会談し、貧困対策や農村開発を目的とした道路・橋・電気などのインフラ整備のため1,250億円の支援を行うと表明した。また、11月の東京での同氏との会談では、安倍首相は、5年間で8,000億円規模の包括的な経済協力のためのODAおよび民間投資支援を行うことを表明した。さらに、ミャンマーは深刻な電力不足問題を抱えていることから、2017年4月、水力発電所改修のため約108億円の円借款貸付契約が調印された。

軍事力の近代化

　東南アジア諸国は近年、経済成長を背景に国防費を増額させ、戦闘機や巡視船・潜水艦などを中心に海軍力・空軍力の増強に努めている。この傾向は2016年度も続いた。背景には、中国の経済成長を背景とした軍事力の増強への対応、老朽化した装備品の近代化の必要性、近隣諸国の軍事近代化への対応などがある。東南アジア諸国の中で米国から最も多額の援助を受けているフィリピンは、米国から2011年と2012年にハミルトン級カッター2隻が供与されたが、3隻目となる同級カッターが7月に、4隻目の巡視船がフィリピン国家警察海上保安グループに引き渡された。この4隻は、パラワンに配備され西フィリピン海／南シナ海の警備にあたる。ドゥテルテ大統領就任後、8月には韓国の現代重工業と

仁川級 HDF - 3000 フリゲート 2 隻を契約した。フィリピン海軍は韓国からポハン級哨戒艦も供与される予定である。防空能力については、韓国から購入した 12 機の FA - 50PH 戦闘機のうち 2 機が 2015 年 11 月に納入され、2017 年 3 月末までに追加で 4 機が納入された。残りの 6 機は 2017 年中に引き渡される予定である。また上述した通り、海上自衛隊の 5 機の中古練習機 TC - 90 のうち、2 機が 2017 年 3 月にフィリピン側に貸与された。

　上述のナトゥナ諸島沖の中国船の活動を背景に、インドネシアは防衛予算を増額し、海上防衛力および同諸島沖の防衛の向上に力を入れている。海上防衛能力においては、マルセティオ海軍参謀長がインドネシアのそれは著しく不十分であり、潜水艦 12 隻とフリゲート 16 隻が必要であると発言した。実際、インドネシア国防省は韓国の大宇造船に 3 隻の潜水艦を注文し、1 隻目が 2016 年 3 月に進水した。残りの 2 隻は 2017 年から 2018 年にかけて引き渡される予定である。また、オランダ製シグマ級をベースとしたフリゲート 2 隻も国内で建造している。ナトゥナ諸島の防衛については、リャミザルド・リャクドゥ国防相が現在 800 人駐留している部隊の規模を、空軍特殊部隊を含む 2,000 人規模で増員する方針を明らかにしたとされる。また、ラナイ空軍基地に F - 16 戦闘機を配備できるよう、同基地を拡充することも明らかにしている。防空能力の強化については、米国製 F - 5 戦闘機の更新計画として、ロシアから Su - 35 戦闘機を購入することに決定したとされる。長期的な観点からすれば、他国から調達するばかりでなく、自国で開発・生産できれば有益であることから、2016 年 1 月、インドネシア国有企業であるインドネシアン・エアロスペースは韓国航空宇宙産業と韓国製戦闘機 KF - X の共同開発生産に正式に合意した。

　東南アジア諸国の兵器調達の特徴の一つとして、調達先を一国のみに頼らず、複数国から調達するという点がある。上述のインドネシアなどは好例であるが、そういった国は米国の同盟国であるタイも同様である。2014 年のクーデタによって政権の座に就いたタイの軍事政権は、それ以後中国との防衛協力を強化させている。例えば、タイは潜水艦を保有していないが、2014 年 7 月に潜水艦隊司令部を発足させ、これに伴い潜水艦調達に着手した。2016 年 7 月には、中国からユアン級潜水艦を 3 隻購入することを決定したようである。

表 - 1 は ASEAN10 カ国の 2015 年と 2016 年の国防費、国防費の伸び率、GDP における国防費の割合を表したものである。10% 以上の増加率を示したのはカンボジアとフィリピンであった。フィリピンは 2 年連続で 10% 以上増額させている。ラオスの国防費は不明ではあるが、10 カ国を平均すると 4%弱の国防費増である。

表 - 1　ASEAN 諸国の国防費（2016 年）

	2015 年 （100万米ドル）	2016 年 （100万米ドル）	対前年比 （%）	対 GDP 比 （%）
ブルネイ	391	402	2.81	3.84
カンボジア	565	628	11.15	3.24
インドネシア	7,882	8,171	3.66	0.87
ラオス	不明	不明	不明	不明
マレーシア	4,548	4,218	-7.26	1.39
ミャンマー	2,274	2,264	-0.44	3.32
フィリピン	2,196	2,538	15.57	0.83
シンガポール	9,544	10,249	7.39	3.46
タイ	5,634	5,717	1.47	1.46
ベトナム	3,829	4,010	4.73	2.01

出所：英国国際戦略研究所（IISS）The Military Balance 2017

地域協力

ASEAN 主導の一連の地域協力会合は 2016 年も開催されたものの、大きな成果はなかった。むしろ、南シナ海問題に関する常設仲裁裁判所の裁定が出たにもかかわらず、文書でそれにも言及しない ASEAN 内の分断および対中配慮が際立った。トランプ米大統領の TPP 離脱宣言により、東アジア地域包括的経済連携（RCEP）の動向が今後、以前より関心を集め得る。

ASEAN

　ASEAN は、南シナ海問題に関する常設仲裁裁判所による裁定に関して、首脳会議や外相会議等において、声明や文書での言及が一切できず、南シナ海問題を巡り ASEAN 内の亀裂や不一致が一層鮮明となった。

　2016 年 7 月の常設仲裁裁判所の裁定から約 2 週間後、ASEAN 外相会議に向けて、その前日に開催された準備会議では、常設仲裁裁判所の裁定を共同声明に反映させるかどうかをめぐり協議が難航した。ベトナムは裁定を歓迎する文言を盛り込むよう要求し、インドネシア、マレーシア、ミャンマーなども国際法の遵守を求める文言を盛り込むことを望んだ。しかし、中国から巨額の支援を受ける議長国ラオスとカンボジアは難色を示した。報道によれば、カンボジアは仲裁裁定への言及はおろか、「法的、外交的プロセスを全面的に尊重した平和的な紛争解決」や「非軍事化の重要性」といった一般的な原則の文言にも反対したという。特に、カンボジアの強い反対の背景には国内事情がある。フン・セン首相は在任 31 年になるが、国内では野党が支持を拡大させており、2 年後の総選挙では苦戦を強いられる可能性が高く、政権維持のためには、経済的に大きく依存する中国との関係を重視した。ブルネイも素案作りの段階で抵抗したという。

　この結果、ASEAN 外相会談では、「最近の南シナ海域で進展する状況を深刻に懸念し、域内での信頼と信用を損ねて緊張を増大させ、平和と安全、安定を脅かす埋め立て行為や当該海域での活動の拡大に対して複数の外相の懸念に留意し、」「南シナ海の情勢を複雑化させ、緊張をエスカレートさせる埋め立てなどすべての活動において、非軍事化と自制の重要性」を強調するという表現に留められ、ASEAN としての共同声明は見送られた。議長国ラオスおよびカンボジアによる強い反対を受け、意思決定においてコンセンサス方式を採用している ASEAN にとって、上記の文言は到底十分とはいえないが、これが精一杯だったのだろう。

　ASEAN は、南シナ海での中国との紛争を回避するため、当事国の行動を法的に規制する「行動規範（COC）」の枠組み合意に向けた取り組みを進めた。2016 年 8 月に開催された ASEAN・中国高級事務レベル会合では、翌 2017 年中頃までには法的拘束力のある COC の草案を完成させることに合意をみた。具

体的な期限を課したのは今回が初めてである。強硬な姿勢を取り続ける中国であるが、この合意は常設仲裁裁判所の裁定が多少の影響を及ぼしていることを示唆している。翌9月に開催されたASEAN・中国首脳会議においてもASEANによる中国批判は抑制され、会議後に出された共同声明にはCOCの早期策定を目指すこと、海上での緊急事態に対するホットラインの指針作成などに合意をしたが、常設仲裁裁判の裁定の言及はなかった。また、問題解決にあたっては、直接当事者である主権国家による交渉と協議によるとされ、域外国の関与を認めないことが述べられ、中国の思惑通りの共同声明となった。2017年5月にCOC策定に向けたASEAN・中国の高官協議を中国貴州省貴陽で開催し、枠組みに合意したが、法的拘束力の担保など具体的な内容に関しては未定であり、策定に協議が継続される見込みである。

ASEAN地域フォーラム（ARF）

　23回目となるASEAN地域フォーラム（ARF）は7月末にビエンチャンで開催された。ARFはASEANを中心としつつも日米中をはじめとする域外国が参加する常設の多国間安全保障フォーラムである。域外国が参加するものの、2016年は議長国が中国の友好国であるラオスが務めたこともあり、上述のASEAN首脳・外相会議同様、ARF議長声明においても南シナ海の裁定への言及はなされなかった。議長声明では、南シナ海問題は一つの段落で取り上げられ、①同海域における航行の自由および上空飛行の自由、平和と安定の維持の重要性、②最近の南シナ海域で進展する状況への深刻な懸念、および複数の外相が表明した埋め立てなどへの懸念への留意、③相互の信頼と信用の増幅、状況をさらに複雑化させうる行動の自制、国連海洋法条約を含む国際法に則った紛争の平和的解決の必要性、④南シナ海に関する行動宣言（DOC）の効果的かつ全面的な履行および行動規範の早期策定の4点が盛り込まれた。いずれも従来から主張されていたもので、目新しいものはない。議長声明では常設仲裁裁判所の南シナ海における裁定について言及されなかったが、外相が集うこの機会を利用して日米豪の外相らが閣僚級戦略対話を開催し、共同声明を発表した。同声明では、中国による軍事拠点化への「強い反対」を盛り込み、常設仲裁裁判所の裁定を

順守するよう中国に求めた。

　今次会合では、日本の提案により、ラオス、カナダ、欧州連合とともに「最近の悲惨なテロに関する ARF 閣僚声明」を発出した。同閣僚声明は 4 点から構成され、テロおよび暴力的過激主義対策のための努力において連帯し、コミットしていく決意を再確認したに過ぎない。しかし、テロは各国にとり深刻な課題であり、その取組みは一国のみでは行えないものであることから、ARF は同分野における連携を深めるに相応しいフォーラムであり、ARF における取組みに対する期待が多くの国から表明された。ARF は予防外交への取組みがいまだ不十分であり、南シナ海問題のようないわゆる伝統的安全保障問題において果たす役割はきわめて限定的であり、近年はテロをはじめとする非伝統的安全保障問題を重視するようになっていた。今次会合においても、ARF は加盟国間の信頼を深めるのみならず、テロ、難民、気候変動といった非伝統的な脅威について率直な意見交換を行うのに相応しいフォーラムであるとの発言が多くの国からなされた。

東アジア首脳会議（EAS）

　東アジア首脳会議も他の地域協力制度と同様、南シナ海問題の仲裁裁定は焦点にならなかった。安倍首相が、当事国が裁定に従うことで解決に繋がることを期待する旨を述べ、同様にオバマ大統領も裁定を取り上げた。しかし、提訴したフィリピンのドゥテルテ大統領は裁定に言及せず、ASEAN 各国も中国に配慮した。議長声明においても、裁定への言及はなく、数カ国が「深刻な懸念」を表明したと述べるに留まった。

アジア太平洋経済協力枠組（APEC）・環太平洋経済連携協定（TPP）・東アジア地域包括的経済連携（RCEP）

　ペルーのリマで開かれたアジア太平洋経済協力枠組（APEC）は、TPP からの離脱を訴えたトランプ大統領候補が当選した後に開かれた。APEC 首脳宣言では、グローバル化や経済統合への懐疑的な見方が広がり、保護主義が台頭しているとしたうえで、「開かれた市場を維持し、あらゆる形態の保護主義に対抗する」と述べられた。APEC が目指すアジア太平洋自由貿易圏（FTAAP）構想

の実現については、TPP と RCEP の二つを土台とすることを再確認した。

トランプ新大統領の TPP 離脱宣言にともなう TPP の失速が予想されるなか、中国の習国家主席は RCEP の早期妥結を図ると意欲を示した。マレーシアのムスタパ貿易産業相は、TPP が発効されない場合には、RCEP の合意に焦点を移すと 2017 年 1 月の声明で述べ、シンガポールの貿易産業省の報道官も米国抜きの TPP は意味がないため、RCEP を含む他の地域統合協議を重視する方針を明らかにした。

米国は TPP から離脱したが、米国を除く 11 カ国で始めることを望む国々もある。例えばオーストラリアやニュージーランドである。他方、米国への輸出増が期待できると国内で説得したマレーシアやベトナムは、米国抜きでは意味がないとして新協定には消極的である。またペルーやチリは、中国の参加を促すべきと主張するが、これには中国の影響力増大を懸念する日本や複数の東南アジア諸国は消極的である。このように、それぞれの参加国の思惑が異なっているため、ポスト TPP の行方は不透明となっている。

（福田 保）

コラム　シンガポールの国家ブランディング戦略とスポーツイベント

　1936年にナチス政権下のベルリンで開催された「ヒトラーのオリンピック」や1971年の世界卓球選手権を契機に米中が展開した「ピンポン外交」などの例に表れるように、国家は国際スポーツイベントを外交の「道具」としてしばし活用してきた。このような両者の密接な関係は、その目的に違いはあれども、人口が550万人弱、国土面積が淡路島と同程度というミニ国家であるシンガポールにおいても例外ではない。

　近年シンガポールは、世界の耳目を集める国際スポーツイベントの招致に積極的に取り組んでいる。主な例としては、F1で初の夜間レースとなったシンガポール・グランプリ（2008年‐現在）、204カ国から3,600人もの青年が参加した世界初のユース・オリンピック（2010年）、女子テニス界において4大大会に次ぐ格式を誇るWTA Final（2014年‐現在）の開催などが挙げられる。これらの招致活動によって、シンガポールは、スポーツアコードが毎年公表するスポーツイベントの開催頻度を評価する世界ランキングにおいて、2012年度にアジアで1位の座に輝いた（2016年度は2位）。

　なぜシンガポールはスポーツイベントの招致に力を入れているのであろうか。その主な理由は、スポーツイベントの開催が、対外イメージの転換を目的とする同国の国家ブランディング戦略の主要手段の一つとして位置付けられているからである。21世紀に入り、シンガポール政府は、同国の対外イメージを「効率的なビジネス都市」という無機質なものから、「創造的かつダイナミックなグローバル都市」という躍動的なものへと脱皮させない限り、海外からの投資や有能な人材の獲得、また観光客の誘致などを巡る近隣諸国とのし烈な競争を勝ち抜くことはできないという危機感を抱くようになった。つまり世界有数のメディア・コンテンツである国際スポーツイベントを多数開催することで、上記対外イメージに基づいた「国家ブランド」の確立を促進し、それによって近隣諸国との差別化を図るという戦略である。

　現在シンガポールとマレーシアは、2028年の夏季オリンピックを共同で招致する可能性を検討している。同案はマレーシア側から持ち込まれたものであり、シンガポール側は、主にコスト面の懸念から慎重姿勢を貫いているようであるが、他方でシンガポールは、2014年に地域最大級のスポーツ複合施設を国内に整備し、翌年には参加選手人数でみれば夏季オリンピックの半分程度の規模となる「東南アジア競技大会」をホストするなど、大規模スポーツイベントのホスト能力を着実に進化させている。両国によるオンリンピックの共同開催案が現実のものとなれば、それはシンガポールの国家ブランディング戦略の総仕上げとして、対外イメージの転換に大きく資することになるであろう。

湯澤　武
（法政大学教授）

第7章　南アジア

概　観

　南アジアをめぐる情勢は、緊張を孕んでいる。国内政治に目を向ければ、インドのモディ政権は比較的スムーズな政局運営を行っており、懸案の複雑な間接税を一本化する物品・サービス税（GST）法案を成立させるなどの成果が出始めてきた。これに対し、パキスタンのナワーズ・シャリフ政権は首相自身の汚職疑惑および政府と軍の関係から、その安定性が危ぶまれる状況である。治安面では、印パ関係の悪化も絡んで、インド側のカシミール州が騒然としており、またインド東北部や極左勢力による暴力事件が散発的に起きているが、「イスラム国」（IS）の影響はまだほとんどないとみられる。パキスタンはテロの件数や犠牲者の数では減少傾向が今年も続いたが、ISの影響も見え始め、余談を許さない状況であることに変わりはない。同時に印パ関係も2008年のムンバイ同時多発テロ以来の最悪の事態を迎えている。また、バングラデシュでもイスラム過激主義の台頭が見られる。2016年7月の首都ダッカのカフェ襲撃事件では日本人も犠牲になった。ISの犯行なのか、ホームグロウンのテロリストの仕業かはっきりしないが、これまでは比較的穏健なムスリム国家であったバングラデシュにも新たにイスラム過激主義が台頭してきたことになる。

　外交面では、インドが米国、日本、オーストラリアなどとの関係を一層緊密化させた一方、パキスタンは対中接近を一段と進め、二極化の様相を呈してきた。インドは米国と兵站部門での協力で合意し、日本とは、2010年から交渉を続けていた原子力協定をついに締結した。さらに日米印3カ国の協力も進んだ。印米の合同演習「マラバール2016」に日本も今回から正式メンバーとして参加し、日米印局長級（外務・防衛）協議も開催された。一方、パキスタンは中国の提唱する「一帯一路」構想に多大なる期待を寄せ、中国の援助を受けて「経済回廊」建設に熱心である。中国の支援で建設されたグワダル港も開港した。

　アフガニスタンでは、タリバンが相変わらず勢力を保持しており、そこにISも加わって、情勢は一向に改善されていない。米国も増派を考え始めている模様である。

インド

依然続くモディ政権への期待

　モディ政権は、3年目に入っても高い支持率を維持した。インフラ整備と製造業振興に必要な国内改革は遅滞しているものの、各州議会選挙では、インド人民党とその連立政党が主要州で勝利を収めた。2016年5月に北東部最大のアッサム州で、2017年3月には全国最大州のウッタル・プラデーシュ州のほか2州で政権を奪取し、1州で政権維持に成功した。他方、野党の国民会議派はパンジャーブ州で勝利したものの、4州で政権を失ったのに加え、中国との係争地となっているアルナーチャル・プラデーシュ州では、議員の大量離党によって、選挙によらず、インド人民党に政権を奪われた。

　インド人民党は連邦上院では依然として国民会議派の後塵を拝しているものの、州議会の勢力図の変化を反映してその差は縮まりつつある。もっとも、与党連合での過半数には遠く及ばず、法案成立のためには地域政党を含む野党の協力が不可欠な状況に変わりはない。

　州ごとに複雑な間接税を一本化する物品・サービス税（GST）法案は、2016年8月にようやく上下両院で可決され、翌月には過半数の州の支持を得て成立したものの、関連法の整備が追いつかず、目標としていた2017年4月の導入はならなかった。土地収用法改正案、労働法改正案といった他の重要法案については、まったく成立の目処が立っていない。

　他方で、モディ政権は、議会承認を要さない大胆な改革に踏み切った。2016年6月、外国直接投資（FDI）の大幅な緩和策を発表し、国防分野では100％の外資が認められることとなった。10月には、産業界に慎重姿勢の強かった地球温暖化防止のためのパリ協定批准手続きを完了し、世界を驚かせた。さらに11月には、汚職とブラック・マネー排除のためとして、高額紙幣（500ルピー、1,000ルピー札）を翌日から廃止すると突然発表したのである。新紙幣への交換が停滞したため、経済・社会は一時、混乱に陥った。それでも、世論調査や州議会選挙の結果を見るかぎり、政権与党への期待感は保たれている。

治安情勢

　2016年夏、モディ政権は、ジャンムー・カシミール（J&K）州の騒乱に手を焼いた。7月、治安部隊がイスラム分離武装組織、ヒズブル・ムジャヒディーンの象徴的な若手幹部を射殺したが、これに抗議する一部住民が暴徒化し、当局との衝突が続いた。政府は、住民と治安部隊の双方に平静と自制を呼びかける一方で、今回の騒乱がパキスタンに扇動された動きだとの批判を強めた。騒乱は9月下旬にようやく沈静化したものの、犠牲者は80名以上、負傷者は1万名以上にのぼった。

　騒乱により情報収集活動が手薄になるなか、9月18日未明、J&K州西部のウリにあるインド陸軍基地が4人の武装集団に襲撃され、兵士19名が犠牲となった。政府は事件がパキスタン側カシミールの根拠地を持つ集団の犯行だと断定し、パキスタン批判を強めた。しかしこうしたイスラム武装勢力が、いまや世界に脅威を及ぼしつつある「イスラム国」（IS）と直接連携するような展開は見られていない。インド国内からISの戦闘員として加わる者がいることは知られているが、その数は限定的であり、いまのところ、インドが攻撃対象となった事案はないとみられる。

　北東部では、2016年8月、アッサム州コークラジャールで武装集団による銃撃事件が起き14名が死亡した。またマニプル州でも12月、ナガ族の武装組織による暴力事件があり、準軍隊が急派された。

　東部の開発の遅れた農村地域で暴力活動を続けてきた極左武装組織、マオイスト（ナクサライト）の事件は近年減少傾向にあり、2016年度も衝撃的な事案はなかった。とはいえ、市民・治安部隊の犠牲者は依然として年間200名近くに達するなど問題解決にはほど遠い。

印パ関係の悪化

　J&K州情勢の悪化と連動して、2016年の印パ関係は2008年のムンバイ同時多発テロ以来ともいえる「最悪の年」となった。1月に発生したパタンコートインド空軍基地襲撃事件で延期されていた外務次官協議は、4月にデリーで開催されたアフガニスタン復興会議の機会にようやく実現した。しかし2015年末に首相・外相間で合意された「包括的二国間対話」の開始には至らなかった。

　その後、7月に始まったJ&K州の騒乱について、パキスタンが「人権侵害」だ

とする一方、インド側はパキスタンの「越境テロ」によるものと非難し合い、激しい外交応酬が二国間のみならず、国連を含む多国間の場でも繰り広げられた。8月に入ると、インド側は新たな攻勢に転じた。モディ首相は、恒例の独立記念日演説で、パキスタン支配下のカシミールとともに、反政府活動や宗派対立が続くバロチスタンやギルギットといったパキスタンの「人権侵害」を取り上げた。さらには、バングラデシュ・ダッカで7月に起きたカフェ襲撃事件、アフガニスタン・カブールで8月に起きた大学襲撃事件などを受け、パキスタンに起因するテロが「インドのみならず地域の他の国々も」苦しめているとの議論を展開し始めた。モディ政権はこのように、南アジア近隣国を味方につけ、パキスタンに対する外交的包囲網の形成を目論んだ。その結果、パキスタンで予定されていた2016年の南アジア地域協力連合（SAARC）首脳会議は、インドに続いて他の加盟国が相次いで不参加を表明し、結局延期された。

　その中で起きたのが、9月のウリインド陸軍基地襲撃事件であった。モディ首相は、「卑劣な襲撃の背後にいる勢力が罰せられずに済むことはないと、国民に約束する」として、強硬策を示唆した。そしてインド政府は、9月29日未明、インド陸軍特殊部隊がカシミール管理ライン（LoC）のパキスタン側に入り、テロリストの拠点8カ所に「局部攻撃」を実施したと発表した。この作戦により、インド側は40名のテロリストを殺害したと成果を強調した。これに対し、パキスタン側は作戦実施を「作り話」だと否定し、それ以上の軍事的エスカレーションは回避された。しかし緊張緩和の動きはみられず、11月にも、双方で犠牲者を出す砲撃戦やジャンムー近郊のインド陸軍基地に対する襲撃事件などが続いた。2017年に入っても対話再開の見通しは立っていない。

中東・アフリカへの接近

　モディ首相は、これまでインド首相の訪問が途絶えてきた中東・アフリカ諸国を相次いで訪問した。まず2016年4月にサウジアラビアで海洋安全保障を含む防衛協力や貿易拡大で合意した。5月にはイランを訪問し、同国南東部チャバハール港への投資の見返りにインドが10年間の使用権を取得するとともに、同港とアフガニスタンを結ぶ輸送通商回廊を構築することに3カ国で合意した。実現すれ

ば、インドにとって中東、中央アジアとの間の交易がパキスタンを介さずとも可能となると期待されている。またこの背景には、中国が進めるパキスタンのグワダル港と新疆ウイグルをつなぐ中パ経済回廊（CPEC）プロジェクトに対抗する狙いもあるとみられている。

　その後もモディ首相は6月にカタール、7月にも、モザンビーク、南アフリカ、タンザニア、ケニアのインド洋に面するアフリカ4カ国を歴訪し、関係強化に努めた。さらに2017年1月の共和国記念日の主賓には、アラブ首長国連合（UAE）のナヒヤーン皇太子を招き、あわせて第1回戦略対話を開催した。こうした接近策は、近年影響力を強める中国への対抗策であるのと同時に、パキスタンをイスラム諸国の中で孤立させる狙いもあると思われる。

深まる中国との対立

　印中関係には、インド周辺地域への中国の影響力拡大とそれへのインドの対抗という地政学的な対立に加え、二つのイシューが浮上した。第一は、インドの原子力供給国グループ（NSG）加盟問題である。インドは2008年にNSGで「特例扱い」を認められ、核不拡散条約（NPT）に入らないまま、他国との民生用原子力協力が可能となった。以来インドは、NSGを含む国際輸出管理レジームへの加盟を追求し、日米など主要国からの支持も取り付けてきた。特にNSGに関して、モディ政権は、2016年6月にソウルで開催された年次総会に照準を合わせ、加盟に向けた外交を展開した。慎重派と目されるスイスやメキシコには首相自ら足を運んだほか、直前に開かれた上海協力機構（SCO）首脳会議の機会を利用して、最大の障壁、中国の習近平国家主席に加盟を認めるよう直談判したという。さらに、直前の印米首脳会談では「南シナ海」への言及を避け、人民解放軍によるインド側への「侵入」報道についても、事態沈静化に努めるなど、対中宥和策を講じた。しかしそれでも、中国はNPT未加盟国のNSG加盟を疑問視し、インドの加盟は実現しなかった。

　落胆したインド側は、「ある国が手続き的な障害をしつこく提起した」と対中非難のトーンを強め、以降、対中姿勢に変化が見られるようになった。7月のハーグの常設仲裁裁判所による裁定について、インド政府はただちに支持を表明した。

9月にベトナムを訪問したモディ首相は、高速巡視艇の供与を含む防衛協力の拡大を約束するとともに、南シナ海情勢をめぐって国連海洋法の遵守と紛争の平和的解決の重要性を確認するなど、対中牽制を鮮明にした。

第二の新たなイシューは、パタンコート空軍基地襲撃、ウリ陸軍基地襲撃などに関わったとみられるパキスタンのテロ組織、ジャイシュ・エ・ムハンマド（JeM）の創設者、アズハルの国連制裁指定問題である。インドはアズハルを安保理決議1267に基づく、対タリバン・アルカイダの制裁対象者リストに加えるよう働きかけ、米英等もインドの主張を支持している。しかしパキスタンを擁護する中国は、つねに難色を示してきた。その結果、アズハルはパキスタン国内で「自由に」活動を許されている。

軍事基地への衝撃的なテロを受け、政権内では、アズハル問題の重要度が高まった。2017年2月に北京で開催された第1回印中戦略対話で、ジャイシャンカールインド外務次官は、NSG問題とともに、このイシューを最重要テーマとして取り上げ、中国が事実上、ブロックしていることに強い懸念を伝えた。しかし中国側の態度は変わらず、膠着状態が続いている。

米欧との緊密化

米国との関係強化の流れは続いている。10年ほど二国間で協議してきた兵站交換に関する覚書（LEMOA）については、2016年4月のカーター国防長官訪印時に原則合意され、8月のパリカル国防長官訪米時に署名された。これにより、修理や食糧、訓練など、限定的ながら後方支援目的で、双方の軍事基地を利用し合うことが可能となった、インド国内では、野党から批判も起きたが、モディ政権は、対米軍事協力に大胆な一歩を踏み出した。

2016年6月、訪米したモディ首相は、オバマ大統領との首脳会談でさらなる防衛協力拡大を求めた。共同声明には、「インドは広範なデュアル・ユース技術へのライセンス・フリー・アクセスを受ける」と明記され、米国の軍民両用の高度先端技術を入手できる道が開かれた。また東芝の子会社、ウエスチングハウスが原発6基をインド国内に建設することでも合意があった。もっとも、その後同社の経営破綻等により、予定されていた2017年6月までの契約完了という当初目標

は困難な情勢となっている。モディ首相はあわせて連邦議会演説を行い、米議会がＦ‐16のパキスタン売却を承認しなかったことを念頭に、テロを利用する者に「報酬」を与えることを拒否したと称賛した。パキスタンに起因するテロ問題は、8月にケリー国務長官が訪印するかたちで開催された第2回印米戦略通商対話でも主要議題となった。

　2016年11月の米大統領選挙の結果は、インドでも驚きを持って受け止められた。しかし、モディ首相は、ただちにトランプ次期大統領に電話をかけ、祝意を伝えるとともに、印米の戦略的パートナーシップ関係を新たな高みに引き上げるため密接に協力していくことで一致した。さらにジャイシャンカール外務次官を、政権移行チームとの面談のため訪米させた。トランプ政権が2017年1月に正式発足すると、こうした接触をさらに活発化させた。トランプ新大統領の反イスラム的な言動や、経済・安全保障面での中国への厳しい注文について、インドではむしろ期待する向きが強い。

　とはいえ、懸念材料もある。トランプ新政権は、在米インド人を含め、外国人の就労ビザ（H1B）を厳しく制限する動きを見せている。そうなると、インドのIT産業や「メイク・イン・インディア」政策が打撃を受ける恐れもある。さらに、トランプ政権が今後、どのような対中政策を講じるか必ずしも見通せないことも気がかりである。インドは米中関係の行方を注視している。

　欧州との目立った新たな展開は限定的ではあるが、2016年9月、フランスのルドリアン国防相が訪印し、ラファール戦闘機36機の購入契約が調印された。2001年にインド空軍が次期中型多目的戦闘機の調達を要求してから、米露企業を含む競争入札を経て、2012年にダッソー社との交渉が開始されてようやくまとまった取引である。戦闘機はレーダーなどインド側の注文に応じて製造され、2019年から2022年までの間に順次インド空軍に引き渡されることとなった。

日印関係の進展

　印米関係と並行して日印の関係も拡大・深化を続けている。2015年末の首脳合意に基づき、2016年6月、海上自衛隊はこれまで印米の二国間で基本的には実施されてきた演習「マラバール」に初めて正式メンバーとして参加した。佐世

保から沖縄東方海域で行われた「マラバール2016」の訓練中には、インド艦艇を追尾したとみられる中国海軍が口永良部島西の日本領海に侵入する事案も起きた。中国が日米印の軍事的連携強化に警戒感を募らせている証左である。演習後には、東京で第8回日米印局長級（外務・防衛）協議も開催され、インド太平洋地域の安定のため、今後も3カ国の連携を強めることが確認された。

　日印二国間では中谷防衛相が、2016年7月のハーグの常設仲裁裁判所の裁定直後に訪印し、防衛相会談が行われた。共同声明には、裁定を「当事者が最大限尊重するよう求める」との文言が盛り込まれ、中国に受け入れを迫ることで足並みをそろえた。その後10月にも、デリーでの第12回外務次官対話が開催され、地域情勢を中心に意見交換がなされた。

　しかし2016年度日印関係の最大のハイライトは、11月、年次首脳会談のためにモディ首相が訪日した際に署名された日印原子力協力協定であろう。原子力協定は、2008年にNSGがインドとの民生用原子力協力を容認して以来、日印間の最大の懸案事項となってきた。直ちにインドとの二国間協定を締結した米国やフランスも、それぞれの原発建設には日本の技術を必要とすることから、早期の日印協定締結を求めてきた。しかし日本では、唯一の被爆国として、NPT未加盟のインドとの原子力協力には慎重な論調が強かった。2010年に協定交渉が始まったものの、その後の福島第二原発事故を受け、交渉は停滞した。その後、インフラ輸出を成長戦略の柱に掲げる安倍政権が交渉を本格軌道に乗せ、2015年末の首脳会談時に「原則合意」が発表された。しかしそれでも、日印の主張の溝は深く、協定締結は容易ではないとみられていただけに、今回の署名が持つ外交的意義はきわめて大きい。

　首脳会談における他の成果としては、前回の会談ですでに決まっていたムンバイ－アーメダバード間高速鉄道計画への新幹線システム採用について、2018年に着工し、2023年までの完成を目指すとする合意があった。他方、海上自衛隊のUS‐2救難飛行艇の「輸出」に関しては、具体的な進展が見られなかった。

日印原子力協定締結

　6年越しの交渉がついに妥結した。2015年末、安倍、モディ両首相の強い意

思で協定締結に向けた覚書が交わされたものの、以降もインドが核実験を実施した場合の協力停止の文言を協定に盛り込みたい日本側と、核実験を実施するか否かは国家主権に関わる問題だとして、制約的な文言を拒否するインド側との間で対立が続いてきた。

　今回発表された日印の原子力協定は、基本的に 2008 年の印米間の協定と変わらない内容であり、インド側の主張が通ったかたちとなった。しかし、同時に交渉担当者間で「見解および了解に関する公文」が交わされ、ここに日本側の立場が反映された。そこでは、インドが核実験の自発的停止（モラトリアム）を続けることが「協力の不可欠の基礎」であり、万一その基礎に変更があれば、日本は協力を停止することができ、その際にインド側が被る損失補償についても異議を申し立てる権利を留保するとされている。ただし、そうした権利を有するということに、双方が「合意した」とはされておらず、あくまでも日本側がそのように「述べた」と記されている。また「核実験の自発的停止」についても明記されているわけではなく、当時のムカジー外相が NSG での「特例扱い」を受ける際に、「2008年 9 月 5 日に行った声明」という婉曲な表現に留まっている。

　日印両政府は、この協定と公文をどう位置づけるかをめぐって、まったく対照的な動きを見せた。日本の外務省はウェブサイトで原子力協定に関し、「協定テキスト」と「公文テキスト」を並列して掲載した。野上内閣官房副長官も、「仮に、インドが核実験を行った場合には、（中略）協力を停止する」ことになっていると明言した。他方、インド外務省は、「公文テキスト」については、ウェブサイト上でも、協定本体とは別の「注釈」として、小さく扱うに留まった。さらにこの文書は、単なる「記録」に過ぎず、法的拘束力すらないとの立場を示した。それでも、インド側が「別の文書」で、日本の立場の「記録」を認めたのは、「唯一の被爆国」としての日本国民の感情に配慮する必要があったためだという。

　このように、双方に都合よく解釈できる余地を残すことこそが、今回の交渉成功の鍵であったと思われる。その意味では、担当者の努力は見事に実を結んだと言えよう。今後の焦点は、そのインド側の「配慮」を安倍政権が活かし、協定の国会承認が得られるかどうか、日本国内の動きに移った。

（伊藤　融）

軍事情勢

①全般軍事情勢

　インド軍は現在、戦略の転換と近代化の真っただ中にある。インドの伝統的な
軍事戦略は、最悪のケースとして中国とパキスタンと同時に敵対した場合を想定
し、パキスタンを素早く倒し、中国との長い防衛戦に備えるものであった。しかし、
2000 年代に入り、その戦略を転換させつつある。転換の柱は、より短期間限定
的な戦争で、2017 年 4 月に公表された「統合軍ドクトリン 2017」について、パキ
スタンとは 10 日、中国とは 15 日の戦争に最も重点をおいていることが報道され
ている。

　パキスタンに対しての戦略は、パキスタンが支援するイスラム過激派がインド国
内でテロを行った場合を想定し、即応して適度な懲罰を与える（コールド・スタート・
ドクトリンとも呼ばれる）能力の獲得を目指している。印中国境防衛については、
中国軍の展開能力向上に対し、国境の防衛能力の強化とチベットにある中国拠
点への攻撃能力の保有に向け動いている。また、中国潜水艦のインド洋進出が
活発になっており、インドの周辺各国とも協力して拠点確保が進みつつあるため、
インド海軍はプレゼンス拡大を目指している。

　これらの対応策は、将校、予算、装備、インフラ（軍が展開するための道路
や空港など）の不足により進展が阻まれてきたが、2014 年のモディ政権成立後、
進展の速度を増しつつある。2016 年 9 月、インドはカシミールでパキスタンが管
理している地域にあるイスラム過激派の訓練キャンプ 7 カ所を、特殊部隊で襲撃
した。この事例は、インドの新しい戦略が進展しつつある一例といえる。

②総兵力および軍の近代化

　総兵力 1,395,100（陸軍・1,200,000、海軍・58,350、空軍・127,200、沿岸
警備隊 9,550）人。予備役が 1,155,000（陸軍 960,000、海軍 55,000、空軍
140,000）人。準軍隊 1,403,700 人いる（準軍隊にどこまで含めるかによってはよ
り多い）。2016 年から 2017 年初頭において決まった装備更新の注目点は、配備
位置から以下のとおり。

　①対パ国境配備予定装備：イスラエル製対戦車ミサイル、国産火砲、韓国製自

走砲、国産・イスラエル製無人機、国産早期警戒機、国産ミサイル防衛システム、ロシア製 S‐400 地対空ミサイル。

②印中国境配備予定装備：フランス製ラファール戦闘機（計画の 126 機ではなく 36 機）、米国製アパッチ攻撃ヘリ、米国製チヌーク輸送ヘリ、米国製超軽量火砲。

③インド洋沿岸配備予定装備：コルカタ級駆逐艦、カルモタ級フリゲート艦、国産戦闘機テジャス。なお、アリハント級戦略ミサイル搭載原子力潜水艦については、2016 年夏に就役したとの情報があるが、2017 年 2 月現在まだ公試中とみられる。

③国防費

2017 年 2 月にインド国会において発表された 2017 年度‐2018 年度の国防費は 274,114,000 ルピー（約 403 億米ドル）で、国家総予算の 13％弱であり、前年に比べ約 6％の伸び。内、新装備購入に充てる予算が 86,488,000 ルピー（国防費の約 30％）、残りが人件費や維持管理費である。この国防費には莫大な額に上る退役軍人の年金は含まれていない。

④核戦力

現在の与党 BJP のマニフェストには核ドクトリンの見直しが明記され、核実験の再開などが危惧されたが、2017 年 4 月現在、見直しの動きはない。指揮は戦略軍コマンドで行う。現時点ではミサイルだけが指揮下にあり、航空機や戦略ミサイル原子力潜水艦は指揮下にない。弾頭は 100‐120、運搬手段として、アグニ I（射程 700 キロメートル）、アグニ II（射程 2,000 キロメートル）、アグニ III および IV（射程 3,500 キロメートル）、アグニ V（5,500 キロメートル）などの弾道ミサイルがある。アグニ I はパキスタン全土、アグニ III が北京を射程に収める。また、スホーイ 30、ミラージュ 2000、ジャギュアなどの航空機も運搬能力を保有し、ミサイル防衛については、国産のシステム（PAD、AAD）が配備段階。ロシアから S‐400 対空ミサイルを購入している。

⑤宇宙

　インドはインド版 GPS に当たる IRNSS 用に 7 機、通信用に GSAT 8 機、地球観測用に 12 機（偵察用の RISAT を 2 機、Cartosat4 機を含む）計 34 機運用。

⑥通常軍備

　陸軍：

・人員は 1,200,000 人。6 つの陸軍管区司令部（北部、西部、南西部、中部、南部、東部）と訓練司令部を保有。陸軍の人員は昨年よりも約 5 万人増加。これはチベット方面攻撃能力を有する第 17 軍団（9 万人規模）創設など、印中国境防衛強化の一環と考えられる。

　海軍：

・人員規模 58,350 人（海軍航空隊 7,000 名、海兵隊 1,200 名を含む）に変化は見られないが、艦艇数が増加傾向にあるため、今後、増える可能性が高い。

・艦隊司令部はニューデリーにあり、艦隊司令部がムンバイ（西部）、ヴィシャカッパトナム（東部）、コチ（南部）にある。アンダマン・ニコバル諸島のポート・ブレアには、陸海空軍統合司令部が設置されている。

・艦艇数 139 隻：潜水艦 14（内、原子力推進 1）隻、空母 1 隻（ヴィクラマディティア）、駆逐艦 14 隻、フリゲート艦 13 隻

・海軍航空隊：空母艦載機 2 飛行隊、対潜哨戒機 3 飛行隊を含む 17 飛行隊

　空軍：

・人員規模：127,200 人。昨年と同じである。

・戦闘機 33 飛行隊。42 飛行隊必要とされる中で減少傾向に歯止めがかかっていない。

・作戦機数約 800 機：（内、戦闘機約 700 機、1/3 がミグ 21、27 で退役間近）

（長尾　賢）

パキスタン

不安定さを増すナワーズ・シャリフ政権

　2016 年から 2017 年にかけて、パキスタンのナワーズ・シャリフ政権は厳しい状況に追い込まれている。その要因は大きく二つある。第一は「パナマ文書」（パナマの法律事務所で作成された租税回避に関する文書）である。2016 年に出された同文書は、シャリフ首相の子供 3 人が海外に会社や資産を所有しているが、それらは家族の財産として申告されていないと暴露した。暴露されたシャリフ家の海外資産にはロンドンの一等地メイフェアーにある不動産も含まれており、これらの資産は、違法に取得されたもので、マネーロンダリングをも意味するとみなされている。一連の汚職疑惑に対し、イムラーン・カーン率いるパキスタン公正党などの野党勢力はシャリフ首相の退陣を要求した。2017 年 4 月に最高裁は文民と軍が共同で、シャリフ家の資産の流れの調査を行うよう命じた。シャリフ首相の汚職疑惑は 1980 年代から取りざたされており、今回問題が表面化したことで、事態はシャリフ首相にとってはきわめて厳しくなったと言えよう。

　第 2 の要因は軍との軋轢である。2016 年 10 月 6 日のパキスタン英字紙『Dawn』紙は同月 3 日に開かれた、首相を筆頭とする政府関係者および三軍統合情報局（ISI）長官率いる軍関係者が出席した安全保障問題に関する会議（All Parties Conference）において、政府側が軍に対して「ミリタントをきちんと取り締まれ。さもなければパキスタンは国際的に孤立してしまう」と強い口調で述べて、両者の間で激しいやりとりがあったと詳しく報じ、政府と軍の関係がギクシャクしている実情が露呈した。その後政府側はこの報道を否定し続けたが、誰がその情報を漏洩したのかが問題となり、調査委員会が設置された。問題の根源は、政府側が軍の関与を嫌って、政策決定の自由度を確保しようと狙ったものとの報道も一部なされたが、新聞報道の後、政府側は度重なる報道の否定に追われ、挙句の果てに 2017 年 4 月に調査委員会の報告に基づいて、政府は情報漏洩者とみなされた首相補佐官を罷免しようとしたが、軍がこれに公然と反対するなど、軍が発言力を強めたと言われる。今やナワーズ・シャリフ首相が任期を全うできるか

どうかは、軍次第と言われるほどに、軍の勢力が強まった。この間 11 月 26 日、陸軍参謀長は任期を迎えたラヒール・シャリフ将軍から、ハイヤット将軍へと交代した。

　こうした政府・軍の上層部の動きとは別に一般市民に対する言論弾圧も強まっている。2017 年 1 月に宗教的過激主義および政府や治安部隊の行き過ぎた行為をブログで批判していたジャーナリストなど 5 人が相次いで失踪した。その後ほとんどが解放されたが、彼らは誰に、どのような理由で拉致され、どのような扱いを受けたかなどについては一切口をつぐんで語ろうとしない。こうした事態に対して内外の批判が高まっている。

　また、軍事法廷の存在も問題視されている。2014 年 12 月のペシャワールの学校襲撃事件を受けて（134 人の子供を含む 141 人が犠牲となった）、テロ対策強化のために政府は軍事法廷を設置した。憲法修正を伴うもので、2 年間の期限つきである。その期限は 2017 年 1 月 7 日にやってきたが、政府は再び憲法修正を行って、2 年間の更なる延長を図った。軍事法廷は軍が民間人を裁くことを許すもので、被告人には弁護人もつかず、彼らの居場所は家族にさえも判決後にしか知らされないという。過去 2 年の間に軍事法廷は 275 件のケースを扱い、161 人に死刑判決、116 人に有罪判決を言い渡した。その多くは終身刑である。これまでに 12 人の死刑が執行されたという。過去には 2 年で終了していた軍事法廷が、今回はさらに 2 年延長され、軍が民間人を裁く軍事法廷の延期に懸念の声も上がっている。なお、パキスタン軍事法廷は 2017 年 4 月、元インド海軍幹部のクルプシャン・ジャーダヴに対し、インドの諜報機関である RAW のためにスパイ活動に従事していたとして死刑判決を下している。

治安状況

　テロ問題に関しては、事件の件数、犠牲者の数の両面で減少傾向が続いている。2016 年には前年比でテロの件数 45%、犠牲者数 39% の減少で、2007 年のレベル以下に下がったと報告されている。パキスタンのテロ問題を考えるにあたって重要な節目がある。一つは 2007 年で、ラール・マスジッド（赤いモスク）事件、すなわちモスクに立てこもったイスラム過激派の掃討をムシャラフ大統領が命じた

事件が起きた年であり、同事件は過激派とパキスタン当局が真っ向から対決を始めた象徴的な事件である。これ以降過激派がパキスタン・タリバン運動（TTP）として結集し、パキスタン国家に立ち向かうというパキスタン国内のテロ問題が深刻化したわけである。

　パキスタンの治安問題のもう一つの節目は2014年12月のペシャワールの軍関係の学校襲撃事件である。パキスタン軍への挑戦と受け止められたこの事件後に、パキスタン軍および政府は本腰を入れてテロ対策に乗り出したと言われる。2015年1月、シャリフ政権は軍を交えた全党会議を開いて、「国家行動計画」（National Action Plan）を策定した。そこには、テロ対策として20項目ほどが掲げられており、前述の軍事法廷もここで設置されることが明記された。このプランにしたがって、政軍一体となってテロの撲滅に向けて徹底的な行動がとられた。その成果がテロ件数や犠牲者の減少に繋がった。その数字が2007年以前の状態に戻ったということは、明らかに軍の掃討作戦が功を奏して、過激派の勢いが弱まったことを意味している。

　しかし、こうした当局の攻勢に対して、イスラム過激派も逆襲に出た。2016年8月にはバローチスタン州都クエッタの病院で自爆テロがあり、少なくとも72人が犠牲となった。10月には警察学校襲撃で61人、11月にはシーア派聖廟での爆破事件で50人を超す犠牲者を出した。いずれもバローチスタン州で起きている。他にも数多くの自爆テロなどが起きている。2016年の総数としては、513件のテロ事件が発生し、970人の犠牲者が出たという。掃討作戦が北西部や連邦直轄部族地域（FATA）に集中していたこともあって、そこでの件数は大幅に減少したが、代わってバローチスタン州で増加した。

　テロ事件の多くで犯行声明を出しているのが、「ジャマートゥル・アフラル」（JuA）と呼ばれる組織である。これは、TTPの分派が2014年に設立表明したイスラム過激組織で、パキスタンで生まれ育った活動家からなり、パキスタンでシャリーアを施行することを目標として掲げている。TTPへの忠誠心を表明するほか、ISへの支持も明らかにしている。ちなみに、上記のテロ事件ではISも同時に犯行声明を出しているものが多い。ISとJuAの関係を明確に示すものはないが、緩い連帯意識で結ばれているものとみられる。JuAの存在はパキスタンにおける

新たな組織の誕生を意味し、当局が警戒すべき対象がまた増えたことになる。

　なお、治安部隊のテロリスト掃討作戦のやり方には人権団体から批判の声があがっている。人権問題監視の国際 NGO である「ヒューマン・ライツ・ウォッチ」によれば、2015 年には年間で「遭遇戦」の末 2,000 人が殺されたという。同人権団体は、パキスタンのテロ対策は人権を尊重する責任ある警察によってのみ解決されうると警告を発している。

　苦心しているパキスタン当局であるが、インドや米国の目からみれば、パキスタン政府のやり方は十分ではないということになる。

対外関係

　対外関係では、米国との関係が一層冷却化し、その分中国への依存度が増した。米国が最後にパキスタンに希望を抱いたのは 2010 年のケリー・ルーガー法でパキスタンに民生支援を行うと決めた時であった。パキスタンでは軍政が終了して選挙で選ばれた文民政権が樹立されていた。その政府を民生支援することによって民主主義の強化が進むだろうとの期待があったのである。ただし、パキスタンではそのように受け止められていたわけではなく、むしろ文民統制などの民主化の強化を条件としていたことから、主権侵害だとの批判が巻き起こった。特に軍の反発は大きかった。6 年後には米国の期待は裏切られたわけで、パキスタンへの幻滅感だけが残った。

　米国議会でのパキスタン評価は地に落ち、その結果パキスタンへの 8 機の F - 16 の売却が不可能になった。というのは、議会が資金援助を拒否したからである。米国の資金援助がなければ、パキスタンが 7 億ドルすべてを負担することは不可能であり、購入断念となった。テロとの戦いおよび対インド戦で F - 16 を必要とするパキスタンは、代わりにヨルダンから中古の F - 16 を購入する話を進めているようである。米国としては、徹底したテロとの戦い、すなわち、「良いタリバン」と「悪いタリバン」を区別することなく、テロリストは徹底的に取り締まり、同時にインドやアフガニスタンとの関係を改善するという政策上の方向転換を望んでいるが、現状ではパキスタンが政策を変える可能性はほとんどないことも認識している。カリルザード元駐アフガニスタン大使が、米国は IMF を含むパキスタンへ

の一切の援助を断ち切るべきだと主張するなど、これまで以上に厳しい指摘が出ている。

　対米関係が冷え込む中、パキスタンは中国への傾斜を一層強めている。2015年の習近平国家主席のパキスタン訪問の際に約束された「経済回廊」、すなわちアラビア海へ通じるグワダル港からインドとの係争地域のカシミールを通って中国のカシュガルに至るルートでのインフラ整備に15年間で460億ドルの巨額投融資を行う計画はパキスタンでは熱狂的に迎えられ、その建設現場では中国人の労働者の警護のために。約1万人からなるパキスタン軍の特別部隊が作られるという。具体的にどこに何が建設され、その財政はどのようにまかなわれるかなどに関する情報は公表されていない。しかし、いくつかのセクションではすでに建設が始まっており、また中国からの直接投資はパキスタンへの直接投資の55％に上ると言われる。中国がパキスタンの運命を変えるような存在になりつつあると、期待が高まっている。

　ナワーズ・シャリフ首相は2016年11月13日、中国の支援で建設されたグワダル港の開港式を行い、同港の運用が開始された。シャリフ首相はこの開港をパキスタンの歴史の「分水嶺」と呼び、中国が提唱する「一帯一路」はパキスタンの「ヴィジョン2025」と整合するものであり、パキスタンが貿易の通商のハブとなることへの期待を表明した。こうして中国から経済回廊を通って運ばれた積み荷が初めて輸出された。スリランカのコロンボを経由してアラブ首長国連邦のドバイに向かう。しかし、グワダル港のあるバローチスタン州は治安がきわめて悪く、11月12日にもシーア派の聖廟で爆弾テロがあり、50人以上が死亡した。またカシミールやギルギットでは中国とパキスタンが彼らの資源を搾取しているとの反発もあるという。経済回廊とグワダル港の将来にはまだ不安要因も残されている。

　一方、パキスタンは中国から8隻の潜水艦を購入することを決定した。うち4隻は2023年までに納入される見込みで、残りの4隻は2028年までにカラチで組み立てられる予定という。中国は費用を賄うため長期の低金利ローンを提供する予定との報道もある。

　一方、ロシアとの関係でも動きがあった。2016年9月24日から10月10日にかけて両国間の初の陸軍合同演習が行われた。山岳地帯での戦闘を想定した訓

練という。ただし演習に先立って、ロシアのロステック社のセルゲイ・チェメエゾフ最高責任者はインドのメディアとの会見において、ロシアはパキスタンに輸送用のヘリは輸出したが、戦闘機は出さないと言明している。

（広瀬　崇子）

軍事情勢
①全般軍事情勢

　パキスタンは地理的にみれば、守らなければならないインドとの国境線が長い割には、奥行きが短く、防衛線を突破されると立て直す場所がない特性がある。そのため、米中との軍事協力強化、国境防衛戦略の改良、カシミール地方などの反乱支援を通じてインドの国力を削ぐ政策を進めてきた。また、アフガニスタンへの工作活動、中東諸国の軍へ教官や部隊の派遣を通じて背後を安定させる施策もとっている。

　近年、米国との軍事協力は徐々に希薄になる一方、中国とはより強化される方向性にある。特に、中国の「一帯一路」構想の一部をなすと考えられる「中パ経済回廊」に関連する軍事的な動きが顕著である。カシミールのパキスタン管理地域では中国の陸上戦力が駐留し、グワダル港への中国潜水艦の寄港、グワダル港への中国海兵隊1個旅団の配備計画へと進みつつある。パキスタン軍は、「中パ経済回廊」警護を目的とするセキュリティ師団も新設し、今後も増やす計画である。グワダル港周辺ではバローチ人の反乱があり、中国人技術者殺害事件もおきているため、反乱鎮圧作戦を実施中である。

　対インド国境防衛戦略の改良も進みつつある。パキスタン軍は、これまでインド側の大規模攻撃に対して、パキスタン側も攻撃に出る「リポスト・ドクトリン」を採用してきた。しかし、インドが新たに計画している即応性の高い限定攻撃（コールド・スタート・ドクトリン）に対しては、より小さな威力を持つ戦術核の開発と、各部隊の即応性の向上を通じて対応しようとしている。

②総兵力および近代化

　　総兵力：653,800（陸軍 560,000、海軍 23,800、空軍 70,000）人、準軍隊
　　　282,000 人

　　陸軍：ロシアとの武器取引が再開し、ミル 35 戦闘ヘリなどが導入され始めた。

　　海軍：中国から 8 隻の潜水艦購入を決めた。「宋」ないし「元」級に相当。

　　空軍：米国からの F‐16 戦闘機の売却が米議会の反対で事実上凍結。中国
　　　製地対空ミサイル LY‐80（HQ‐16 の輸出型）を配備した。

③国防費

　　パキスタンの会計年度は 7 月に始まるため、現在は 2016‐2017 年度の予算執
行中である。2016 年度予算は 8,600 億ルピー（82 億米ドル）で、昨年度より約
11% 増加。内訳は、2,110 億ルピーが弾薬や必要物品の購入、2,160 億ルピーが
軍事行動、3,270 億ルピーが給与、1,040 億ルピーが施設整備などであり、退役
軍人への年金や、核開発関連予算、アフガニスタン国境における軍事作戦の費用
などは含まれていない。パキスタンの国防費は経済が好調であることもあり、過
去 5 年間伸び続けている。

④核戦力

　　指揮は国家戦略総司令部が戦略計画局長で行うようになっている。パキスタン
は 110‐130 個の核弾頭を有しており、これはインドよりも多い。弾道ミサイルは、
ハトフ 1‐6（射程 100 キロメートル、200 キロメートル、290 キロメートル、750
キロメートル、1,500 キロメートル、2,000 キロメートル）がある。また巡航ミサイ
ルとしてハトフ 7‐9（射程 750 キロメートル、350 キロメートル、射程 60 キロメー
トル）がある。特にハトフ 9 については、インドのコールド・スタート・ドクトリン
を念頭においた戦術核とみられる。航空機では F‐16、ミラージュ 5 に核兵器
運搬能力がある。中国から導入した LY‐80 地対空ミサイルには弾道ミサイル防
衛能力がある。

⑤**通常軍備**

陸軍：

・人員規模は 560,000 人。九つの軍団、一つの地域コマンド、二つの特殊作戦群などを有する。人員は昨年よりも 1 万人増加しているが、この人員増加は「中パ経済回廊」を警護するためのセキュリティ師団（9,000 人の軍人と 6,000 名の準軍隊隊員）の新設によるものと思われる。セキュリティ師団は今後、さらに増設する計画である。

海軍：

・人員規模は 23,800（海兵隊 3,200 人、沿岸警備隊 2,000 人を含む）。昨年と同じ。

・潜水艦 8 隻、フリゲート艦 10 隻

空軍：

・人員規模 70,000 人。昨年と同じ。

・15 飛行隊に作戦機約 450 機（戦闘機約 400 機）

（長尾　賢）

バングラデシュ

バングラデシュにおけるイスラム過激主義

　ムスリムの国の中で、これまで比較的穏健かつ安全とみられてきたバングラデシュで、急速にイスラム過激主義が台頭している。2016 年 7 月 1 日夕刻、首都ダッカの大使館が集まる高級住宅街、グルシャンにあるカフェを、5 名の武装集団が襲撃し、食事を楽しんでいた外国人客らを人質に取って立て籠もった。翌朝、軍・警察の合同作戦により、実行犯は射殺されたが、日本人 7 名を含む人質 20 名、従業員 2 名、警察官 2 名が犠牲となった。

　日本社会にも衝撃を与えたこの事件は、いかなる組織によるものなのか。実行犯は全員バングラデシュ国籍の若者で、国内外の有名私大出身の裕福な家庭の出身者が多かった。事件直後に犯行声明を出したのは、IS であり、海外のメディアや専門家らの大半も IS による事件との見方を強めている。これに対し、バン

グラデシュ政府は当初より一貫して、IS は国内に存在しないとし、「ホームグロウン・テロ」だとの立場をとっている。具体的には、1998 年に結成され、2005 年には大規模な同時多発テロを起こした地元過激派組織、ジャマトゥール・ムジャヒディン・バングラデシュ（JMB）の分派、「ネオ JMB」によるものだという。さらに政府は、この組織がパキスタン軍統合情報部（ISI）の支援を受けているとも示唆している。

IS の起こした事件なのか、国内の「ネオ JMB」の犯行なのか、あるいは両者が結びついて起きたとみるべきなのか定かではない。しかし確実にいえるのは、事件前のバングラデシュで過激主義が台頭しやすい政治環境が醸成されていた事実である。2009 年に発足したハシナ首相率いるアワミ連盟政権は、1971 年の独立戦争（第三次印パ戦争）の際にパキスタン側に立った「戦犯」の裁判を進めた。アワミ連盟は野党ボイコットのまま 2014 年総選挙で圧勝したものの、2015年以降、野党の抗議活動が本格化する。加えて宗教的マイノリティ、世俗主義者のブロガーらに対する襲撃も相次いだ。同年 10 月には農業指導に従事していた日本人が射殺される事案も発生し、IS が犯行声明を出した。これに対し、政府は事件直前の 2016 年 5 月、野党ジャマーティ・イスラミ（JI）の党首の処刑に踏み切り、野党、イスラム勢力の強い反発を招いていた。カフェ襲撃事件は、こうした情勢下で起きたのである。

事件を受け、政府は「ネオ JMB」の掃討作戦、ならびにそれと繋がりがあると主張する JI やバングラデシュ民族主義党（BNP）ら野党への弾圧を強めた。当局は、2017 年 5 月までに 70 名近くを殺害し、数百名を拘束したとしている。しかし国内各地での衝突が収まる気配はなく、テロの脅威はなくなっていない。

（伊藤　融）

アフガニスタン

ヨーロッパのアフガン難民とテロ

2001 年の対テロ戦争開始後、ヨーロッパに逃れたアフガン難民の数は 30 万人近くと見積もられているが、戦乱が続く貧しい本国から人々が豊かな生活を夢見

てヨーロッパにアフガニスタンやシリアなどからのヨーロッパ諸国に難民申請を行うようになった。しかし、一部には過激な思想に影響されて、テロを意図したり、実行したりする者たちも現れている。

2016 年 5 月に、イタリア南部のバーリで、23 歳のアフガニスタン人の男がショッピングモールでのテロを計画していたとして逮捕された。警察は男の携帯電話からタリバンのプロパガンダ動画を見つけたという。

ドイツ南部ビュルツブルクで 7 月 18 日夜、アフガニスタン出身の難民の少年（17 歳）が列車内で斧（おの）やナイフで乗客を襲い、少なくとも 4 人が重傷を負った。列車が停車後に逃亡しようとした少年は警察によって射殺された。ドイツ内務省によれば、少年の自宅から IS の旗が見つかり、IS 系とされる「アマーク通信」がその「戦士」が襲撃したと伝えた。

アフガニスタンは 1970 年代から紛争や混乱が続いてきて、若者たちに希望が見えない状態になっている。ヨーロッパに移住しても、アフガニスタン人などムスリムが差別や迫害に遭い、さらに貧困な生活を余儀なくされていることがヨーロッパ域内でのテロの背景となっている。欧米諸国に求められているのは、アフガニスタンの紛争の解決、政府の統治能力改善への支援、政治・社会的安定のための努力で、ヨーロッパの右派勢力のように、単に難民の排斥を唱えるだけでは、テロに見られるような「文明の衝突」構造を強めるだけである。

IS の勢力伸長

2016 年 7 月 23 日に首都カブールでシーア派の少数民族ハザラ人たちが、送電線が彼らの居住地であるバーミアン州を迂回するために、経路変更を求めて抗議デモを行っていたが、その最中に実行犯 2 人による自爆テロが発生し、80 人が死亡して、230 人以上が負傷した。IS と関連がある「アマーク通信」が犯行を認めたが、カブールで発生したテロとすれば、米国が対テロ戦争を開始した 2001 年 10 月以来最悪のものとなった。

シーア派のハザラ人はアフガン社会の中でスンニ派から異端視される傾向があり、スンニ派の IS もまたハザラ人を標的にするようになった。国連によれば、2016 年にアフガニスタンで IS によって死傷した民間人は 900 人以上にのぼり、

シリアやイラクでロシア軍や米軍の攻撃によって支配地域を縮小したISのメンバーの中にはアフガニスタンに活動の場を求める者たちも現れている。

ISの台頭に対して米空軍は2017年4月13日、アフガニスタン東部のナンガハル州で通常兵器では最大の破壊力を持つとされる大規模爆風爆弾（MOAB）を投下した。その衝撃の範囲は半径150メートルに及ぶとされるが、ISが移動に使うトンネル網の破壊を狙ったという。にもかかわらず、2017年5月3日に、首都カブールの米国大使館の近くで、NATO軍の車列をねらった自爆テロがあり、アフガン人8人が死亡し、米軍兵士3人も負傷した。「アマーク通信」がISの犯行だと伝えた。

アフガン支援国会合

2016年10月、アフガニスタンの復興支援国際会議が開催された。2017 - 2020年の4年分として日本は最大16億ドルの支援を表明したが、支援国全体では総額約140億ドルにのぼるという。2012年に東京で開かれた支援国会合では2016年までの4年間で160億ドルの支援が明らかにされたが、ベルギーの会議ではそれを下回った。

国際NGOの「トランスペアレンシー・インターナショナル」による2015年の「世界清潔度ランキング」の指標では、アフガニスタンは調査された168カ国のうちで北朝鮮とソマリアに次いで世界ワースト3位だった。

タリバンの復活には蔓延する腐敗によって国民の政府への信頼が欠如しているという問題もある。アフガニスタン政府は腐敗を改善し、国際社会の支援を教育や福利の整備、さらには農業の近代化など産業の振興に有効に使わなければ、国際社会のアフガニスタンへの関心は低下し、またタリバンやISが求心力を高め、アフガニスタンの治安は安定することはないだろう。

やむことがない女性への暴力

2016年12月17日に、カンダハル国際空港の5人の女性警備員たちが射殺される事件が発生した。この前日には、ロガール州で通学する少女が焼殺されるという事件もあった。12月にはアフガニスタン最初の空軍パイロットのニロファル・

ラフマーニーが米国に亡命した。アフガンスタンでは教育が未整備で 12 月に政府は就学児童の数を 1,100 万人から 600 万人に下方修正した。ユニセフはアフガニスタンの子供で教育を受けているのは 40%にすぎないと 2016 年に発表している。しかし、それでもなおアフガニスタン政府の下方修正した数字と比べると、楽観的に、多めに見積もっているという指摘もあるくらいだ。特に女子は数百万人が教育を受けていないと見られている。教育を受けたり、就労したりしている女性に対する暴力はアフガニスタンで広く見られるが、多くの場合法による刑罰の対象となることはなく、タリバンのせいだとされている。

　2001 年 10 月にアフガニスタンでの「対テロ戦争」が始まると、米国のファーストレディーのローラ・ブッシュは、「米国の軍事行動でアフガニスタンの女性たちは家庭の奴隷ではなくなる」と語った。アフガニスタンの首都カブールのダーラーマーン宮殿の修復工事に従事している 80 人の技術者のうち 20 人が女性である。ダーラーマーン宮殿は、1920 年代に建てられたものだが、2 度再建され、1990 年代に内戦によって破壊された。この女性たちの活躍は、アフガニスタンの女性たちの地位の向上と見られている。タリバン政権時代は、アフガニスタンでは女性たちが屋外で仕事をすることはまれであったし、建設や修復技師の分野で女性が活動することは世界全体を見渡してもそれほど多いことではない。このように、女性の社会進出も見られる一方で、タリバン勢力の一部は宗教を曲解して社会で目立って活動する女性たちを標的にするようになっている。

オバマ政権がアフガニスタンに抱いていた危機感

　米軍は 2016 年 10 月 21 日、アフガニスタン・タリバンの最高指導者であるムッラー・アフタル・マンスール師を標的にアフガニスタン・パキスタン国境地域で無人機による空爆を行い、米政府筋は、同師は死亡した可能性が高いと発表した。それでもなおタリバン勢力の勢いは止むことがなく、2017 年 1 月 3 日、米国務省のカービー報道官はアフガニスタンへのいかなる国の支援も歓迎すると語った。カービー報道官の呼びかけは、米国がタリバン政権後につくった現体制が危機にあるという懸念を背景にするものだ。それにはトランプ次期政権のアフガン政策が見通せないという不安もあった。トランプ大統領は、選挙期間中パキスタンに

核兵器保有を容認する代わりにタリバンの台頭を阻止させるとも語っていた。イラク同様に米国のアフガン政策も苦しい状況にある。

　2017 年 2 月 1 日、米国政府の「アフガン再建特別監察総監（SIGAR）」の報告書が発表され、2016 年 11 月時点で、アフガン政府が支配、影響下に置いているのは全土の 57.2% で、2016 年 8 月の 63.4% より約 6 ポイント、2015 年 11 月より約 15 ポイント低下した。タリバンなど反政府武装勢力が確実に勢いを増している。

　アフガニスタン政府の収入の 70% は国際社会からの援助によるもので、その大半は武器・弾薬・兵士への俸給などアフガニスタン国軍の経費に費やされるが、既述の通り政府高官の腐敗が深刻で、国際的な支援金が着服されているという問題がある。米国ニューヨーク大学国際協力センターのルビン所長はこれまでの安全を改善する目的で使われた米国の支援は「金の浪費」だったと語っている。2016 年 1 月から 9 月末までの紛争関連のアフガニスタンの民間人の死者数は 2,562 人で、負傷数は 5,835 人であった。これは、2009 年以来最悪の数字となった。オバマ政権はおよそ 8,000 人の米軍兵をアフガニスタンに残し、トランプ次期政権にアフガン問題を引き渡した。

タリバンの攻勢と安定しない治安、米軍増派

　米国は、アフガニスタンにおける戦闘ミッションを 2014 年に終了したと宣言したものの、現在では B‐52 戦略爆撃機を投入するほど再び関与を強めている。米国防総省では、アフガニスタンでの戦闘は 2020 年代まで継続するという声もあるほど、アフガニスタンを安定させることができていない。

　2017 年 4 月 17 日、アフガニスタン北西部マザリシャリフ近郊にある政府軍の基地がタリバンに攻撃されて兵士 100 人以上が犠牲になった。アフガン国防省によれば、兵士の扮装をした男 10 人ほどが軍用車両で侵入し、基地内のモスク（イスラム教礼拝所）で銃を乱射したり、自爆したりした。タリバンが犯行声明を出し、そのメンバー数人が軍に雇用され、基地で働いていたことを明らかにした。この攻撃を受けて、4 月 24 日、アフガニスタン大統領府は 24 日、ハビービー国防相とシャヒーム軍参謀総長が治安の安定を実現できなかった責任をとって辞任した

と発表した。首都カブールの軍病院でも 3 月、IS 支部の襲撃で約 50 人が死亡した。

　アフガニスタンで治安が安定しないことを受けて、米国のトランプ政権は 5,000 人の兵力の増派を考えるようになった。米国は、アフガン政府軍や警察の訓練も行い、アフガン・パキスタン国境沿いにいるアルカイダや IS に対する作戦への支援を強化する構えだ。トランプ政権は NATO にも増派を要請する姿勢でいる。

　アフガニスタン国軍兵士たちからは腐敗した、権威が低下した政府を守ることができないという士気低下の声も聞かれるようになった。米兵の犠牲は、タリバンにとってその勢力を誇示する最大の宣伝効果がある。タリバンとともに戦っているのはパキスタン、ウズベク人、タジク人、アラブ人、ウイグル人、チェチェン人など IS とほぼ同じ民族（出身国）構成となっている。アフガニスタンの混迷はシリアやイラクと同様に過激な武装集団の「磁石」となっている感がある。

　タリバンは 2017 年 4 月末に「春の攻勢」を強めることを明らかにしたが、アフガニスタンの治安が一向に安定しないことも、ヨーロッパへ多数の難民をもたらすことになっている。2017 年 2 月 7 日付の米『ザ・ディプロマット』誌によれば、2015 年から 2016 年にかけてヨーロッパに避難しようとしたアフガン人 30 万人近くのうち 18 万人の受け入れをドイツが認めた。

アフガニスタンの伝統文化で女子教育を支援する日本人女性

　日本との関わりでは、アフガニスタンの女子教育への支援を 20 年以上続けた兵庫県宝塚市の西垣敬子氏（81 歳）がその貢献を認められて 2016 年 4 月、アフガニスタン政府から表彰された。ソ連軍が 1989 年 2 月に撤退して、1990 年代前半、アフガニスタンでは軍閥同士の果てしない内戦が繰り広げられていたが、1993 年東京での写真展でアフガニスタンの悲惨な現状を知り、支援を決意して NGO「宝塚・アフガニスタン協会」を立ち上げた。

　1996 年に女性の社会的役割を限定するタリバンが首都カブールを制圧すると、女子には宗教に限って教育が認められたが、その放課後にこっそり国語や算数などを教える教師たちが現れ始めた。西垣氏はそうした教師を支援することを考え、日本での募金で経済的に支え、パキスタンでミシンを買い、東部ジャララバードで女性のための裁縫教室を始めた。西垣氏の女子教育支援への情熱は、ジャ

ララバードにある国立ナンガルハル大学の女子寮や大学の女子トイレの建設にも注がれることになった。女子寮は、女子学生たちに私的な下宿が少ないジャララバードではきわめて必要なことだった。

　女子が教育を受け、社会進出すれば、出生率も下がり、職にあぶれる若者たちも減少する。西垣氏のような取り組みはアフガニスタンの暴力を減ずるためにもいっそう求められている。

（宮田　律）

日米印共同訓練「マラバール2016」（2016年6月10〜17日）にて、米補給艦「ティピカヌー」（左）から洋上補給を受ける「ひゅうが」

コラム　印パ和平ムードを高めたクリケット・マッチ

　南アジア諸国ではスポーツはあまり盛んではない。国が力を入れて選手を養成するということもほとんどない。オリンピックからの帰国は「申告なし」（金も銀も銅もなし）という具合である。

　しかし、例外的に国民が熱狂するスポーツがある。クリケットである。イギリスの植民地支配を受けた南アジア各国では一様にクリケットが盛んである。国際試合も多い。特にインド・パキスタンのクリケット・マッチは国民的な一大イベントである。多くの人間が仕事を休んでテレビ観戦するか、オフィスでもラジオを聴きながら仕事。はかどるわけがない。

　当然、クリケット・マッチは政治の影響も受ける。印パ関係が悪化している時には、右派勢力がデモなどに繰り出して相手チームの入国を許可しないように政府に働きかけたり、反対に関係改善のきっかけを作ることもある。

　2001 年のインド国会での銃撃戦やインド側カシミール議会への自爆テロなどの一連のテロ事件を受けて、印パ関係は悪化した。カシミールの管理ラインを挟んで両軍が対峙して一触即発の状態が続き、核戦争の危機まで叫ばれた後、2003 年4 月から両国は和平に向けて動き出した。やり取りの末、同年 10 月、インドは 12 項目の信頼醸成措置を提案した。内容には、両国間のバスや電車の運行の再開、空路の乗り入れなどと共に印パ間のクリケット試合の再開が含まれていた。パキスタンはこれを一応評価し、翌 11 月のイード（イスラーム教の断食明けの祭）の日をもって一方的に休戦すると宣言、インドも休戦に応じた。

　2004 年から 2005 年にかけて両国間の複合対話がもたれたが、こうした政治プロセスとは別に民間交流も急速に促進された。2004 年4 月にはインドのクリケット・チームがパキスタン遠征を行い、各地で試合を行った。その応援のために 8,000 人のインド人がパキスタンに入国したという。翌年にはパキスタンのクリケット・チームがインド遠征を行い、4,000 人を超すパキスタン人が「クリケット・ビザ」でインドを訪問した。彼らの訪問の目的は別にあったかもしれないが、クリケットは十分な口実を与えたのである。そして極め付けはムシャラフ大統領とその家族の最終試合観戦である。和平ムードは一気に高まった。クリケット・マッチは両国間の関係を反映すると同時に和解ムードを作り上げることにも貢献している。

広瀬　崇子
（専修大学教授）

第8章　中央アジア

概　観

　2016年春から2017年の同時期までに顕著に見られた中央アジア関連の出来事とすれば、国際社会に衝撃を与えたテロ事件の数々に中央アジア出身者が少なからず関わっていたことであろう。

　2016年6月28日にトルコの玄関口ともいえるイスタンブール・アタチュルク国際空港で銃撃と自爆によるテロが発生し、実行犯3人を含めて48人が死亡した。国際空港での大規模テロ事件はトルコに大きな衝撃を与え、2016年にトルコを訪れた観光客は26%も激減した。自爆犯たちは「イスラム国」（IS）の拠点であるシリアのラッカからトルコに入ったと見られ、ISに中央アジア出身者たちが参加して活動していることを強く印象づけた。

　さらにイスタンブールでは2017年1月1日に、ナイトクラブで銃乱射事件が起こったが、実行犯と見られるウズベキスタン人の男は1月17日にイスタンブール西部のキルギス人の友人宅で警察に拘束された。

　また、2017年4月3日にロシアのサンクトペテルブルクの地下鉄で発生し、14人が犠牲になった事件の容疑者もキルギス出身の若者（1995年生まれ）だった。さらに、2017年4月9日、スウェーデンのストックホルムで通行人をはね4人を死亡させた容疑者はウズベキスタン出身者であった。

　中央アジア出身者たちがISなど過激な集団に入り、テロを行うのは、中央アジア諸国で経済格差があり、キルギスなど貧しい国では若者たちの雇用がコネで決まったり、富裕層しか就職できなかったりする問題に反発する若者に多い。貧困層はロシアなどに出稼ぎをして家族に送金することになるが、そのロシアでも社会的上昇性がなく、差別され疎外感を持つ。また、ロシアのシリア空爆などイスラム世界に軍事介入する姿勢にもムスリムの若者たちが強く反発している。

　中国の新疆ウイグル自治区に多く住むトルコ系の民族ウイグル人たちには漢族たちの新疆への移住や中国政府によるイスラムの宗教慣行への制限などに不満を持ち、中国からの分離独立を希求する人々が少なくない。2016年8月にキルギスの首都ビシケクの中国大使館にウイグル独立派の人物による自爆テロがあった。中国人職員には被害はなかったものの、危機感を覚えた中国は中央アジア諸国との治安協力の強化を図り、9月にはキルギスで上海協力機構（SCO）の共同軍事演習も行われた。

　2016年9月、ソ連からの独立後ウズベキスタン政治を主導してきたイスラム・カリモフ大統領が他界した。その独裁的ともいえる強権政治で国の安定を保ってきたが、政治の縁故主義、人権侵害、国民の間の経済格差の拡大、反体制的武装集団の活動などの問題を抱えてきた。2016年12月4日にカリモフ前大統領の死去に伴う大統領選挙が行われ、シャフカト・ミルジヨエフ大統領代行が圧倒的な勝利を収めて第2代大統領への就任が決まった。ミルジヨエフ氏の得票率は90%近くに上り、この数字もカリモフ政権と同様にこの国が依然として権威主義的体制であることを表している。

中央アジア出身者たちによるイスタンブール・テロ

　2016 年 6 月 28 日にトルコ・イスタンブールのアタチュルク国際空港で銃乱射や自爆テロが発生し、45 人が犠牲となったが、ウズベキスタン人、キルギス人、チェチェン出身のロシア人が実行犯であった。

　トルコには 2014 年に 3,700 万人の観光客が訪れ、トルコの GDP のおよそ 5%を数えた。しかし、相次ぐテロで日本人観光客が 2015 年に 40%減ったように、アタチュルク国際空港を狙ったテロはトルコの目玉である観光産業に打撃を与えることを図ったものであった。実行犯たちはシリアの IS の拠点であるラッカからトルコに向ったと見られているが、トルコは 300 万人のシリア難民を抱え、それが政治や社会の不安定要因となり、また国境を接するシリアとイラクで IS が支配地域を依然として維持している。

　さらに、2017 年 1 月 1 日、トルコのイスタンブールのナイトクラブでテロ事件が発生し、少なくとも 39 人が犠牲になった。ナイトクラブの「レイナ」はボスフォラス海峡に面する高級店で、トルコ人の富裕層や外国人観光客が頻繁に利用する。実行犯はウズベキスタン人であった。

　ウズベキスタン人が IS に加わる背景には、2016 年 9 月に死去したカリモフ大統領の時代に経済状態が上向かなかったことも要因の一つである。1989 年はウズベク人の 44%は貧困ラインよりも下の生活を送っていたが、近年の統計では 47%に増加している。カリモフ政権は職の創出に成功したとは決していえなかった。そのためウズベキスタンの労働力の 10%に相当する 300 万人が国外、特にロシアやカザフスタンで労働するようになっている。カリモフ政権の腐敗のために外国からの投資は鈍り、また国内産業は育たなかった。ロシアに労働移住する国民が多いウズベキスタンにとって、ウクライナ問題をめぐる欧米の制裁によるロシア経済の落ち込みはその経済状態にも少なからぬ影響を及ぼしている。

サンクトペテルブルク事件の容疑者はキルギス出身

　2017 年 4 月 3 日、ロシア・サンクトペテルブルクで地下鉄爆破事件が発生し、少なくとも 14 人が死亡し、49 人が負傷した。ロシア治安当局筋によれば実行犯はキルギス出身のアクバルジョン・ジャリロフ容疑者であった（1995 年生まれ）。

キルギスの若者たちが武装集団に入る背景としてはこの国でも「貧困」という要因が大きい。キルギスの貧困率はおよそ40％で（日本の外務省のデータなど）、産業は、農業や畜産業が中心で、キルギスの1人当たり国内総生産（GDP）は約1,100ドル（約13万円）で、世界189カ国中、158位と低い（IMF統計、2016年）。GDPの約3割を海外出稼ぎ労働者からの送金に依存している。ジャリロフ容疑者はキルギス南部のオシュ生まれで、サンクトペテルブルクでは、寿司レストランや自動車修理工場などで働き、レスリングのような格闘技を好んでいたとされる。爆弾は消火器に偽装したもので、榴散弾が詰まっていた。ジャリロフ容疑者はイスラムに訴える過激な集団と関わりをもっていたと見られているが、ポップスやスポーツカーなどのファンでもあり、世俗的性格も持ち合わせていた。

　ジャリロフ容疑者の故郷であるキルギス南部のオシュは、キルギス、ウズベキスタン、タジキスタンにまたがるフェルガナ盆地にあり、特にキルギスではウズベキスタン人とキルギス人の暴力的衝突が繰り返し発生している。フェルガナ盆地は社会・経済状態の悪化から、イスラムに政治社会の理想的原理を求める過激な「ウズベキスタン・イスラム運動（IMU）」や「解放党」などの運動が見られるようになっている。

　ソ連時代、スターリンはムスリムの諸民族が一致団結してソ連中央政府に抵抗することを恐れて、中央アジアに恣意的な国境線を引いて、「分割して統治する」ことを考えた。そのため、中央アジアの共和国は国内に少数民族を抱えたり、国外に同一民族を残したりすることになったが、キルギスのウズベク人の一部は貧困からキルギス人に対して憎悪の感情を抱くようになり、それも彼らを暴力化させる要因となっている。キルギス政府当局は、ISなどの過激派に参加している同国人を400人と見積もった。

　2017年3月15日付のインターネットメディア「キャラバンセライ」によれば、シリアやアフガニスタンには「イマーム・ブハーリー・ジャマアト（IBJ：イマーム・ブハーリー協会）」という過激派が活動している。IBJは民族的にはウズベク人で構成され、彼らはウズベキスタン、キルギス、タジキスタン、アフガニスタンなどの出身者たちである。シリアでロシアやアサド政権軍の攻勢が強まるにつれてその拠点をアフガニスタンに移しつつある。

　1999 年にキルギス南部で日本人鉱山技師たちを拉致したウズベキスタン・イスラム運動（IMU）も近年 IS を支持するグループと、組織独自の運動を主張するものと二つに分かれた。2017 年 2 月にアフガニスタン当局は IMU の最高指導者であったターヒル・ユルダシェフの息子がアフガニスタン北部のサリプル州で IS のメンバーを募っていたと報告した。

ウズベキスタン・カリモフ大統領の死去が意味するもの

　2016 年 9 月 2 日、ウズベキスタンのカリモフ大統領が亡くなった。カリモフ大統領は、独裁的で強権的な手法でフェルガナ盆地のイスラム運動を抑圧した結果、急進的な傾向をもつ人々はアフガニスタン、パキスタンの部族地域、シリアなどに赴いてタリバンやシリアの様々な武装集団に身を投じていった。9.11 後に対テロ戦争が始まると、米国、英国に同調するかのように、国内の反体制派を「アルカイダ」のメンバーとして、逮捕して拷問を加えるなど、その人権侵害も評判がよくなかったが、それもまた国内に急進的な潮流をもたらした。

　カリモフ政権の腐敗のために外国からの投資は鈍り、また国内産業は育たなかった。ウズベキスタン経済は金、綿、天然ガスなどに依存するが、しかしエネルギー資源の価格は下落し、ロシア経済は制裁や油価の低迷もあって減速し、中国経済も低成長時代に入った。ロシアに労働移住する国民が多いウズベキスタンにとって、ロシア経済の低迷は少なからぬ影響を及ぼす。

　ウズベキスタンが、ニヤゾフ独裁体制後のトルクメニスタンのように安定を保てるか、あるいはカダフィ後のリビアのように求心力を喪失し、国内が分裂状態になるか、目下のところ定かではないが、いずれにせよ、4 半世紀にわたって独裁体制を敷いてきたカリモフ大統領の他界はウズベキスタン政治に何らかの変化をもたらすだろう。

　日本との関係についていえば、カリモフ大統領は対日関係を重視した。それは、ソ連から独立したという気概を示すものだったのかもしれない。カリモフ大統領は「ウズベクは日本と戦争をしたことがないし、ウズベクが日本人を捕虜にしたこともない」と述べ、日本人抑留者が建設したナボイ劇場のプレートの「捕虜」という言葉を「日本国民」に変え、「1945 年から 1946 年にかけて極東から強制移

送された数百名の日本国民が、このアリシェル・ナヴォイー名称劇場の建設に参加し、その完成に貢献した」と記すようになり、その業績を称えた。経済官僚であった金森久雄氏は次のように述べている。「世界に日本を限りなく評価している国がある。一つは台湾、いま一つはウズベキスタン。」日本からは9月3日の葬儀にトルクメニスタンに出張中であった滝沢求外務政務官が出席したが、ウズベキスタンの対日関係はカリモフ後も大きな変化はなく良好に推移するだろう。

中国の憂鬱 - 東トルキスタン・イスラム運動

　2016年8月30日に、キルギスの首都ビシケクにある中国大使館で自動車がゲートを突破して自爆するという事件が発生した。運転手が死亡し、キルギス人職員3人が負傷した。キルギス政府当局は9月6日、自爆テロについて、死亡した実行犯は「東トルキスタン・イスラム運動（ETIM）」に所属していたと発表、実行グループの5人の身柄を拘束し、4人を国際手配したことを明らかにした。翌7日、中国外交部の華春瑩（ホア・チュンイン）報道官は「中国はETIMなどのテロ勢力を断固として打ちのめす」と語った。

　中国がその動静を懸念するETIMは、文字通りウイグル人地域である「東トルキスタン」の独立を目指している。ETIMの細胞は新疆ウイグル自治区以外では中央アジアのキルギス、ウズベキスタン、カザフスタン、さらにアフガニスタン、パキスタンにあると見られ、キルギスでは中国政府関係者に対する暴力事件をたびたび起こしてきたのも同組織と見られている。2011年にシリアで内戦が発生すると、シリア国内でイスラムに訴える武装勢力とともに戦うようになった。

　シリアには2011年3月の内戦勃発後、数千人のウイグル人がシリアに入国したがその多くが活動を共にしているのは、アルカイダ系の「ハヤト・タフリール・アル・シャーム（レヴァント解放機構：HTS）」で、この組織はヌスラ戦線（のちに征服戦線）が他の武装集団を吸収して2017年1月に改称し発展したもので、アサド政権の転覆と「イスラム国家」の樹立という目標を追求している。中国がシリアのアサド政権を支援しているのも、ウイグル人たちが反アサドの武装活動に身を投じる要因となっている。

　いずれにせよ、シリアの混乱は中国の反体制武装勢力に軍事訓練の場を与え、

ウイグル人が中央アジアの過激派とネットワークを築くことも中国とすれば、懸念せねばならない。

上海協力機構（SCO）の共同軍事演習

　ビシケクでの中国大使館襲撃事件、また 2016 年 6 月 28 日にトルコ・イスタンブールのアタチュルク国際空港での自爆テロの容疑者 3 人の出身国がロシア、キルギス、ウズベキスタンであったことなどを受けて、SCO 加盟国にとってテロ対策は喫緊の課題となった。

　2016 年 9 月下旬にキルギスで行われた SCO の軍事演習「平和の使命 2016」も過激主義、分離主義によるテロへの対策が主な目的だったが、実際のテロに対するよりも強力な火力が用いられ、中国軍はヘリコプターによる空対空ミサイルを射撃訓練も行い、テロに対する SCO 加盟国の軍事的な結束や断固たる姿勢を示すことになった。中国にとっては ETIM が活動する中央アジア諸国との情報蒐集など治安対策での協力が必要であることは言うまでもない。

　軍事演習に参加したのはカザフスタン、キルギス、タジキスタン、中国、ロシアで、キルギスとの間で国境論争があるウズベキスタンは参加しなかった。2016 年 3 月下旬に、ウズベキスタン軍がキルギスとの国境地帯にあるチャラサルトに部隊や装甲車を配備し、両国の緊張となり、8 月 24 日、キルギスのアタンバエフ大統領は、ウズベキスタンとの間の国境画定を見直す必要がると表明していた。キルギスでは初のSCO による共同軍事演習で、およそ 2,000 人の将兵、また戦闘機 40 機も参加した。

NATOオフィスの閉鎖

　2017 年 4 月 1 日、ウズベキスタンの首都タシケントにあった北大西洋条約機構（NATO）の連絡事務所が閉鎖され、NATO と中央アジア諸国との安全保障問題に関する調整は直接本部があるベルギー・ブリュッセルで行われることになった。NATO の全予算を検討する中で行われた措置で、政治的な意味合いはないとされているが、NATO の中央アジアにおける役割が減じたことを印象づけるものであった。

　NATO のタシケント事務所は 2014 年 5 月に開設され、中央アジア諸国との安

全保障関連の交流を行ってきたが、アフガニスタンから撤退する際の軍関連の物資の引き揚げのための任務や、中央アジアやカフカス地域の関係者との連絡や調整を行ってきた。2004 年にイスタンブールで開催された NATO 首脳会合で中央アジア諸国とのパートナーシップ協定が結ばれた。

米国は 2005 年にウズベキスタンの、また 2014 年にキルギスの空軍基地を閉鎖した。フランスも 2014 年にタジキスタンに駐留していた小規模な空軍部隊を撤退させ、またドイツも 2015 年にウズベキスタンの空軍基地を閉鎖した。

他方で米国のトランプ政権による「テロとの戦い」の強調は、米国によって人権状況を問題視され、国内にテロの懸念が広がる中央アジア諸国の独裁体制にとっては都合がよいものであるという指摘もある。

カザフスタン、シリア和平会議を開催

2016 年 6 月にカザフスタンのナザルバエフ大統領はサンクトペテルブルクでのプーチン大統領との会談でカザフスタンの首都アスタナでシリア和平会議を開催する用意があることを明らかにした。カザフスタンは、ロシアとは違ってシリアの紛争当事者たちとは関係がなく、中立的な立場を演ずることができ、また SCO のメンバーとして、中央アジアやロシア、中国の安全に貢献できるという目標もある。

実質的にこの会議を主催したのはロシアで、トルコとイランが共催という形になった。ロシアにはシリア問題について新たに成立したトランプ政権との協調をアピールしたかったに違いない。

実際、2017 年 1 月下旬にカザフスタンの首都アスタナでシリア和平会議が開催されたが、国際社会にはシリア和平を後押しする空気があるものの、日々継続するシリア政府軍による空爆や砲撃は反政府勢力との相互不信や憎悪を増幅させている。さらに紛争当事者である IS やアルカイダ系の組織は参加せず、イランはアサド政権を支援し、トルコは米国が後押しをするクルド人主体の「シリア民主戦線（SDF）」が勢力を伸長させることを望んでいない。会議参加国の思惑にもずれがあり、会議の成果は当初から危ぶまれていた。

ロシアは、シリア和平会議で IS やアルカイダ系の HTS と戦い、米国の対テロ戦争に実質的に協力しているということを強調したかったのだろう。しかし、トラ

ンプ政権は 2017 年 4 月 6 日にアサド政権が化学兵器を用いたとしてシリア政府軍の空軍基地をミサイル攻撃した。シリア情勢は依然として不透明で、アスタナでの会議も、ロシアの反テロの姿勢を国際社会にアピールするためのものであり、それにカザフスタンが協力したものであった。

（宮田　律）

コラム　日本と中央アジアを結ぶマラソンと格闘技

　中央アジア諸国には古代の交易路で、有名な「シルクロード」が通っていた。米国務省はウルトラ・マラソンの選手であるディーン・カーナーシス（ギリシャ系・1962年生まれ）による「シルクロード・マラソン」のスポンサーとなった。このマラソンは中央アジア諸国がソ連から独立して25年が経つのを記念し、ウズベキスタン、キルギス、カザフスタンの525キロメートルを走破するもので、2016年6月29日から7月10日にかけて行われた。カーナーシス選手は米国民を代表するとして、それぞれの国の人々と会話を交わし、ともに走ることを促すなど、米国のスポーツ外交を担い、マラソンによって異文化、異なる民族や歴史の人々を結びつけたことを誇った。

　シルクロードはマラソンのイメージに合致するのだろうか、キルギスでは2012年から「キルギス・シルクロード国際マラソン」が行われ、日本からも参加する人々がいる。キルギス人の中には「マラソンを通じて日本とキルギスの架け橋になりたい」と語る人もいるそうだ。

　中国の「一帯一路」の構想の中にはスポーツによる中央アジア諸国との交流も含まれているが、スポーツを媒介にして中央アジア諸国にある中国への警戒感をやわらげたい意向だ。

　中央アジア諸国の中で、夏のオリンピックで最も金メダルの獲得数が多いのはカザフスタンで14個、続いてウズベキスタンの8個で、あとはタジキスタンが1個、キルギスとトルクメニスタンは金メダルを獲得していない。種目ではカザフスタンもウズベキスタン、ともにボクシングでの獲得金メダルが最も多く、またウズベキスタンが6個の銀・銅メダルを柔道で取るなど格闘技が得意な地域といえる。

　中央アジアの遊牧的伝統を強調する「世界遊牧オリンピック」も2016年9月にキルギスで開催され、中央アジア諸国だけでなく、ロシアや中国、さらには日本も参加した。乗馬をしながらの格闘技である「エルエニシュ」、馬に乗った選手たちが羊の遺骸を奪い合い、それを井戸に投げ込んで得点を競う「コクボル」などが行われた。

　日本は、この地域の人々が特に好む格闘技、特に日本伝統種目である柔道や相撲などを通じて今ある親日感情をいっそう高めたいところだ。

宮田　律
（一般社団法人・現代イスラム研究センター理事長）

第9章　南西太平洋

概　観

　オーストラリアでは 2016 年 7 月 2 日、連邦上下両院の総選挙が行われ、ターンブル首相率いる保守連合が勝利を収めた。総選挙の結果、与党は下院で過半数を辛うじて確保したものの、上院では過半数議席獲得には遠く及ばず、政権運営はますます難しくなったといえる。

　オーストラリアでもトランプ政権の誕生に伴い、対米外交、米豪同盟関係の将来、それらを受けた外交政策のあり方について、議論が盛んに行われている。一方で対米同盟関係の継続を訴える立場と、他方でトランプ政権の誕生を機に独自外交を展開すべきだと訴える立場が議論を交わしている。

　ターンブル首相とトランプ大統領が 2017 年 2 月に初の電話会談を行った。その際、トランプ大統領が米国への難民移送に関する両国合意に不快感を示し、電話を一方的に切り上げたと報じられた。

　この電話会談での大失敗を受けて、両国が関係修復を模索する中で、5 月にはターンブル首相がニューヨークでトランプ米大統領と首脳会談を行った。両国首脳は北朝鮮の核・ミサイル問題を含む地域情勢や、「イスラム国」掃討作戦などについて意見交換を行い、強固な同盟関係を確認した。

　今後の対米外交の見通しが立たないなかで、オーストラリアにとって日本との関係は一層重要になっている。アジア太平洋地域の平和と秩序には依然として米国の存在は不可欠であり、そのためにも互いに米国の同盟国であり、価値観を共有する日豪両国が協力関係を拡充することは重要である。

　そうしたなか日豪首脳会談が 2017 年 1 月、シドニーで開催され、両首脳は日豪米の安全保障面での協力の重要性と、TPP 交渉推進を確認した。また 4 月には日豪 2 プラス 2 が東京で開催され、日豪安全保障・防衛協力、北朝鮮情勢、南シナ海問題などについて協議を行った。

　ニュージーランド政府は 2016 年 6 月、約 6 年ぶりとなる国防白書を発表した。同白書は、今後 25 年間、2040 年までにニュージーランドが直面する安全保障上の課題と挑戦を明らかにしたうえで、今後 15 年間で防衛力の近代化を進め、最大 200 億 NZ ドルを投入する計画を示した。

オーストラリア

連邦議会選挙で与党が辛勝

　オーストラリアでは 2016 年 7 月 2 日、連邦上下両院の総選挙が行われ、ターンブル首相率いる保守連合（自由党、国民党）が勝利した。ただし保守連合は下院（定員 150）では辛うじて過半数議席 76 を確保したものの、上院（定員 76）では 30 議席（2017 年 5 月現在で 29 議席）で過半数に及ばず、当初から難しい政権運営が予想されていた。

　今回の両院ダブル選挙は 1987 年以来、約 29 年ぶりの実施となった。ターンブル首相が両院の解散に踏み切ったのは、解散を回避する条件としていた労働組合関連法案が上院で否決されたためである。ダブル選挙を通じて、上院での劣勢を挽回しようという狙いがあったものの、保守連合と労働党の支持率は拮抗しており、選挙戦は接戦が予想されていた。

　今回の総選挙は、資源ブーム終息後の経済政策が最大の争点であったが、ターンブル首相の信を問うという意味合いも強かった。ターンブル氏は 2015 年秋、任期途中のアボット首相を退陣に追い込み、自ら首相の座に就くものの、党内基盤の弱さが政権運営に暗い影を落としていた。国民の審判を受けていないターンブル首相にとって、党内の反主流派の動きを封じて求心力を強め、政権運営に自信を持って取り組むためにも、できるだけ早いタイミングで総選挙に打って出ることが重要であった。

　保守系連合が「雇用と成長」をキーワードに、法人税減税などの税制改革を通じて企業投資や雇用を促進し、景気浮揚を目指すと訴えたのに対し、労働党は法人税率の引き下げに反対し、医療や教育への手厚い予算配分と格差是正への取り組みを重点課題に挙げた。選挙戦の終盤では、公共医療保険「メディケア」に世論の関心が集まり、この問題に対する与野党の姿勢が有権者の投票行動に大きな影響を与えたと伝えられている。ターンブル首相が勝利宣言で「労働党は、保守連合がメディケアを民営化するような噂を組織的に流布し、スケアキャンペーンを展開した」と非難したように、メディケアに関する問題が保守連合にマイナス

に大きく働いた可能性がある。

　総選挙の結果、政権運営はますます難しくなった。下院では過半数を辛うじて確保したものの、与党議員が一人でも欠席すれば、法案は成立しない事態となった。さらに上院では少数政党が躍進し、なかでもポーリン・ハンソン率いる極右政党「ワン・ネーション党」から4人が議席を確保した。ハンソンは1990年代、反アジア系移民や反先住民族を掲げて連邦議会に進出、オーストラリア国内に「ハンソン論争」を引き越した人物である。今回の選挙でもイスラム教徒の排斥を訴えて、18年ぶりに政界復帰を果たしている。ワン・ネーション党は保守連合（29）、労働党（26）、緑の党（9）に次ぐ勢力となり、与党が予算案や重要法案を通過（過半数39）させるためには、同党を含めた少数政党の協力が不可欠となる。

　ワン・ネーション党は州レベルでの政治にも影響を及ぼしつつあり、その存在感の高まりは、オーストラリア政治全体の右傾化をもたらしかねない。自由党は2017年3月に行われた西オーストラリア議会選挙で、連邦レベルで連合を結ぶ国民党ではなく、ワン・ネーション党との提携関係を結んで大きな話題となった。選挙の結果、自由党、ワン・ネーション党ともに敗北したが、来年には連邦上院選挙を控えており、情勢次第では国政レベルでの両党連携の可能性がありうることを示す出来事であった。

オーストラリア第一主義を強めるターンブル政権？

　ターンブル政権は2017年4月に入り、移民制度の変更を矢継ぎ早に発表した。ターンブル首相とダットン移民相は4月18日、2018年3月から主に外国企業の駐在員らに適用する就労ビザ（通称「457ビザ」）を廃止し、発給条件を厳しくした新しいビザ制度を導入することを発表した。経済界はおおむね賛同しているが、外国人教員を多く雇う一部の大学などは、優秀な人材確保が難しくなり、国際競争力が失われかねないとして、今回の措置に懸念を表明している

　ターンブル首相は記者会見で、「オーストラリアの労働者が第一だ」と述べ、外国人の入国管理を強化し、国内の雇用を確保することの重要性を強調した。ビザの申請を行う企業には、オーストラリア国内で人材確保ができないことを証明する義務が課される。また457ビザは永住ビザ取得に繋がる窓口の役割を果たし

ていたが、新しいビザではその可能性は完全に閉ざされている。

　また続いてターンブル政権は4月21日、市民権テストの厳格化を発表し、市民権取得のためには、英語力に加え、「オーストラリアの価値観」を共有できるかが条件になることとなった。

　新しい市民権テストでは、オーストラリアの歴史や法律、さらにはオーストラリア社会の根幹をなす民主主義や多文化主義などの価値観への理解が問われ、さらに児童婚やドメスティック・バイオレンス（DV）をどう考えるかを問う内容もテストに含まれる見込みだ。ターンブル首相はオーストラリア人の価値とは、「法治主義、民主主義、自由、相互尊重、男女平等」としている。オーストラリア社会に溶け込み、経済活動に関わるために不可欠な英語力の評価基準を引き上げることも検討されている。

　こうした政府の動きを、「オーストラリア第一主義」や反移民感情の現れであり、極右への迎合だと批判する声が上がっている。実際にワン・ネーション党のハンソン党首は、自らのツイッターで「政府の政策の変更は、自らの主張が通った証拠だ」と語っており、同党の掲げる反移民政策が正しいことを強調していたのである。

　就労ビザ廃止の政策上の意図は、多発するビザ制度の悪用を防ぎ、外国人労働者に対する悪いイメージを払拭するという点にあった。しかしオーストラリア人の雇用を最優先するというターンブル氏の発言ばかりが取り上げられ、「オーストラリア第一主義」に基づくものであるとの印象を与えてしまった。また市民権テストの厳格化も、共通の価値観を推進し、「多文化社会を強化すること」が狙いであるが、西欧的な価値観を共有できない人々、特にイスラム教徒の移民を標的にしたものだとの批判が挙がった。

　さらにターンブル政権は4月27日、液化天然ガス（LNG）の輸出規制を導入することを発表した。この施策も国内産業や家計を最優先する「オーストラリア第一主義」の一環として報じられている。政府によれば国内でガス不足が生じた場合、政府が輸出をコントロールしてガス料金を抑制することが狙いである。国内のエネルギー業界は、政府による市場介入として強く反発するが、ターンブル首相は「オーストラリアの製造業などの産業や家計が第一だ」と強調していた。

　ターンブル首相によれば「オーストラリア国内ガス安定メカニズム（ADGSM）」

を導入することで、政府が LNG 輸出を制限する権限を持つことになる。与党保守連合は 2016 年の総選挙で、投資や雇用に悪影響が出るとして、輸出規制に反対の立場を表明していた。しかし同年下半期から LNG 輸出が急増し、国内の供給不足によって価格高騰が深刻化しており、東部州では早急な対策を求める声が上がっていた。

オーストラリアの軍事力・海外展開・軍事演習

2016 - 2017 年度の国防予算は約 324 億豪ドル（約 2 兆 7,000 億円）で、国家予算に占める国防費の割合は 7.3% で、対 GNP 比 1.88% となっている。政府は今後 10 年以内に 2% にする目標を掲げている。2016 年 2 月に発表された『国防白書』に基づき、12 隻の潜水艦など合計 54 隻の艦艇を建造することになっており、そのための約 299 億豪ドルの予算も含まれているが、これは海軍力の増強と同時に国内雇用の創出と確保という意味合いも強い。兵役は志願制となっており、現役総兵力は「国防年次報告 2015 - 2016」によれば 58,578 名で、うち陸軍 30,014 名、海軍 14,290 名、空軍 14,274 名である。

オーストラリア軍は現在、およそ 2200 名の兵員を 13 の海外オペレーションに派遣している（表 - 1）。うち最大規模のものが「オクラ」作戦で、過激派組織「イスラム国」（IS）との戦いのために、兵員合計 780 人を中東地域に派遣している。オーストラリアの軍事的貢献は米国、英国に次ぐ規模となっている。2015 年 9 月以来、イラクとシリアでの空爆作戦に参加する空軍部隊（エア・タスク・グループ）、対テロ作戦を行うイラク治安部隊を訓練するミッションに参加する兵士 300 人（特殊作戦タスク・グループ）、ニュージーランド軍とともにイラク軍兵士を訓練するミッションに参加する部隊などからなる。なお対 IS 軍事作戦へのさらなるオーストラリア部隊の増派については、ターンブル政権は否定的である。

オーストラリア軍は 2016 年 6 月末から、米国軍が主催する世界最大規模の海洋軍事演習「リムパック（環太平洋合同演習）2016」に参加した。同演習はほぼ 2 年ごとに実施され、今回で 25 回目となる。オーストラリアからは 1,650 名の人員、揚陸艦キャンベラ、フリゲート艦のワラムンガとバララットなどの艦艇、AP - 3C「オライオン」3 機などが参加した。米海軍によると、26 カ国、45 隻の艦艇、5 隻の

潜水艦、200 機以上の航空機、そして 25,000 人以上の人員が参加し、ハワイ周辺海域と南カリフォルニアで実施された。

　オーストラリアは、2017 年 7 月に実施が予定されている米国とインドの海上共同訓練「マラバール」に参加の意向を示している。日本も今回から正式な参加国になる予定である。しかし一部の報道によれば、インド政府は対中関係に配慮して、オーストラリアの参加に難色を示しているとのことである。

表 -1　オーストラリア軍のグローバル展開

作戦名	展開地域	概要	派遣数
Accordion	中東地域	中東地域での支援活動	500
Aslan	南スーダン	国連南スーダン派遣団（UNMISS）	20
Gateway	東南アジア	南シナ海／インド洋での海上監視活動	活動ごとに変動
Manitou	中東地域	海洋安全保障への参加（米主導の合同海上部隊（CMF）への参加を含む）	241
Mazurka	エジプト	シナイ半島駐留多国籍軍監視団（MFO）	25
Okra	中東地域、ならびにイラク	イラクでの「イスラム国」への空爆作戦への参加、ならびにイラク軍訓練	780
Paladin	イスラエル／レバノン	国連休戦監視機構（UNTSO）	12
Palate II	アフガニスタン	国連アフガニスタン支援ミッション（UNAMA）	2
Render Safe	南西太平洋諸国	第二次世界大戦期の不発弾処理	
Resolute	オーストラリア沿岸	オーストラリアの国境ならびに沖合での海上警備	500
Solania	南西太平洋	太平洋での海上監視・警備活動	
Highroad	アフガニスタン	NATO 主導の訓練支援ミッション	270
Southern Indian Ocean	インド洋	マレーシア航空機 MH370 便捜索（2017 年 1 月終了）	2

出所：オーストラリア国防省ウェブサイトをもとに著者作成

2016・2017 のオーストラリア軍の主な軍事演習

演習名	主な実施地域	参加国	実施時期
RIMPAC16	ハワイ諸島周辺海域ならびに南カリフォルニア沖	米国、オーストラリア、インド、インドネシア、日本、中国、マレーシア、ニュージーランド、韓国、シンガポール、フィリピン、タイなど26 カ国	2016 年6 月・8 月
Northern Shield 2016	オーストラリア北西部・キンバリー地区	オーストラリア軍のみ	2016 年 9 月
Bersama Lima 2016	マレーシア、シンガポール、南シナ海域	オーストラリア、マレーシア、シンガポール、ニュージーランド、英国（五カ国防衛取り決め締結国）	2016 年 10 月
Talisman Saber	オーストラリア（クィーンズランド州ならびに北部特別地域）	オーストラリア、米国	2017 年6 〜 7 月（予定）

出所：オーストラリア国防省ウェブサイトなどをもとに著者作成

トランプ政権誕生とオーストラリア

　オーストラリアでもトランプ政権の誕生に伴い、対米外交、米豪同盟関係の今後の方向性、それらを受けた外交政策のあり方について、議論が盛んに行われている。しかしながら、「9・11 事件以来の外交政策の再検討を促す出来事」や、「未知の世界へいよいよ突入する」など、トランプの大統領就任によって大きな変化が到来すると予想されているものの、その中身がどの様なものになるのかについては不透明で、トランプ外交を一言で表現すれば uncertain（不確実）やunpredictable（予測不能）であるといえるであろう。トランプ政権誕生からすでに約 3 カ月以上が過ぎた現在でも、そうした印象を拭い切れていない。

　トランプ政権とどう向き合っていくか、オーストラリアでは大きく分けて二つの考え方が存在していると言える。

　一つ目の考え方は、トランプ政権の誕生を盲目的な対米同盟を再考する機会と捉え、より独立した外交を志向すべきだというものである。例えばキーティング元首相（労働党）は、米国一辺倒をやめ、対アジア独自外交を展開すべきだと主張して話題になった。またキーティング政権時代に外相を務めたエヴァンスも、対米同盟の重要性を認めつつも、日本、韓国、インドネシアなどアジア諸国との関係強化をはかるべきであると主張している。さらにオーストラリア国立大学（ANU）のディブは米国のアジアからの軍事的撤退という最悪のシナリオに備える必要性を説き、独自防衛力の強化を訴えている。

　また ANU のホワイトは、米国のアジア関与の変化は、ただ単にトランプ大統領の登場によるものではなく、アジア地域における戦略環境の大きな変化の文脈で捉えるべきだと指摘する。もはやオーストラリアが対米同盟をどうするかという次元ではなく、米国なきアジアの秩序のもとでどうやって平和と安定を確保していくのかを真剣に考えるべきとしている。

　第一の考え方に従えば、独自外交の追求と言ってもオーストラリアの外交上の選択肢は限られており、経済・貿易関係に留まらず安全保障面を含めた中国との協力関係の構築が中心となろう。また独自防衛力の強化のためには、国防予算の大幅な増額、さらには独自の核抑止力に向けた検討が必要になってくる。

　これに対して、第二の考え方は、対米同盟継続の重要性を認識し、同盟維持のためにオーストラリアが積極的な外交努力を払い、同盟国としての責任を果たしていくべきだというものである。ターンブル政権のスタンスもこれと一致する。例えば元オーストラリア参謀総長のヒューストンは、キーティング元首相らの主張を批判し、ANZUS 同盟がアジア太平洋地域の安定に果たしてきた役割を強調して、同盟関係継続の重要性を訴えている。そもそも米国のアジア太平洋地域への軍事プレゼンスがなければ、オーストラリアの軍事的負担増は不可避という現実的な計算もこの考えの背景にはある。

　またオーストラリア戦略研究所（ASPI）のジェニングス所長は、アジア太平洋地域はかつてないほどに米国の軍事的プレゼンスを必要としているのであり、対米同盟継続のためには、（「航行の自由作戦へ」の参加を含めて）オーストラリアもより一層の負担が必要ではないかと主張している。同氏は、トランプが大統領

選挙戦中に日韓に同盟コストの負担増を求めたことを念頭に、「米国に（同盟関係の継続、アジアへの継続的関与を）期待するのであれば、オーストラリアも米国の期待に応えるべき」と訴えている。またジェニングスは、対米同盟維持のための軍事的な負担増は、対米同盟の不確実性に対する備えにも繋がることを示唆している。

オーストラリア政府は2017年下半期に、14年ぶりとなる外交白書の発表を計画している。そのためにビショップ外相は2017年2月、全世界の在外公館の大使を一時帰国させ、外交、貿易、開発の包括的な戦略の立案に関する2日間の会合を行った。トランプ外交の全容が明らかになるにはまだしばらく時間がかかると思われるが、ターンブル政権の対米政策の原則が外交白書を通じて明らかにされるであろう。

米豪首脳電話会談、難民合意をめぐって対立

米『ワシントン・ポスト』紙は、ターンブル首相とトランプ大統領が2017年2月に電話会談を行った際、トランプ氏が米国への難民移送に関する両国合意に苛立ち、電話を一方的に切り上げたと報じ、大きな話題となった。多くの国の首脳がトランプ大統領との信頼関係構築に腐心するなか、ターンブル首相にとっては幸先の悪いスタートとなってしまった。

そもそも難民移送に関する合意とは、両政府が昨年11月、ナウルとパプアニューギニアの施設に収容されている難民申請者1,250人を、米国が一時的措置として受け入れるとした合意を指している。ターンブル政権はこれに先立つ同年9月、コスタリカに収容されている、エルサルバドル、グアテマラ、ホンジュラス難民の受け入れを表明しており、オーストラリア国内では米豪の難民交換であるとの批判の声が上がっていた。

トランプ大統領は、自身のツイッターで両国合意に触れ、「信じられるか？オバマ政権が何千人もの不法移民を受け入れることに合意したのは、なぜだ？この馬鹿げた取引を調査する」とコメントした。ターンブル首相は当初、トランプ大統領がオバマ政権期の合意を尊重する姿勢を示したと語っていたが、ワシントン・ポスト紙の報道を受けて、電話会談について「率直な会話」だったと述べるに留

まり、内容についてはコメントを避けていた。

　電話会談でのトランプ大統領の姿勢は、米豪外交の関係者たちに同盟の将来に関する懸念を抱かせることになった。米国側からは、米豪同盟関係の重要性を訴えるメッセージが繰り返された。ティラーソン米国務長官は電話会談後の約 1 週間後に、米国がオーストラリア、日本、韓国との関係強化を望んでいるとの声明を発表した。さらに 2 月下旬には、米上院で米豪同盟の重要性を訴える動議が、マケイン議員ら超党派議員によって提出された。またペンス米副大統領やティラーソン国務長官は、訪米中のビショップ外相と会談を行い、両国が南シナ海やIS 問題について緊密な協議を行って、米豪同盟がこれからも重要な役割を果たしていくことをアピールしていた。

　これに対してオーストラリアでも、米国と同様に米豪同盟の重要性を訴える論調が目立った。日本の安倍首相のように、できるだけ早い段階で訪米を実現させ、トランプ大統領と個人的関係を築くよう促す声も高まっていた。しかしその一方で、対米同盟が当然のものであると捉えることのリスクが指摘されるようになった点を見逃してはならないであろう。ASPI のジェニングス所長は、「同盟関係の一時的凍結というシナリオも含めて、あらゆる可能性に備えておくことが重要である」と警告を発している。

ペンス副大統領が訪豪

　ペンス米副大統領が 4 月 21 日、3 日間の予定でオーストラリアを訪問し、ターンブル首相ら政府首脳、さらにはオーストラリア企業幹部と会談を行った。ペンス副大統領は韓国、日本、インドネシアなどアジア太平洋諸国を歴訪中で、オーストラリアが最後の訪問国となった。

　今回の副大統領訪問の最大の目的は、トランプ＝ターンブル電話会談でぎくしゃくした両国関係の修復であったと言っても過言ではない。朝鮮半島情勢の緊張が高まるなか、ペンス氏が北朝鮮の核問題についてどの様な発言を行うかに内外の注目が集まっていたが、オーストラリア国内で渦巻く対米不安をぬぐい去るための重要な機会となった。

　ペンス副大統領は、難民移送に関する両国の合意を尊重するとの姿勢を明確

に示し、ターンブル政権を安堵させた。そしてターンブル首相との会談後の共同記者会見で、オーストラリアを「最も親密な同盟国であり、真の友人」であるとし、「我々は、安全保障、経済的繁栄の良きパートナーであり、歴史的な同盟によって強く結ばれている。トランプ大統領のもとで、合衆国は引き続き米豪同盟の強化にコミットしていく決意である」と述べ、米豪同盟が強固な土台によって支えられていることを強調した。

米豪首脳会談実施、同盟関係を確認

　ターンブル首相は 2017 年 5 月 4 日、ワシントンを訪問し、トランプ大統領との初の首脳会談を行った。米側の配慮もあってか、米豪同盟の歴史的重要性をアピールすることを意識した首相訪米のセッティングとなっていた。トランプ大統領は首脳会談後、第二次大戦中に米豪などの連合軍が日本と戦った珊瑚海海戦から 75 周年となるのを記念する演説を行い、「米豪は 99 年間も同盟国で、一度も関係が悪かった時はない。偉大なことだ」と安全保障面でのこれまでのオーストラリアの貢献に敬意を示した。

　米豪両首脳は、緊迫する北朝鮮情勢をにらんで、「北朝鮮の無謀な挑発行為を非難し、阻止する」と述べ、この問題に関して連携と協力を深めていくことを確認した。またトランプ大統領はイスラム国掃討作戦では、米豪両国がともに戦っている点を強調し、「素晴らしい友情を確認した」と会談を総括した。また大統領は、記者団からの電話協議について聞かれ、「フェーク（偽）ニュース」だと応じ、ターンブル首相も同意した。

　今回の首脳会談は、予定していた時刻から約 3 時間遅れての開始となり、その結果、会談時間そのものも短縮を余儀なくされた。トランプ大統領は医療保険制度改革（オバマケア）代替法案の下院での可決を受け、共和党議員との祝賀式典に出席したため、首脳会談が行われるニューヨーク入りが大幅に遅れたのが原因であった。

　ターンブル首相は記者からの質問に答え、米豪の深い絆について「米豪同盟は、99 年間に及ぶ人々の共通の奉仕と犠牲の上に成り立っている。祖父母の時代から現在に至るまで、ともに戦ってきたのだ」と語っている。ただし、このように米

豪同盟を過去の経験に基づいて描くことについては、同盟を当然視し、盲目的に受け入れることに繋がるとして、未来志向で捉えるべきだとの批判もある。

豪中関係 ― 米国のTPP離脱で、対中傾斜を強めるオーストラリア

ターンブル政権はこれまで、環太平洋経済連携協定（TPP）を積極的に推進する立場を取ってきた。しかしトランプ政権の TPP 交渉からの離脱を受け、オーストラリア政府は経済外交の立て直しを迫られており、最大の貿易相手国である中国との経済関係強化を狙う。

ターンブル首相は 2017 年 3 月下旬、大規模な企業使節団を同行させてオーストラリア訪問中の李克強中国首相と首脳会談を行った。両国政府は牛肉や資源エネルギー分野の貿易拡大、さらに 2015 年に発効した中豪 FTA（自由貿易協定）の対象分野をサービス分野などへ広げるなど、両国の経済関係を深化させていくことで合意した。さらに両国は二国間経済関係だけでなく、東アジア地域包括的経済連携（RCEP）交渉の妥結に向けて協力し、アジア地域の経済統合の実現に向け連携していくことでも一致した。

米国の同盟諸国がトランプ政権の保護主義的姿勢に大きく動揺している中での李克強首相の訪豪は、反保護主義を共通の価値として掲げつつ、経済関係強化をテコにして、オーストラリアを中国側に引き寄せようという戦略的意図の表れとみることができる。李首相がオーストラリア連邦議会議員を前にした演説で、「中国は、冷戦時代のように、いかなる国であれどちらか一方の側に荷担することを望まない」と発言したことは、そうした中国側の狙いを垣間見させるものであった。オーストラリア国内では、対中経済関係が深まることで、外交的に難しい立場に置かれるのではないかとの懸念がくすぶるが、ターンブル氏は「同盟国の米国は強固な友人だが、中国も良い友人だ」と述べ、また「多極化した世界で、米中のどちらかを選ばないといけないという考えは正しくない」と明言し、中国の考えに同調する姿勢を見せた。

ターンブル政権は、中国との経済関係の拡大を歓迎しているが、国内経済における中国の過度なプレゼンスには慎重な姿勢を示している。電力公社オースグリッドの売却阻止はその典型的な例であり、2015 年にダーウィン港港湾設備の中国

系企業への99年リースをめぐって、当時のオバマ大統領が懸念を表明したことが想起される。

　オーストラリア政府は2016年8月に、シドニーなどでの送電事業を請け負う電力公社オースグリッドの外国企業への売却を阻止する予備決定を下した。オースグリッド社の株100％保有している州政府は、99年間にわたり50％超の株式を貸与する形での民営化を計画していた。予想売却額は100億豪ドルを超え、同国最大の民営化案件になると見込まれていた。

　中国系企業と香港系企業が買収を競っていたが、モリソン財務相は、「審査期間中に、オースグリッドが企業や政府機関に提供している重要な電力・通信サービスにおいて国家安全保障上の問題が確認された」として、売却が国益に反すると判断した。政府の判断に対して、在オーストラリア中国大使館は懸念を表明し、「明らかな保護主義的傾向を示す動きで、中国投資家の意欲に深刻な影響を及ぼす」と抗議している。

　こうしたなかでオーストラリア政府は2017年1月、外国企業による投資の監視を強化する方針を発表した。政府内に「クリティカル・インフラ・センター（Critical Infrastructure Centre）」を新設し、投資案件の審査を行う外国投資審査委員会（FIRB）の業務をサポートする。政府の方針によれば、これまでは州ならびに特別地域の投資案件は、FIRBの審査対象外であったが、電力、水道、港湾施設などクリティカルなインフラ関連案件については例外となる。

　オーストラリア政府は特定の国家を対象としたものではないと主張するが、全国各地のインフラの中国系企業への売却には、安全保障の観点から慎重さを求める声が政権の内外から上がっていたことが影響しているものと思われる。

トランプ時代の豪日関係

　今後の対米外交の見通しが立たないなかで、オーストラリアにとって日本との関係は一層重要になっている。中国の台頭にせよ、北朝鮮のミサイル問題にせよ、アジア地域の平和と秩序には依然として米国の存在は不可欠であり、そのためには対米同盟への日豪共同コミットメントを明確に示すことが不可欠である。その意味では、次期潜水艦導入問題でぎくしゃくした両国関係をどのように正常に戻

すのかが、オーストラリアにとって対日外交の最大の課題であった。

　そうしたなかで、潜水艦導入論議に結論が出て以来初となる、2016 年 12 月に東京で予定されていた日豪外務・防衛協議（2 プラス 2）が、ペイン国防相の健康問題で延期となってしまい、オーストラリアにとっては対日関係修復の機会を逃すことになった。

　日豪首脳会談が 2017 年 1 月 14 日、シドニーで開催された。日豪両国間では両首脳が定期的に相互訪問することになっており、安倍首相の訪豪はその一環である。トランプ政権の誕生を約一週間後に控え、日豪米の安全保障面での協力の重要性と、TPP 交渉推進を確認するものとなった。また両首脳は、自衛隊とオーストラリア軍が物資を融通する日豪物品役務相互提供協定（ACSA）改定の署名を行った。

　安倍首相の訪豪を受けて、オーストラリア国内のメディアの反応は概して日豪関係の重要性を指摘するものが目立った。全国紙『ジ・オーストラリアン』は社説で、トランプ政権の誕生を前に、米国がアジア太平洋地域に目を向けて、プレゼンスを維持するためにも、日豪が共同して同地域の問題に関わっていく姿勢を示すことが何よりも重要であると説いている。

　またワシントン DC にある戦略国際問題研究所（CSIS）のシェアラーは、日本を「オーストラリアにとってきわめて重要な太平洋の同盟国」と呼び、日豪関係の重要性を強調している。シェアラーは日豪の関係性が、安倍第二次政権の前後で大きく変わった点を指摘している。オーストラリアは以前、消極的な日本に対して、国際関係、特にアジア太平洋地域の平和と安全への積極的貢献を求めてきた。しかし安倍第二次政権以降、日豪の立場が逆転したというのである。対中関係に配慮するあまり、尻込みするターンブル政権を前に、安倍首相は他の同盟国の中でもいち早くトランプ大統領との会見を設定し、平和安全法制整備と防衛力強化を通じて国際安全保障へ貢献する姿勢を示していると、日本の姿勢を高く評価している。

　日豪関係を重視するがゆえに、今回の会談の結果に失望する声も聞かれた。ローウィ研究所のグラハムは、今回の日豪首脳会談の結果は、アジア太平洋地域の現状やトランプ政権誕生直前というタイミングにもかかわらず、期待外れであった

との厳しい評価をしている。そしてグラハムが挙げた最大の原因が、ターンブル政権の対中配慮であった指摘している。

日豪2プラス2が2017年4月20日、東京で開催され、日豪安全保障・防衛協力、北朝鮮情勢、南シナ海問題などについて協議を行った。両国は、北朝鮮による核実験、ならびに弾道ミサイル発射に対して、「最も強い表現での非難」を改めて表明し、北朝鮮が挑発的な行動を直ちに停止するよう求めた。

ビショップ外相は会合後の共同記者会見で、北朝鮮の行動を「不法、不正で、非常に好戦的な姿勢だ」と批判し、「北朝鮮が態度を変えるよう、中国に促していきたい」と述べ、北朝鮮の対応に当たっての中国の役割の重要性を改めて指摘していた。

また日豪2プラス2のため来日していたペイン国防相は2017年4月19日、稲田防衛相と日豪防衛相会談を行った。両防衛相は、1月の日豪首脳会談で、「より深い防衛協力を2017年に追求するよう支持」したことを踏まえて、防衛協力の強化などについて話し合った。その結果、2018年に日本で戦闘機を用いた日豪空軍種共同訓練を実施する方向で調整することで一致した。実現すれば、オーストラリアの戦闘機が日本に飛来するのは、駐留米軍、英軍に続き3カ国目となる。

オーストラリア・インドネシア関係

インドネシアは2017年1月、共同訓練や交流事業などオーストラリア軍と進めている軍事協力の一切を停止すると発表した。報道によれば、インドネシア軍部隊とオーストラリア軍特殊部隊との共同訓練を実施中に、訓練テキストにインドネシアを侮辱する表現が見つかったことが原因とみられているが、詳細は明らかになっていない。

インドネシアのジョコ大統領が2017年2月、オーストラリアを訪問し、ターンブル首相との首脳会談を行った。両首脳は、1月に停止されていた共同訓練などを全面的に再開し、防衛協力関係を正常化することで合意した。南シナ海問題をめぐっては、国際法の遵守と平和的解決が重要であるとの認識で一致した。

ジョコ大統領の訪豪は当初、2016年11月に予定されていたが、ジャカルタ州知事のコーラン侮辱宣言をめぐって市内での抗議デモが激化したため、急遽延期

となっていた。

　ビショップ外相は 2017 年 3 月、ジャカルタで開催されている環インド洋連合の会場で記者会見を行い、南シナ海におけるオーストラリアとインドネシア軍の共同パトロールの可能性を否定した。

　両国の共同パトロール構想は、ジョコ大統領が訪豪を前にした『ジ・オーストラリアン』紙とのインタビューで、共同パトロール実施の可能性に言及してから、メディアで取りざたされていた。ビショップ外相は「ジョコ大統領は、両国軍の共同演習を提案したことは一切ない」と述べ、噂を完全に否定した。

ニュージーランド

6年ぶりに国防白書を発表

　ニュージーランド（NZ）政府は 2016 年 6 月 8 日、約 6 年ぶりとなる国防白書を発表した。同白書は、今後 25 年間、2040 年までに NZ が直面する安全保障上の課題と挑戦を明らかにした。防衛力整備については、政府は今後 15 年間で最大 200 億 NZ ドル（約 1,494 億円）を投入する計画である。

　NZ が今後 25 年間で直面する問題としては、① NZ の経済水域、南氷洋、南太平洋で活動する国家やその他の主体の、活動の高度化、活動範囲の広がり、アクター数の増大、② NZ 本土に対するテロ攻撃の危険性増大、③サイバー攻撃の急激な高度化と拡散、④東シナ海および南シナ海での緊張の高まり、⑤東南アジア全域での軍事費の増大、⑥中東ならびに北アフリカでの混乱の深刻化、⑦ロシアと西側諸国の関係悪化、などが挙げられている。こうした課題に対して国防白書では、特に NZ の経済水域、さらに南氷洋ならびに南極大陸での NZ 軍の展開能力の向上、さらにサイバー攻撃に対する備えの強化に主眼を置いている。また、軍事力の近代化については、NZ 空軍の保有する C - 130H「ハーキュリーズ」輸送機、海軍の保有するアンザック級フリゲート艦を退役させ、新規導入を計画している。

キー首相が辞任

キー NZ 首相が 2016 年 12 月初旬、辞任を表明した。副首相兼財務相を務めていた、ビル・イングリッシュ氏が後継首相に選ばれた。

キー首相は 2002 年の総選挙で国民党所属の国会議員として初当選し、投資銀行から政界入りを果たした。2006 年に党首に就任し、2008 年の総選挙で国民党を勝利に導いた。2011 年と 2014 年での総選挙でも圧勝し、政権担当は通算で 8 年あまりとなっていた。2017 年 11 月に総選挙が予定されていたなかで、キー氏が 4 期目を目指すかどうかに関心が集まっていたが、同氏は世代交代の必要性を訴えて、政権から退くこととなった。

国民党党首選の結果、キー政権で副首相兼財務相を務めていたイングリッシュ氏が勝利し、首相に就任した。同氏は、経済成長など、キー政権の主要政策を継承することを強調している。なおイングリッシュ首相は、トランプ政権が交渉からの離脱を表明した TPP について、米国抜きの同協定発効に意欲を示している。その背景の一つには、自由貿易協定を締結していない日本との貿易拡大があるとされている。また、イングリッシュ首相は 5 月中旬に訪日し、安倍首相との首脳会談を行う予定であるが、米国の抜きの TPP や北朝鮮の核問題が議題になると伝えられている。

アンザス危機以来の米艦船寄港

米海軍のミサイル駆逐艦サンプソンが 2016 年 11 月、NZ に寄港した。米艦船が同国に寄港するのは、30 年ぶりになる。同艦船は 11 月中旬に行われた NZ 海軍設立 75 周年記念行事に参加する目的で寄港するものだが、米 NZ 安全保障関係の新たな展開が期待されている。

これはバイデン米副大統領が 2016 年 7 月に、NZ を訪問した際、ケイ国防相との会談の結果、米艦寄港を認めることで合意したことによるものである。

NZ では、1980 年代後半に成立した非核法により、原子力を動力源とするか、核兵器を搭載可能な艦船の入港を禁止している。当時のレーガン米政権はこれに対して、アンザス条約にもとづく NZ に対する安全保障義務を放棄し、米・NZ 安全保障関係は停滞していた。

哨戒機・輸送機の導入めぐり日本と交渉開始

　NZ と日本政府は 2017 年 1 月、自衛隊の P - 1 哨戒機と C - 2 輸送機を NZ に輸出する交渉を開始した。NZ 政府は、他国からも提案を受けており、2017 年夏までに調達先を決定する予定である。

　調達先に選ばれれば、輸出後の整備も含めた長期契約になるため、数千億円規模のビジネスチャンスとなる。日本政府が「防衛装備移転三原則」の運用を 2014 年に開始して以来の、初の大型案件になると言われている。報道によれば、海上自衛隊が持つ哨戒機 P - 1 については米ボーイング社が、一方、航空自衛隊が保有する輸送機 C - 2 については欧州のエアバス社などが有力なライバルとなっている。P - 1、C - 2 ともに製造の中心を担うのは川崎重工業である。

南西太平洋

パプアニューギニアで総選挙公示

　パプアニューギニア総督は 2017 年 4 月、任期満了に伴う 5 年ぶりとなる総選挙の選挙命令に署名し、約 2 カ月にわたる選挙戦がスタートした。111 議席に対して 3,300 人以上が立候補を予定している。投票期間は 6 月 24 日から 2 週間、開票作業は 2 週間をかけて行われ、投票結果は遅くとも 7 月 24 日には明らかになる見込みである。

　与党人民国民会議党を率いるオニール首相は、政治的安定と経済成長を実績に掲げ、選挙戦に臨む。93 人の公認候補を擁立する予定で、安定多数確保を目指している。

ブーゲンビル独立を問う国民投票の日程決まる

　オニール首相とモミス・ブーゲンビル州知事は 2016 年 6 月、ブーゲンビル自治州の独立を問う国民投票を 2019 年 6 月 15 日に行うことで原則合意した。両政府は同時に、独立機関「ブーゲンビル国民投票委員会」を設置し、同委員会が投票の準備と実施を担っていくことになる。オニール首相は国民投票の準備と実施に必要な経費を、2017 年度予算に計上する考えを明らかにしている。

国民投票は、中央政府と自治政府との間で2001年に交わされた和平合意「ブーゲンビル和平協定」によるものである。同協定は、1998年から約10年間続いた武力紛争の後に合意された。同協定によると、2020年までに住民投票を行うことになっていた。

　国民投票の実施には、ブーゲンビルのガバナンスの向上、さらには各部族勢力の武器の回収・破壊が条件となっている。武装勢力の一部は、中央政府が国民投票を阻止するのではないかとの疑念を払拭できずにおり、武装解除に抵抗している。投票日が最終決定するまでには今後も紆余曲折が予想されている。

中国との経済関係強化を進めるパプアニューギニア

　パプアニューギニアのオニール政権は、中国との経済関係強化を積極的に進めている。同国政府は、資源エネルギー価格の低迷による外貨収入の激減、さらには深刻な干ばつなどにより、巨額の財政赤字に悩まされており、中国からの投資を積極的に呼び込むことで問題解消を狙う。こうした傾向は南太平洋諸国全般に見られる。

　中国の国営企業、広東省広晟資産経営有限公司が、東セピック州での鉱山開発へ巨額の投資を計画していることが明らかになった。同社が2016年6月、政府に提出した申請によれば、2015年に同州のフリーダ川に取得した土地に36億米ドルを投じ、金や銅の開発をするとのことである。フリーダ川地区の予想埋蔵量は銅が1,200万トン、金が1,900万オンスとされ、世界最大規模である。政府の認可は2017年中頃には出る見込みとなっている。

　また西セピック州では、中国による40億米ドル規模の工業団地建設計画も発表された。パプアニューギニア政府によれば2016年12月、政府と中国冶金建設公司を中心とした深圳市の投資家との間で、このプロジェクトに関する覚書が締結されたという。計画によれば、大規模な木材、漁業、キャッサバおよび熱帯香辛料などの製造、加工工場を建設し、隣接する工業団地には製鉄、セメント、その他工業製品を製造する工場が建設される。

　オニール首相が習近平中国国家主席との会談を行った際、南シナ海問題で中国の立場を支持する態度を明確に示したのも、両国の経済関係を意識したものと

考えられる。オニール首相は両国の国交樹立 40 周年に合わせて中国を公式訪問し、習近平国家主席と首脳会談を行った。習主席が貿易、エネルギー資源、インフラ建設、農漁業などの分野において協力を深めていく姿勢を強調したのに対し、オニール首相は、中国の支援と協力に謝意を表明すると同時に、南シナ海問題では中国の立場を尊重する姿勢を明らかにしつつ、国際法に従い紛争当事国が対話と交渉で平和的に解決すべきだとしていた。さらにオニール首相は、パプアニューギニアは中国が進める太平洋地域をまたぐ「海洋シルクロード」構想にも支持を表明した。

パプアニューギニア、オーストラリアに援助計画の変更を要請

　パプアニューギアはオーストラリアに対し、これまでのプロジェクト型援助ではなく、国家予算への援助を求めており、オーストラリアは対応に苦慮している。パプアニューギニアのアベル国家計画相は 2017 年 3 月、オーストラリアとの定例閣僚協議の場で、年間約 5 億 5,000 万豪ドルの援助資金を、2020 年までに国家予算へ組み込む形に戻し、政府が主に貿易・投資促進対策などに自由に利用できるようにしたいとの要請を行った。

　オーストラリアは、中国の経済的進出に神経を尖らせている時期だけに、両国関係の摩擦は避けたいと考えている。オーストラリアには特にフィジーの苦い経験がある。オーストラリアは 2006 年のフィジーでのクーデタを受けて援助を停止し、それが中国のフィジー進出の機会に繋がってしまった。しかしながら、「援助はチャリティではない」とのオーストラリア国際開発相の言葉にあるように、援助計画の変更には反発もある。そもそもオーストラリアは 1990 年代まで、同国の国家予算を支援する形で援助を行っていたが、浪費や政治腐敗に繋がるとの内外の批判を浴びて援助計画を変更した経緯がある。ビショップ外相はいまのところ、援助計画の変更に対して消極的な態度をとっている。

（竹田　いさみ・永野　隆行）

コラム ラグビーが織りなすオセアニア社会と国民国家

　2016年8月に開催されたリオデジャネイロ五輪。同大会から採用された7人制ラグビーで、南太平洋の島国フィジーが同国初の金メダルを獲得した。準々決勝で強敵ニュージーランド（NZ）を倒し、決勝では旧宗主国・英国を圧倒。会場に駆けつけたバイニマラマ首相をはじめ国民が試合に熱狂し、ノーサイドの笛と共に歓喜の声がスタジアムに鳴り響いた。

　フィジー人にとって、この金メダルは単なるスポーツでの優勝を意味したものではない。2006年のクーデタの後、現首相による強引な政治手法を非難するオーストラリアなど周辺諸国は、同国に経済制裁や地域協力機構への参加資格停止を課した。国際社会で孤立する中、フィジーは着実に改革を進め、2014年には選挙を実施した。五輪での優勝は、自分たちが歩んできた民主化の道が正しかったことを世界に示した、まさに外交メッセージでもあったのだ。

　多くのオセアニア諸国では、ラグビーは国技である。ニュースでもラグビーが主要なテーマとして取り上げられ、大統領など政府高官も結果に一喜一憂する。オーストラリアとNZ、トンガとサモアのようなライバル国同士の試合は特に注目され、首脳会議の冒頭挨拶でもその結果がしばしば言及される。2015年ワールドカップで日本が強豪南アフリカに逆転勝利を収めた際、島国を訪れた日本の政府関係者たちは、街中の至る所で祝福され、まさに英雄扱いだったと言う。

　ラグビーを愛する心は子供の頃から自然に育まれていく。国内で名をはせた優秀な若者たちは、オーストラリアやNZの大学に留学し、世界各地でプロ選手として活躍する。彼らの存在は地元の人々にとっての誇りであり、また高額なサラリーを手にできる憧れの存在でもある。

　代表の試合ともなれば、国家の威信をかけ、ナショナリズムを掻き立てる最大のイベントだ。ただしラグビーの場合、出生地以外にも、プレー直前の36カ月間継続して居住していれば、その国の代表になれるという規定がある。そのため他のスポーツと比べ、代表メンバーの顔触れは人種・民族・国籍ともに多種多様だ。NZ代表オールブラックスも、白人や先住民マオリに加え、クック諸島など島嶼国出身者と多様な民族によって構成されている。

　異なる社会背景をもつ人々を抱えつつも、同じ勝利への思いを胸に、選手たちは一致団結して戦い、国民はそれを応援する。ラグビーの中に、グローバル化が進む21世紀における新しい国民国家の姿を考えるうえでのヒントがありそうだ。

黒崎　岳大

（国際機関太平洋諸島センター副所長／早稲田大学非常勤講師）

略語表
年　表

（2016年4月〜2017年3月）

A2/AD	Anti-Access / Area Denial	接近阻止／領域拒否
ACSA	Acquisition and Cross-Service Agreement	物品役務相互提供協定
ADGSM	Australian Domestic Gas Security Mechanism	オーストラリア国内ガス安定メカニズム
AI	Artificial Intelligence	人工知能
AIIB	Asian Infrastructure Investment Bank	アジアインフラ投資銀行
ANZUS	Australia, New Zealand, United States	オーストラリア、ニュージーランド、アメリカ合衆国
APEC	Asia-Pacific Economic Cooperation	アジア太平洋経済協力
ARF	ASEAN Regional Forum	ASEAN 地域フォーラム
ASBM	Anti-Ship Ballistic Missile	対艦弾道ミサイル
ASEAN	Association of Southeast Asian Nations	東南アジア諸国連合
ASEM	Asia-Europe Meeting	アジア欧州会議
ASPI	Australian Strategic Policy Institute	オーストラリア戦略政策研究所
BAKAMLA	Indonesia Coast Guard	インドネシア海上保安機構
BJP	Bharatiya Janata Party	インド人民党
BNP	Bangladesh Nationalist Party	バングラデシュ民族主義党
BRICS	Brazil, Russia, India, China, South Africa	ブラジル、ロシア、インド、中国、南アフリカ（新興5カ国）
COC	(South China Sea) Code of Conduct	（南シナ海）行動規範
CPEC	China-Pakistan Economic Corridor	中パ経済回廊
CPI	Consumer Price Index	消費者物価指数
CSIS	Center for Strategic and International Studies	戦略国際問題研究センター
CUES	The Code for Unplanned Encounters at Sea	海上衝突回避規範
DARPA	Defense Advanced Research Projects Agency	米国防衛高等研究計画局
DIUx	Defense Innovation Unit Experimental	国防イノベーション実験ユニット
DOC	Declaration on the Conduct (of parties in the South China Sea)	南シナ海行動宣言
DSC	Deterrence Strategy Committee	抑止戦略委員会

DTTI	Defense Technology and Trade Initiative	防衛技術・貿易イニシアティブ
EAS	East Asia Summit	東アジア首脳会議
EDCA	Enhanced Defense Cooperation Agreement	防衛協力強化協定（米比）
EDSCG	Extended Deterrence Strategy and Consultation Group	拡大抑止戦略協議グループ
EEZ	Exclusive Economic Zone	排他的経済水域
ETIM	Eastern Turkistan Islamic Movement	東トルキスタン・イスラム運動
EU	European Union	ヨーロッパ連合
FATA	Federally Administered Tribal Areas	連邦直轄部族地域
FIRB	Foreign Investment Review Board	外国投資審査委員会
FTA	Free Trade Agreement	自由貿易協定
FTAAP	Free Trade Area of the Asia-Pacific	アジア太平洋自由貿易圏
GATT	General Agreement on Tariffs and Trade	関税及び貿易に関する一般協定
GDP	Gross Domestic Product	国内総生産
GPS	Global Positioning System	全地球測位システム
GSOMIA	General Security of Military Information Agreement	軍事情報包括保護協定
HA/DR	Humanitarian Assistance / Disaster Relief	人道支援・災害救援
ICAO	International Civil Aviation Organization	国際民間航空機関
ICBM	Inter-Continental Ballistic Missile	大陸間弾道ミサイル
IMF	International Monetary Fund	国際通貨基金
IMU	Islamic Movement of Uzbekistan	ウズベキスタン・イスラム運動
IOC	International Olympic Committee	国際オリンピック委員会
IRBM	Intermediate-Range Ballistic Missile	中距離弾道ミサイル
IS	"Islamic State"	「イスラム国」
ISAF	International Security Assistance Force	国際治安支援部隊
JAXA	Japan Aerospace Exploration Agency	宇宙航空研究開発機構

JMB	Jamaat-ul-Mujahidin-Bangladesh	ジャマトゥール・ムジャヒディン・バングラデシュ
JuA	Jamaat-ul-Ahrar	ジャマトゥール・アフラル
KAMD	Korean Anti-Missile Defense	韓国型ミサイル防衛システム
KGGB	Korea GBS Guide Bomb	韓国型GPS爆弾
KIO	Kachin Independence Organization	カチン独立機構(ミャンマー)
KMPR	Korea Massive Punishment and Retaliation	韓国型大量反撃報復作戦
LCS	Littoral Combat Ship	沿海域戦闘艦
LEMOA	Logistics Exchange Memorandum of Agreement	兵站物資交換協定
LNG	Liquified Natural Gas	液化天然ガス
LoC	Line of Control	カシミール管理ライン(インド・パキスタン)
MD	Missile Defense	ミサイル防衛
MOAB	Massive Ordnance Air Blast	大規模爆風爆弾
MRBM	Medium-Range Ballistic Missile	準中距離弾道ミサイル
NAFTA	North America Free Trade Agreement	北米自由貿易協定
NATO	North Atlantic Treaty Organization	北大西洋条約機構
NGO	Non-governmental Organization	非政府組織
NLD	National League for Democracy	国民民主連盟(ミャンマー)
NLL	Northern Limit Line	北方限界線(南北境界線)
NORAD	North American Aerospace Defense Command	北米航空宇宙防衛司令部
NPT	Treaty on the Non-Proliferation of Nuclear Weapons	核兵器不拡散条約
NSC	National Security Council	国家安全保障会議
NSG	Nuclear Suppliers Group	原子力供給グループ
OCO	Overseas Contingency Operations	海外緊急作戦
ODA	Official Development Assistance	政府開発援助
PKO	Peacekeeping Operations	平和維持活動
PPI	Producer Price Index	工業生産者出荷価格
RCEP	Regional Comprehensive Economic Partnership	東アジア地域包括的経済連携

RIMPAC	Rim of the Pacific exercise	環太平洋合同演習
SAARC	South Asian Association for Regional Cooperation	南アジア地域協力連合
SCO	Shanghai Cooperation Organization	上海協力機構
SDF	Syrian Democratic Forces	シリア民主軍
SIGAR	Special Inspector General for Afghanistan Reconstruction	アフガン再建特別監察総監
SLBM	Submarine-Launched Ballistic Missile	潜水艦発射弾道ミサイル
SSA	Space Situational Awareness	宇宙状況監視
TEL	Transporter Erector Launcher	輸送起立発射機
THAAD	Terminal High Altitude Area Defense missile	ターミナル段階高高度防衛ミサイル
TICAD	Tokyo International Conference on African Development	アフリカ開発会議
TPP	Trans-Pacific Partnership	環太平洋経済連携協定
TTP	Tehrik-i-Taliban Pakistan	パキスタン・タリバン運動
UNAMA	United Nations Assistance Mission in Afghanistan	国連アフガニスタン支援ミッション
UNMISS	United Nations Mission in the Republic of South Sudan	国連南スーダン共和国ミッション
WADA	World Anti-Doping Agency	世界反ドーピング機構
WHO	World Health Organization	世界保健機関
WTO	World Trade Organization	世界貿易機関

年表（2016年4月〜2017年3月）

日本

2016年4月

5日　海上幕僚監部、インドネシア海軍主催の多国間共同訓練に海上自衛隊の大型ヘリコプター搭載護衛艦「いせ」の参加を発表。

9日　岸田外相、G7外相で広島を訪問中のディオン・カナダ外相と会談。北朝鮮の核・ミサイル開発について国連安保理決議の厳格な履行、南シナ海における中国の軍事拠点化への懸念との認識で一致。

11日　広島で先進7カ国外相会合開催。核兵器なき世界の実現に向け、広島宣言を発表。

14日　熊本県益城市で、震度7の地震発生。政府、首相官邸内に危機管理センターを設置。防衛省は、自衛隊員約390名を現地に派遣。

15日　岸田外相、ラブロフ露外相と会談。平和条約締結交渉について5月の首脳会談後に外務事務次官級協議の早期開催で一致。

21日　陸上自衛隊、5月下旬からモンゴルでの国連平和維持活動（PKO）の多国間共同訓練に、東北方面隊の隊員約40名を参加させることを表明。

5月

2-6日　安倍首相、欧州およびロシア訪問。欧州各国首脳との会談で、世界経済再活性化のための機動的な財政出動の重要性を確認。プーチン露大統領との会談では、北方領土問題解決に向け、新たなアプローチで交渉を進めることで一致。

各国・国際情勢

2016年4月

1日　核安全保障サミット、ワシントンD.C.にて開催。

1日　北朝鮮、北東部（咸鏡南道・宣徳付近）から短距離の地対空ミサイル1発を発射。

14日　韓国国会議員総選挙。左派系最大野党、「共に民主党」が与党セヌリ党の獲得議席数を1議席上回り、123議席を獲得。セヌリ党は第一党から転落。

15日　北朝鮮、新型中距離弾道ミサイル「ムスダン」とみられるミサイル1発を発射。

22日　国連、地球温暖化対策の新たな国際的枠組み「パリ協定」の署名式を開催（11月4日発効）。

23日　北朝鮮、東部咸鏡南道・新浦の北東沖の日本海で、潜水艦発射弾道ミサイル（SLBM）1発を発射。

26日　ターンブル豪首相、次期潜水艦共同開発相手として、日本およびドイツを破りフランス企業に選定と発表。

28日　北朝鮮、「ムスダン」とみられるミサイル2発を発射。

5月

3日　ロシア、極東の土地を国民に無償で分与する法案を成立。北方領土にも適用する方針。

6-9日　北朝鮮、36年ぶりに朝鮮労働党大会を開催。金正恩第一書記を「党委員長」に推戴。

日本	
2日	日比両政府、TC‐90海上自衛隊練習機を南シナ海の警戒監視能力向上のため、最大5機貸与を合意。
15日	政府、6月に海上自衛隊が米印両軍の主催する共同訓練「マラバール」への参加を表明。
17日	日韓両政府、外務省局長協議を開催。慰安婦問題に関する日韓合意の履行を確認。韓国政府、元慰安婦を支持する財団の設立目標を6月と表明。
26-27日	主要国首脳会議、三重県志摩市で開幕。海洋安全保障における法の支配に基づく平和的解決の重要性などを確認した「G7伊勢志摩首脳宣言」を採択。
27日	オバマ米大統領、広島平和記念公園を訪問。原爆死没者慰霊碑に献花後、慰霊碑前で演説。原爆犠牲者全員に追悼の意を表し、核不拡散を強調。
29日	防衛省、陸上自衛隊警備部隊の石垣島配備着手の2年前倒しを表明。
6月	
2日	外務省、2008年の共同開発に関する同意に反して、東シナ海のガス田掘削施設からの天然ガス生産活動を示す炎を確認、中国政府に抗議。
3-5日	中谷防衛相、シンガポールで開催されたアジア安全保障会議に参加。南シナ海問題や北朝鮮のミサイル発射への対応について議論。
5日	沖縄県議選、翁長知事が県政与党を維持。県民、米軍普天間基地の辺野古への移設阻止を支持。

各国・国際情勢	
10日	米海軍、中国の海洋進出を牽制のため、3回目の「航行の自由作戦」を実施。南シナ海ファイアリークロス礁に、イージス駆逐艦を派遣。
17日	中国軍戦闘機2機、国際空域を飛行中の米軍偵察機に異常接近。中国外交部、米軍機が海南島付近の海域に近付いたためにとった法的根拠に基づく行動と主張。
20日	蔡英文氏、第14代台湾総統に就任。
23日	オバマ米大統領、クアン・ベトナム国家主席と会談、ベトナムへの武器輸出全面解禁の合意と安全保障分野での連携強化の方針を確認。
30日	インドネシア海軍、ナトゥナ諸島沖の排他的経済水域内で中国人船員8人を密漁の疑いで拿捕。
31日	北朝鮮、中距離弾道ミサイル（IRBM）を1発発射。
6月	
1日	李洙墉・朝鮮労働党副委員長が北京を訪問し習近平国家主席と会談。伝統的友好関係の強化を主張。習主席は、核実験や弾道ミサイル発射の自制を求める。
7日	米太平洋軍、電子偵察機が東シナ海の公海を飛行中、中国軍の戦闘機が高速で約30メートルの距離まで接近し飛行を妨害と発表。
8日	中国外務省、南シナ海問題に関して、フィリピンに対して、常設仲裁裁判所の手続の停止を求める声明を発表。

日本	各国・国際情勢
7日　中谷防衛相、プラウィット・タイ副首相兼国防相とバンコクで会談。南シナ海問題の国際法に基づく平和的解決の見解で一致。自衛隊によるタイ軍能力向上支援の促進で合意。	9日　中国海軍とロシア海軍艦艇が相次いで尖閣諸島周辺の接続水域に入域。政府、中国に厳重注意し、ロシアに注意喚起。
13日　政府、平成27年度、政府機関を狙ったサイバー攻撃の可能性がある不正アクセス、最多の約613万件と発表。	20日　台湾海軍、保有艦艇の老朽化問題で、欧米諸国からの新造艦調達が見込めず、主力艦などを自主建造に切り替える方針を発表。
16日　外務省、15日の中国海軍艦艇の口永良部島周辺領海入域について、劉少賓・在日中国大使館公使に、「懸念」を伝達。	22日　北朝鮮、「ムスダン」とみられる弾道ミサイル2発発射。
29日　中国軍戦闘機、6月中に緊急発進した航空自衛隊機に対して、複数回、近距離まで接近。	23日　英国、EU離脱の是非を問う国民投票の結果、離脱派が勝利。残留派のキャメロン首相、辞意を表明。
30日　日米韓の国連大使、討論会を開催。北朝鮮に対する制裁履行強化に向けた協力策を協議。	29日　北朝鮮、最高人民会議を開催。金正恩朝鮮労働党委員長、新設の「国務委員長」に就任。
7月	**7月**
7日　岸田外相、ケネディ駐日米大使と会談。日米地位協定における米国の優先的裁判権を認める軍属の範囲を狭めることを合意。	1日　香港、民主派による大規模デモ発生。
10日　第24回参院選。「改憲勢力」の自民、公明、維新が過半数獲得。民進党は11議席減。	2日　バングラデシュの首都ダッカで、大規模テロ発生。「イスラム国」（IS）に対する空爆の報復。
14日　安倍首相、モンゴルを訪問しエルベグドルジ大統領と会談。北朝鮮の核問題やミサイル発射、テロなどを受け、安全保障協力の深化で合意。2017年から、防衛駐在官を派遣する意向を表明。	5-11日　中国軍、南シナ海のパラセル諸島周辺で軍事演習を実施。複数の主力艦船が参加。実弾のミサイルや魚雷を数十発発射。
14日　中谷防衛相、パリカル・インド国防相と会談。「海洋戦略協議」の設置、海洋安全保障のために情報交換の実施で合意。日米印、3カ国共同訓練「マラバール」の開催で一致。	1日　オバマ米大統領、1961年の国交断絶以来54年ぶりにキューバとの国交回復を発表。それに伴い、両国首都での大使館再開の合意を正式発表。
	6日　米政府、北朝鮮の金正恩朝鮮労働党委員長を人権侵害の責任があるとし、金融制裁対象に指定。

	日本
15 日	安倍首相、李克強・中国首相と会談。南シナ海問題に関して、法に基づく平和的解決を主張。
15-16 日	アジア欧州会議、モンゴルで開幕。法の支配に基づく紛争解決の重要性を表した議長声明を採択。
22 日	米軍普天間飛行場の移設をめぐる問題で、政府が沖縄県を提訴。同年 3 月の和解決裂。
24 日	岸田外相、ASEAN 関連外相会合出席のためラオスを訪問。王毅・中国外相と会談。南シナ海問題について、国際法順守を要求。東シナ海情勢について、懸念と危機感を訴える。ガス田の共同開発について、「局長級協議」の開催を求める。
26 日	岸田外相、日中韓 ASEAN 外相会議に出席。北朝鮮の核・ミサイル開発について、国連安保理決議順守のための協調を呼びかけ。
27 日	岸田外相、尹炳世・韓国外相と会談。慰安婦問題に関する日韓合意の履行を確認。元慰安婦を支援する財団設立の準備状況の説明を受ける。
28 日	鳥取と島根、徳島と高知の選挙区を統合する「2 合区」と 10 増 10 減の改正公職選挙法衆院本会議で成立。
8月	
3 日	第 3 次安倍再改造内閣発足。稲田防衛相や世耕経産相など 8 人が新入閣。菅官房長官など主要閣僚は留任。
8 日	宮内庁、天皇陛下の退位に関する「お気持ち」表明のビデオメッセージを公表。

	各国・国際情勢
8 日	米韓両政府、韓国の在韓米軍基地に米の最新地上配備型迎撃ミサイルシステムの配備を決定。
9 日	北朝鮮、咸鏡南道新浦で潜水艦発射弾道ミサイル（SLBM）を発射。
12 日	常設仲裁裁判所、南シナ海に対して、国際海洋法条約に基づく裁定。中国が主張する「九段線」は法的根拠がなく、人工島は島とは認められないと判断。
16 日	トルコでクーデター未遂。民間人を含め約 290 人の死者。
18 日	中国空軍、新型爆撃機「H6K」、戦闘機、偵察機などによる哨戒実験を南シナ海のスカボロー礁上空で実施。
19 日	北朝鮮、短距離弾道ミサイル「スカッド」を 2 発、中距離弾道ミサイル「ノドン」を 1 発発射。
24-25 日	ASEAN 外相会議、ラオスで開催。中国の海洋進出に対する「懸念」を表明。
28 日	中国国防省、中国・ロシア海軍、初の南シナ海での合同演習実施を発表。
28 日	韓国、日韓合意に基づく元慰安婦支援財団発足。
8月	
3 日	北朝鮮、「ノドン」とみられる弾道ミサイルを 2 発発射。
5-8 日	尖閣諸島周辺の領海で、過去最多 15 隻の公船と約 200 － 300 の漁船が接続水域に入域。
6 日	ブラジルでリオデジャネイロ五輪開幕。南米初。

日本	
24日	東京都内で、1年5カ月ぶりに日中韓外相会談が開催。北朝鮮のSLBM発射を受け、同国に対するミサイル発射の自制要求で一致。
9月	
2日	安倍首相、ロシア・ウラジオストクでプーチン露大統領と会談。北方領土問題交渉の加速で一致。
15日	民進党代表選で蓮舫氏が勝利。
16日	普天間飛行場移設問題に関して、翁長沖縄県知事の埋め立て承認取り消しをめぐる裁判で、国が勝訴（23日に沖縄県が最高裁に上告）。
27日	岸田外相、モンゴルのムンフオルギル外相と外相会談。北朝鮮問題での協力を確認。
10月	
19日	自民党、総裁任期を「連続2期6年」から「連続3期9年」へ延長する見直し案を、党・政治制度改革実行本部総会で了承。
23日	衆院補選（東京10区と福岡6区）、与党が勝利。
28日	国連総会第一委員会、核兵器禁止条約の交渉会議招集に向けた決議案を賛成多数で可決。日本は反対票を投じる。
11月	
2日	安倍首相、ミャンマーのアウン・サン・スー・チー国家顧問兼外相と会談。官民合わせて5年で8,000億円規模の支援約束。
10日	TPP承認案と関連法案が衆院を通過（12月19日に参院で可決）。

各国・国際情勢	
17日	太永浩・駐英北朝鮮公使が脱北していたことが判明。これまでの外交官脱北者で最高位。
24日	北朝鮮、潜水艦発射弾道ミサイル（SLBM）を1発発射。
9月	
4-5日	中国・杭州で第11回20カ国・地域首脳会合（G20）開催。
5日	北朝鮮、「スカッド」、「ノドン」とみられる弾道ミサイルを3発発射。
9日	北朝鮮、過去最大規模、5回目の核実験を実施。
18日	ロシア下院選挙実施。与党「統一ロシア」が4分の3を超える議席を獲得。下院史上最多議席。
10月	
13日	プミポン・タイ国王が88歳で死去。
15日	北朝鮮、「ムスダン」とみられる弾道ミサイルを1発発射。
17日	イラク、ISによって占拠されたモスル奪還作戦を開始。
20日	北朝鮮、「ムスダン」とみられる弾道ミサイル1発を発射。
11月	
9日	米大統領選、共和党のトランプ氏が勝利。
26日	キューバのフィデル・カストロ前国家評議会議長が90歳で死去。

日本	各国・国際情勢
15日　政府、平和安全法制関連法案に基づき、南スーダンPKOの派遣部隊に、「駆けつけ警護」任務付与を閣議決定。 20日　安倍首相、ペルーでAPEC首脳会議に出席。プーチン露大統領と首脳会談。経済協力推進を確認。	29日　韓国の朴槿恵大統領が辞意を表明。知人への機密文書流出に関する嫌疑。 30日　国連安保理、北朝鮮に対する新たな制裁決議を全会一致で可決。国連加盟国が北朝鮮から輸入する石炭量を現在の半分以下に制限することなどを盛り込む。
12月	**12月**
13日　米軍の輸送機「オスプレイ」、沖縄県名護市の東の海上で不時着大破。 15日　安倍首相、プーチン露大統領と山口県長門市で日露首脳会談開催。 16日　安倍首相、プーチン露大統領と首相官邸で日露首脳会談開催。極東開発、先端技術協力などの促進で一致。 27日　安倍首相、ハワイを訪問。オバマ米大統領とともに、真珠湾で犠牲者を慰霊。オバマ政権最後の日米首脳会談も開催。	1日　タイ、ワチラロンコン皇太子がラーマ10世として国王に即位。 2日　米下院、台湾との軍事交流促進を初めて明文化した国防権限法案を可決（23日成立）。 9日　韓国国会、朴槿恵大統領の弾劾訴追案を可決。朴大統領は職務停止。黄教安国務総理が職務代行。 12日　ビル・イングリッシュ氏がニュージーランド国民党党首に選出、ニュージーランド首相に就任。
2017年1月	**2017年1月**
9日　政府、韓国・釜山の日本総領事前に「従軍慰安婦」を象徴する少女像が設置されたことを受け、長嶺安政・駐韓大使と森本康敬・釜山総領事の一時帰国を指示。 12-17日　安倍首相、フィリピン、オーストラリア、インドネシア、ベトナムを歴訪。 16日　日米両政府、日米地位協定の補足協定に署名。米が優先的裁判権を持つ軍属の範囲を縮小し明確化。 17日　安倍首相、ベトナムの海上保安能力向上のため、同国へ新造巡視船6隻の供与表明。	1日　ポルトガル前首相のアントニオ・グテーレス氏が国連事務総長に就任。 6日　第45代米大統領としてトランプ氏の当選が正式に決定。 17-20日　第47回世界経済フォーラム（ダボス会議）開催。 20日　オバマ米大統領の任期満了を受け、トランプ氏、米大統領就任。同時に、TPPから離脱する意思を表明。

日本	各国・国際情勢
28日 安倍首相、米国のトランプ大統領と電話会談。ホワイトハウスで、2月10日に首脳会談を開催することで一致。	20日 トランプ米大統領、大統領令13769号を発令。イラン、イラク、リビア、シリア、スーダン、イエメン、ソマリアの全国民の入国を90日間禁止。
2月	**2月**
4日 稲田防衛相、マティス米国防長官と会談。マティス氏が、在日米軍の負担割合を評価。	2日 マティス米国防長官、就任後初の外遊で訪韓。黄教安韓国首相と会談し、米韓の連携を確認。のち訪日。
6日 防衛省、米軍普天間飛行場移設の海上工事を着手。	12日 北朝鮮、新型中距離弾道ミサイル（IRBM）を1発発射。
10日 安倍首相、ホワイトハウスでトランプ米大統領と初の首脳会談、日米同盟の強化で一致。尖閣諸島について、日米安保条約第5条の適用対象であることを共同声明に明記。	13日 北朝鮮の金正恩・朝鮮労働党委員長の異母兄の金正男氏がマレーシア・クアラルンプールで殺害。
	20日 南スーダン政府と国連、南スーダンでの飢饉の発生を宣言。10万人が飢餓寸前と発表。
23日 第三次嘉手納爆音訴訟で、那覇地裁沖縄支部、国に賠償判決。米軍機の飛行差し止め請求、一次、二次訴訟同様に棄却。	22日 第1回中印戦略対話が北京で開催。
3月	**3月**
5日 自民党、第84回定期党大会で総裁任期の「連続3期6年」への延長を決定。	5-15日 中国、全国人民代表大会を開催。
7日 安倍首相、トランプ米大統領と電話会談。前日の北朝鮮のミサイル発射に関して協議。北朝鮮の脅威について共有。	6日 北朝鮮、弾道ミサイル4発を発射。うち3発は、日本のEEZ内に落下。
10日 政府、NSC（国家安全保障会議）で、5月末をめどにUNMISSに派遣している陸上自衛隊施設部隊の撤収を決定。	10日 韓国憲法裁判所、議会による朴槿恵大統領の弾劾訴追を認め、罷免を決定。朴槿恵大統領は即時罷免され失職。
	15日 韓国政府、5月9日の大統領選挙の執行を決定し布告。大統領代行の黄教安首相は不出馬表明。
20日 稲田防衛相、ショイグ露国防相と3年4カ月ぶりに日露防衛省会談を開催。稲田防衛相は、北方領土への新型地対空ミサイルや師団配備への懸念を表明。	21日 米軍艦艇、第二次世界大戦後初めてミャンマーに寄港。
	31日 韓国検察、朴槿恵前大統領を逮捕。歴代韓国大統領では3人目の逮捕者。

ロシアのプーチン大統領が来日。安倍首相との日露首脳会談に臨んだ（2016 年 12 月 15、16 日）。写真は 16 日に首相官邸で行われた儀仗（首相官邸ＨＰから）

日豪２＋２。（右から）稲田防衛相、岸田外相、ビショップ外相、ペイン国防相（2017 年 4 月 20 日、東京都港区の外務省飯倉公館）

展望
　西原正（平和・安全保障研究所理事長）
焦点1
　吉富望（日本大学教授）
焦点2
　櫻田大造（関西学院大学教授）
焦点3
　渡辺紫乃（上智大学教授）
焦点4
　菊池努（青山学院大学教授／平和・安全保障研究所研究委員）

第1章　日本
　小谷哲男（日本国際問題研究所主任研究員／平和・安全保障研究所研究委員）、［コラム］上田秀明（元駐オーストラリア・駐ポーランド大使）
第2章　米国
　福田毅（国立国会図書館調査員）、［コラム］村田晃嗣（同志社大学教授／平和・安全保障研究所研究委員）
第3章　中国
　浅野亮（同志社大学教授／平和・安全保障研究所研究委員）、佐々木智弘（防衛大学校准教授）、田中修（日中産学官交流機構特別研究員）、松田康博（東京大学教授）、三船恵美（駒澤大学教授）、小原凡司（笹川平和財団特任研究員）、［コラム］渡辺紫乃（上智大学教授）
第4章　ロシア
　袴田茂樹（新潟県立大学教授／平和・安全保障研究所研究委員）、名越健郎（拓殖大学海外事情研究所教授）、上野俊彦（上智大学教授）、小泉悠（未来工学研究所政策調査分析センター研究員）、田畑伸一郎（北海道大学教授）、［コラム］河東哲夫（Japan and World Trends 代表）
第5章　朝鮮半島
　伊豆見元（東京国際大学教授／平和・安全保障研究所研究委員）、瀬下政行（公安調査庁）、平田悟（防衛省）、［コラム］磐村和哉（共同通信社編集委員）
第6章　東南アジア
　福田保（東洋英和女学院大学准教授）、［コラム］湯澤武（法政大学教授）
第7章　南アジア
　広瀬崇子（専修大学教授／平和・安全保障研究所理事）、伊藤融（防衛大学校准教授）、長尾賢（未来工学研究所政策調査分析センター研究員）、宮田律（一般社団法人・現代イスラム研究センター理事長／平和・安全保障研究所研究委員）、

[コラム] 広瀬崇子
第8章　中央アジア
　宮田律（一般社団法人・現代イスラム研究センター理事長／平和・安全保障研究所研究委員）［コラム］宮田律
第9章　南西太平洋
　竹田いさみ（獨協大学教授）、永野隆行（獨協大学教授）、［コラム］黒崎岳大（国際機関太平洋諸島センター副所長／早稲田大学非常勤講師）

（敬称略、五十音順）

あとがき

　本年報は、アジア太平洋地域の安全保障環境の動向を分析したもので、第39回目のものになります。本年度は基本的には2016年4月から2017年3月までの期間を扱っていますが、実際には各地域や出来事の展開を見て、この期間の前後の出来事にも言及しています。

　各「焦点」および各章は、それぞれの分野の専門家に執筆を依頼し、当研究所理事長が全体を監修しました。また1ページの「外交とスポーツ」というコラムを設けて、各国あるいは各地域においてスポーツが外交に果たしている役割などを扱いました。ご協力いただいた執筆者の顔ぶれは上に示した通りです。各執筆者のご努力に対して、厚くお礼を申し上げます。

　なおこの年報とは別に、当研究所のホームページで、現在の政治・安全保障問題に関する論評をRIPS' Eyeとして掲載しています。併せてURL（http://www.rips.or.jp）よりご覧いただければ幸いです。

2017年5月
一般財団法人　平和・安全保障研究所
理事長　西原　正

西原正監修

高まる北朝鮮の脅威
透明欠く米中関係

年報［アジアの安全保障 2017−2018］

発　行　平成29年7月28日
編　集　一般財団法人　平和・安全保障研究所

　　　　〒107−0052　東京都港区赤坂1−1−12
　　　　明産溜池ビルディング8階
　　　　TEL 03−3560−3288（代表）
　　　　http://www.rips.or.jp/
担　当　安富　淳
装　丁　キタスタジオ
発行所　朝雲新聞社
　　　　〒160−0002　東京都新宿区四谷坂町12−20
　　　　KKビル3F
　　　　TEL 03−3225−3841　FAX 03−3225−3831
　　　　振替 00190−4−17600
　　　　http://www.asagumo-news.com
印　刷　シナノ